〈OECDスキル・アウトルック2015年版〉

若者のキャリア形成

スキルの獲得から就業力の向上、
アントレプレナーシップの育成へ

経済協力開発機構（OECD） 編著

菅原 良／福田哲哉／松下慶太 監訳

竹内一真／佐々木真理／橋本 諭／神崎秀嗣／奥原 俊 訳

OECD Skills Outlook 2015
YOUTH, SKILLS AND EMPLOYABILITY

明石書店

経済協力開発機構（OECD）

　経済協力開発機構（Organisation for Economic Co-operation and Development, OECD）は、民主主義を原則とする35か国の先進諸国が集まる唯一の国際機関であり、グローバル化の時代にあって経済、社会、環境の諸問題に取り組んでいる。OECDはまた、コーポレート・ガバナンスや情報経済、高齢化等の新しい課題に先頭になって取り組み、各国政府のこれらの新たな状況への対応を支援している。OECDは各国政府がこれまでの政策を相互に比較し、共通の課題に対する解決策を模索し、優れた実績を明らかにし、国内及び国際政策の調和を実現する場を提供している。

　OECD加盟国は、オーストラリア、オーストリア、ベルギー、カナダ、チリ、チェコ、デンマーク、エストニア、フィンランド、フランス、ドイツ、ギリシャ、ハンガリー、アイスランド、アイルランド、イスラエル、イタリア、日本、韓国、ラトビア、ルクセンブルク、メキシコ、オランダ、ニュージーランド、ノルウェー、ポーランド、ポルトガル、スロバキア、スロベニア、スペイン、スウェーデン、スイス、トルコ、英国、米国である。欧州連合もOECDの活動に参加している。

　OECDが収集した統計や、経済、社会、環境の諸問題に関する研究成果は、加盟各国の合意に基づく協定、指針、標準と同様にOECD出版物として広く公開されている。

　本書はOECDの事務総長の責任の下で発行されている。本書で表明されている意見や主張は必ずしもOECDまたはその加盟国政府の公式見解を反映するものではない。

Originally Published in English and French under the titles:

"OECD Skills Outlook 2015: Youth, Skills and Employability"

"Perspectives de l'OCDE sur les compétences 2015 Les jeunes, les compétences et l'employabilité"

© OECD, 2015
© 若者のキャリア形成──スキルの獲得から就業力の向上、アントレプレナーシップの育成へ〈OECDスキル・アウトルック2015年版〉, Japanese language edition, Organisation for Economic Co-operation and Development, Paris, and Akashi Shoten Co., Ltd., Tokyo 2017.
Photo credits: © Jaroslav Machacek/Shutterstock; © Christian Schwier; © goodluz; © Michael Jung / Shutterstock
The quality of the Japanese translation and its coherence with the original text is the responsibility of Akashi Shoten Co., Ltd.

　イスラエルの統計データは、イスラエル政府関係当局により、その責任の下で提供されている。OECDにおける当該データの使用は、ゴラン高原、東エルサレム、及びヨルダン川西岸地区のイスラエル入植地の国際法上の地位を害するものではない。

序　文

　学校から仕事への移行が容易であったことなど一度もないが、OECD 諸国の数多くの若者にとって、それは不可能に近いまでになってしまっている。2008 年の世界的な経済危機の 7 年後において、OECD 諸国の 16 歳から 29 歳の 3,500 万人以上が、雇用、教育、訓練のいずれもなされていない。実際に、若者は雇用されない可能性が前の世代の労働者よりも 2 倍程度はありそうである。なんとか仕事を見つけることができた若者の多くは、学校時代に学んだスキルを使用していない。また雇用されている若者のうち 4 人に 1 人は臨時・派遣雇用契約で働いており、そのためにキャリアを積む機会、あるいはさらに訓練に参加する機会でさえも制限されることになっている。若者の自立した労働生活のために、望ましいスタートを切らせることは、今日すべての OECD 諸国において主要な課題となっている。

　『OECD スキル・アウトルック（*OECD Skills Outlook*）』の初版は 2013 年に出版されたが、この中では OECD の「国際成人力調査（PIAAC）」の成果である「成人スキル調査（Survey of Adult Skills）」の第一段階の調査結果が報告されている。本報告書はこれらの知見を拡大し、どのようにして若者がスキルを獲得して使用するのか、さらにはその二つを実行することに対して若者が直面する潜在的な障壁を詳細に描き出そうとするものである。

　たとえば、「成人スキル調査」は、新卒者の 10% が読み書き能力に欠け、14% が数学的素養に欠けていることを示しているが、それらは、潜在的な雇用主にとって魅力的なプロフィールではない。さらに、仕事と教育がまったく別個の世界となっていることがあまりにも多い。「成人スキル調査」が行われた OECD 加盟の 22 か国において、調査の時点で何らかの種類の仕事に基づく学習に参加していた学生は、職業教育あるいは訓練プログラムに在籍する学生のうち 50% にも満たず、アカデミックプログラムに在籍する学生では 40% にも満たなかった。

　本報告書は、教育と労働市場がまったく別個の二つの世界として共存している場合、若者が一方からもう一方への移行を実行することが非常に困難であることを明らかにしている。若者が最もうまく労働の世界に組み込まれるのは、教育システムが柔軟で労働市場の需要にうまく対応している場合、雇用主が教育プログラムの設計と提供の両方に関わっている場合、若者がそのスキルを自分が就きそうな職業に合致するのに役立つようにすることができる、高いレベルの職業ガイダンスや継続教育を受けやすい場合、適切なスキルを持つ者に対してでさえ存在する、労働市場へ参入する際の制度的な障壁が除去された場合である。

　本報告書の主なメッセージの一つは、こういった状況を創出するためには、教育の提供者、労働市場、税務や社会の当局、雇用主と労働者組織、そして若者たち自身が、一致して努力していく必

序 文

要がある、ということである。若者の失業と不完全就業の問題は、それに関わる個人と国の両方に対して、長期にわたる悪影響を及ぼす。したがって、若者が教室から職場へと至る、よりスムーズで速やかなルートを持てるように共に働くことは、すべての人の利益にかなうことなのだ。

謝　辞

　『OECD スキル・アウトルック（*OECD Skills Outlook*)』は、OECD 事務局の各部局による綿密な共同作業の成果である。

　本報告書は「スキルストラテジーアドバイザリーグループ（Skills Strategy Advisory Group）によって先導され、各国の政府代表からのフィードバックやコメントに大きく依拠している。

　本報告書は、Deborah Roseveare、Andereas Schleicher の監修の下、Stéphanie Jamet と Margarita Kalamova によって準備された。また、Stjin Broecke、Bert Brys、Simon Field、Francesca Froy、Sylvain Giguere、Paulina Granados Zambrano、Corinne Heckman、Kathrin Hoeckel、Shinyoung Jeon、Mark Keese、David Khoudour、Ineke Litjens、Karen Maguire、Mattias Mano、Guillermo Montt、Laura McDonald、Patricia Mangeol、Fabrice Murtin、Pierce O'Reilly、Marco Paccagnella、Glanda Quintini、Ingrid Teisseire-Lacoste、William Thorn からのフィードバックやコメントに依拠している。

　編集・制作過程では、Marilyn Achiron、Marika Boiron、Célia Braga-Schich、Cassandra Davis、Laura McDonald、Anne-Lise Prigent から貴重な支援を受けた。

若者のキャリア形成
スキルの獲得から就業力の向上、アントレプレナーシップの育成へ
〈OECD スキル・アウトルック 2015 年版〉
◎
目　次

目 次

序　文 3
謝　辞 5
読者ガイド 15
要　約 17

第 1 章　若者のスキルと就業力を向上させるための総合戦略デザイン 21

社会全体の包括的成長のための若者の雇用改善 22
より良い状況を生むための総合的かつ一貫した戦略 24
若者のスキルや就業力に関する OECD 諸国の近年の取り組み 27
対応策の進め方 34
　　若者のスキルと教育の改善 34
　　若者の労働市場への受け入れ 36
　　職場における若者のスキル活用 37
　　課題相互の関連性 39
　　若者のスキルと就業力を強化するための対策の統合 40

第 2 章　若者の教育とスキル育成に関するトレンド 43

ハイライト 44
教育、スキル、就業力 44
生徒の成果における平等性 47
仕事の世界への準備 51
　　職業教育・訓練 51
　　高等教育 55
　　職場に基盤を置く学習 57
若者の就業力に関するスキルスコアボード 63
　　若者はどれほど習熟しているか？ 63
　　スキル開発は包括的なものか？ 63
　　若者はどのようにスキルを開発するのか？ 63

第 3 章　若者の教育とスキル改善に向けた政策 71

すべての若者が十分なスキルを習得して卒業できるようにする 72
　　スキルに対する総合的アプローチ 72
　　質の高い就学前教育を全員に 74
　　低スキルと学校中途退学の予防 77
　　多様かつ柔軟な成功への道 80

| 労働市場のニーズに対する教育制度の反応性を高める 83
| 質の高い職場学習プログラム 83
| 職場学習の支援 87
| 高等教育における助成金の役割 89
| 進路指導 94
| 政策のキーポイント 97

第4章 若者の労働市場への統合のトレンド 105

| ハイライト 106
| 若者の労働市場への統合 106
| 学校から仕事への移行 106
| マクロ経済の状況、教育、労働市場の組織が果たす役割 109
| 臨時・派遣雇用の役割 111
| ニートになる可能性の高い若者 114
| ニートと労働市場への長い道のり 117
| ニートのスキル 117
| 失業中で非活動的なニート 119
| さらなる障壁に直面する若者 120
| 若者の就業力に関するスキルスコアボード 124
| 若者は労働市場に十分受け入れられているか？ 124
| ニートは労働市場にどの程度近いか？ 124

第5章 若者の労働市場への統合に向けた政策 131

| 包括的戦略の開発 132
| 「全政府を挙げた」アプローチ 132
| 「ヨーロッパ若年者保証」 133
| スキル評価に基づく指導、カウンセリング、目標達成のシステム 135
| 地域関係機関の役割 138
| 学校から仕事への移行をスムーズにする 140
| 労働市場の状況 140
| 公教育外での職業経験 144
| ニートの人々を教育や労働市場に（再）参入させる支援 146
| さらなる教育の必要性 146
| 積極的労働市場政策 150
| 社会的保護システム 153
| 政策のキーポイント 155

第6章　仕事での若者のスキル使用のトレンド ……………………………… 161

ハイライト …………………………………………………………………………… 162
職場での若者のスキル使用 ………………………………………………………… 162
　　全般的なトレンド ………………………………………………………………… 162
　　デジタルスキル …………………………………………………………………… 165
　　単純作業 …………………………………………………………………………… 168
仕事のミスマッチ …………………………………………………………………… 171
スキルの不十分な使用と仕事のミスマッチの影響 ……………………………… 174
起　業 ………………………………………………………………………………… 176
若者の就業力に関するスキルスコアボード ……………………………………… 178
　　職場はスキルの使用を奨励しているか？ ……………………………………… 178

第7章　若者のスキルを仕事に使用することに向けた政策 …………………… 183

スキルのミスマッチを減らし、若者のスキルをよりよく活用する …………… 184
　　新しいテクノロジーのインパクト ……………………………………………… 184
　　スキルと資格 ……………………………………………………………………… 186
　　国外で取得したスキルやインフォーマルな資格の認証 ……………………… 189
　　地理的なミスマッチ ……………………………………………………………… 191
　　競業避止条項の効果 ……………………………………………………………… 191
　　労働組織とマネジメントポリシー ……………………………………………… 193
アントレプレナーシップの障壁を取り除く ……………………………………… 197
　　アントレプレナーシップ教育 …………………………………………………… 197
　　事業創造の障壁 …………………………………………………………………… 205
政策のキーポイント ………………………………………………………………… 208

監訳者あとがき ……………………………………………………………………… 215

コラム・図・表の一覧

──第1章　若者のスキルと就業力を向上させるための総合戦略デザイン

コラム 1.1	OECD「若者のためのアクションプラン」の要点	26
コラム 1.2	労働市場においてどのようなスキルが求められているのか	29
コラム 1.3	教育、スキル、就業力の相乗作用	30
コラム 1.4	若者の就業力に関するスキルスコアボード：方法論	32
図 1.1	若者の失業は、高いレベルに到達している	23
図 1.2	大部分のOECD諸国では、若者のほうが貧困リスクにさらされている	24
図 1.3	人口全体に占める若者の割合は、2020年までに減少すると予測されている	25
図 1.4	認知的スキルの低い若者はあまりに多い	28
図 A	低い読解力を有する確率：教育達成度別、社会経済的背景別、スキル使用別にみた相対関係	31
表 1.1	若者の就業力に関するスキルスコアボード：要約指標	32

──第2章　若者の教育とスキル育成に関するトレンド

図 2.1	雇用されておらず教育も訓練も受けていない若者（ニート）の割合（学歴別）	46
図 2.2	新規卒業者における平均的な数的思考力（教育段階別）	46
図 2.3	教育年数と読解力習熟度が労働市場への参加に与える効果	47
図 2.4	読解力と数的思考力の低い若者	48
図 2.5	基本的なICTスキルを欠く若者	49
図 2.6	後期中等教育を修了する前に中途退学した若者	50
図 2.7	後期中等教育を修了しなかった若者と後期中等教育の学位を取った後に進学しなかった若者の数的思考力	50
図 2.8	雇用されておらず教育も訓練も受けていない若者（ニート）の後期中等教育卒業者の割合（プログラム別）	52
図 2.9	中等後職業教育・訓練プログラム卒業者の相対的な賃金	53
図 2.10	中等後職業教育・訓練プログラムにおける生徒間の数的思考力	54
図 2.11	後期中等教育の職業教育・訓練プログラムから中等後教育への移行	56
図 2.12	さらなる教育に参加することにおける後期中等教育の学位の効果	56
図 2.13	学業と仕事を結びつけている生徒の割合	59
図 2.14	後期中等教育の職業教育・訓練プログラムの生徒（職場プログラム別）	59
図 2.15	専攻分野内外で仕事と学業を結びつけている中等後教育の生徒	60
図 2.16	見習い実習内外で仕事と学業を結びつけている後期中等教育の職業教育・訓練部門の生徒によるスキルの使用	61
図 2.17	専攻分野内外で仕事と学業を結びつけている中等後職業教育・訓練プログラムの生徒と一般プログラムの生徒のスキルの使用	62

表2.1　若者の就業力に関するスキルスコアボード：若者はどれほど習熟しているか 64
表2.2　若者の就業力に関するスキルスコアボード：スキル開発は包括的なものか 65
表2.3　若者の就業力に関するスキルスコアボード：学生はどのようにスキルを開発するのか 66

──第3章　若者の教育とスキル改善に向けた政策

コラム3.1　教育制度はスキルに対してどのように、よりホリスティックなアプローチを
　　　　　　適用しているか：各国の事例 73
コラム3.2　幼児教育・保育の質の向上：各国の事例 75
コラム3.3　低スキルと学校中途退学のリスクを有する若者を特定する：各国の事例 77
コラム3.4　予防的側面から中途退学と対峙する：カナダ・トロントのリージェントパーク
　　　　　　「パスウェイ・トゥ・エデュケーション」プログラム 79
コラム3.5　複数の進路を提示し、学習コース間の円滑な移行を可能にする：各国の事例 81
コラム3.6　「スキルパスポート」制度を通じたスキルの公式評価向上を目指して：各国の事例 82
コラム3.7　イギリスの大学における就労スキルのための新提案 84
コラム3.8　教員、雇用主、その他の利害関係者間の連携を促進し、職業教育・訓練を労働市場の
　　　　　　ニーズに合わせる：各国の事例 85
コラム3.9　助成金制度を通じた職場訓練の開発や供給の奨励：各国の事例 87
コラム3.10　平等な機会と労働市場での強力な成果を確保するための大学助成金制度の設計：
　　　　　　各国の事例 90
コラム3.11　オープンエデュケーションを通じて労働市場のニーズに対する反応と平等な
　　　　　　アクセスを確かなものにする 92
コラム3.12　進路指導ツールとしての労働市場情報の開拓：各国の事例 95
図3.1　就学前教育歴の有無による数学的リテラシーの得点差 75
図3.2　高等教育に進学した学生のうち学位を取得せずに中途退学した学生の割合 94

──第4章　若者の労働市場への統合のトレンド

コラム4.1　雇用されておらず教育も職業訓練も受けていない若者（ニート）の割合の測定 108
図4.1　雇用と教育の状況による若者の割合の変遷 107
図4.2　雇用されておらず教育も職業訓練も受けていない若者（ニート）の割合 109
図4.3　若者と働き盛りの労働者の雇用率と失業率 110
図4.4　臨時・派遣雇用の若者 112
図4.5　就業時のスキル使用（雇用契約別） 113
図4.6　若年者雇用の変化（雇用契約別） 114
図4.7　雇用されておらず教育も職業訓練も受けていない若者（ニート）の割合
　　　　（認知的スキルのレベル別） 115
図4.8　失業率の推移（学歴別） 116
図4.9　雇用されておらず教育も職業訓練も受けていない若者（ニート）の教育達成度 117

図 4.10　雇用されておらず教育も職業訓練も受けていない若者（ニート）の認知的スキル 118
図 4.11　雇用されておらず教育も職業訓練も受けていない若者（ニート）の活動状況 119
図 4.12　雇用されておらず教育も職業訓練も受けていない若者（ニート）の読解力の平均得点 120
図 4.13　雇用されておらず教育も職業訓練も受けていない若者（ニート）の男女別の割合 121
図 4.14　雇用されておらず教育も職業訓練も受けていない若者（ニート）の読解力の平均得点
　　　　（男女別） 121
図 4.15　雇用されておらず教育も職業訓練も受けていない若者（ニート）の両親の移民背景 123
図 4.16　メンタルな問題を持つ若者の割合 123
表 4.1　若者の就業力に関するスキルスコアボード：若者は労働市場に十分受け入れられているか ... 125
表 4.2　若者の就業力に関するスキルスコアボード：ニートは労働市場にどの程度近いか 126

──第5章　若者の労働市場への統合に向けた政策

コラム 5.1　学校から仕事への移行を容易にするための包括的な戦略の採用：「ヨーロッパ若年者
　　　　　　保証」の事例 133
コラム 5.2　若年者保証の一環として、すべての若者を支援対象とし、早期介入を発展させること：
　　　　　　各国の事例 136
コラム 5.3　低スキルの若者や恵まれない若者の雇用を後押しする地域の行動：地域レベルの事例 .. 138
コラム 5.4　より健全な雇用保護法制に向けての動き：各国の事例 143
コラム 5.5　職業教育（セカンドチャンス）プログラム：各国の事例 147
図 5.1　若年ニートと若年就業者の読解力と問題解決能力の差 136
図 5.2　OECD 諸国における試用期間 142
図 5.3　若年ニートの求職の割合（読解力レベル別） 151
図 5.4　調査前4週間に公共雇用サービスで仕事を探した失業者の割合（年齢層別） 151
図 5.5　雇用されておらず教育も受けていない若者の割合（調査前12か月間の教育・訓練への
　　　　参加状況別） 152
表 5.1　教育後のインターンシップの役割 145

──第6章　仕事での若者のスキル使用のトレンド

図 6.1　職場における認知的スキルの使用（年齢層別） 164
図 6.2　職場におけるスキルの使用（スキルレベル別） 165
図 6.3　コンピュータの使用経験がない若者 166
図 6.4　若年労働者の回答に基づく ICT スキル不足 166
図 6.5　職場でのスキルの使用（職場でのコンピュータ使用経験別） 167
図 6.6　単純な仕事や新たに学ぶことのない仕事に従事する労働者の割合 169
図 6.7　単純な仕事や新たに学ぶことのない仕事に従事する労働者の割合（数的思考力のレベル別）. 170
図 6.8　フォーマル・ノンフォーマルな成人教育・訓練への参加の可能性と単純作業遂行の関連 170
図 6.9　ミスマッチ（ミスマッチタイプ別・年齢層別） 172

図 6.10　若者の失業率の地域差 173
図 6.11　賃金とミスマッチ（ミスマッチタイプ別・年齢層別） 175
図 6.12　自営業に対する若者の意見（ヨーロッパ諸国） 176
図 6.13　自営業に興味がある個人の割合（ヨーロッパ諸国） 177
図 6.14　若年労働者と働き盛りの労働者に占める自営業者の割合 177
表 6.1　若者の就業力に関するスキルスコアボード：職場はスキルの使用を奨励しているか 179

──第 7 章　若者のスキルを仕事に使用することに向けた政策

コラム 7.1　　労働市場のニーズと若者のスキルをマッチさせるイニシアチブ：各国の事例 187
コラム 7.2　　認知的スキルと国外の資格：各国の事例 190
コラム 7.3　　若者のスキルを有効に活用するための労働組織の実践：各国と企業の事例 195
コラム 7.4　　すべての教育段階における統合的なアントレプレナーシップ教育：各国の事例 198
コラム 7.5　　若いアントレプレナーに対する精神的支援：各国の事例 202
図 7.1　若年労働者の労働組織に対する認識（ヨーロッパ諸国） 194

読者ガイド

図の基となるデータと国々

　本報告書に掲載されているデータは、「国際成人力調査（Programme for the International Assessment of Adult Competencies, PIAAC）」「生徒の学習到達度調査（Programme for International Student Assessment, PISA）」「図表でみる教育（Education at a Glance）」「OECD雇用・労働市場統計データベース（OECD Employment and Labour Market Statistics database）」である。データの出所は、各図表の下に示されている。

　本報告書は、「成人スキル調査（Survey of Adult Skills）」で取り上げられているOECD諸国および各地域、そして情報が利用できるときは、他のOECD加盟国といくつかの協力関係にある国々の結果を示している。

　欠損値は「m」で示されている。

　平均得点や割合、オッズ比、標準誤差などのデータの推定値は通例、小数第2位で四捨五入している。

　イスラエルの統計データは、イスラエル政府関係当局により、その責任の下で提供されている。OECDにおける当該データの使用は、ゴラン高原、東エルサレム、及びヨルダン川西岸地区のイスラエル入植地の国際法上の地位を害するものではない。

StatLink

　各図表の下にStatLinkのURLアドレスを示している。本報告書のPDFファイルを利用する場合は、該当するStatLinkのURLをクリックするだけで、対応する図表を掲載したエクセル集計表を閲覧またはダウンロードできる。また、ブラウザでStatLinkのURLアドレスを入力して、エクセル集計表にアクセスすることもできる。

国際平均（各国平均）の算定方法

　本報告書およびウェブパッケージに掲載されている大半の図表には、各国または各地域の値に加えて、各国平均を記載している。各図表の各国平均は、当該図表に記載されているOECD加盟各国の推定値の算術平均である。

統計的有意性

　推定値と0（ゼロ）との間、または二つの推定値間の統計的に有意と考えられる差については、

読者ガイド

特に明記されていない限り、5%有意水準を用いる。

教育段階

教育段階区分は、国際教育標準分類（ISCED 1997）に準拠している。

頭字語

ALMP	積極的労働市場政策（Active Labour Market Policies）
ECEC	幼児教育・保育（Early Childhood Education and Care）
EPL	雇用保護法制（Employment Protection Legislation）
EQF	欧州資格枠組み（European Qualification Framework）
EU	欧州連合（European Union）
GDP	国内総生産（Gross Domestic Product）
ICT	情報通信技術（Information and Communication Technologies）
ISCED	国際教育標準分類（International Standard Classification of Education）
ISCO	国際標準職業分類（International Standard Classification of Occupations）
MOOC	大規模オープンオンライン講座（Massive Open Online Courses）
NEET	雇用されておらず教育も職業訓練も受けていない（若者）（Neither Employed nor in Education or Training）
OECD	経済協力開発機構（Organisation for Economic Co-operation and Development）
PES	公共雇用サービス（Public Employment Service）
PIAAC	国際成人力調査（Programme for the International Assessment of Adult Competencies）
PISA	生徒の学習到達度調査（Programme for International Student Assessment）
RNFIL	ノンフォーマル・インフォーマルラーニングの認証（Recognizing Non-formal and Informal Learning）
VET	職業教育・訓練（Vocational Education and Training）

要　約

　2013年、16歳から29歳のニート（雇用されておらず教育も職業訓練も受けていない者）はOECD諸国全体で3,900万人に上り、2008年の経済危機前より500万人多かった。2014年の推計でも、ほとんど改善はみられない。ニートが特に多いのは、経済危機の打撃を最も強く受けた南欧諸国である。たとえば、ギリシャとスペインでは、2013年に若年成人の25％以上がニート状態にあった。さらに憂慮すべきなのは、ニートの約半数にあたる約2,000万人の若年層が学校を出て求職活動もしていないことである。そのため、こうした若年層は自国の教育制度、社会制度、労働市場制度の網の目からこぼれ落ちている可能性がある。

　これらの数字は、当事者本人の個人的な災難だけでなく、投資が浪費されているということも表している。就学期に習得されたスキルが生産的な用途に投入されておらず、人口の一部が就労せず、やる気をなくしている場合には、税収が減少し、社会保障給付が増加し、社会不安などが生じることから、国全体の負担が生じる可能性もある。若者は国にとって資産であるべきで、潜在的な負債となってはならない。

　人間の潜在能力をこのように無駄にしている原因は何か。その最たるものは、適正なスキルを習得せずに学校を卒業し、その結果として就職できずにいる若者があまりにも多いことである。OECDの「国際成人力調査（PIAAC）」の結果をまとめた「成人スキル調査（Survey of Adult Skills）」によれば、新卒者の10％は読解力が乏しく、14％は数的思考力が乏しい。後期中等教育未修了者の40％以上は数的思考力も読解力も乏しい。

　さらに、実際に就労を経験せずに学校を卒業している若者も多すぎる。「成人スキル調査」が対象としているOECD加盟22か国とその地域では、職業教育・訓練（VET）課程の生徒の50％未満、教養課程の生徒の50％未満が、種類を問わず実際の職場での学習を受けていない。

　高いスキルを有している若者でも就職は難しい。多くの企業は就労経験のない者を雇用するのはコストが高いと考えている。実際、若者の失業率は働き盛りの成人の2倍に達している。

　しかし、うまく就職できた若者でも自分のスキル開発や昇進で制度的障壁に直面することが多い。たとえば、若年就労者の4人に1人は臨時・派遣契約である。これらの臨時・派遣契約労働者は、期間の定めのない契約の労働者よりも、自分のスキルを活用したり訓練を受けたりする機会が少ない場合が多い。一方で、若年就労者の12％はその仕事に対して学歴過剰の状態にある。これは、彼らのスキルの一部が活用されずにいること、また、雇用主が若年就労者に対して行われてきた投資から十分な恩恵を受けていないことを意味している。

　この先数年、多くのOECD諸国、特にヨーロッパで成長率の低い状態が続くと予測されている

ことを考えると、こうした状況がすぐに改善する可能性は低い。当面はどのような対策が考えられるだろうか。

すべての若者が卒業までにさまざまな関連スキルを習得できるようにする

若者が生活全般でうまくやっていくためには、認知的、社会的、情動的なスキルを幅広く身につける必要がある。OECDの「生徒の学習到達度調査（PISA）」によれば、就学前教育の履修とその後の読解力、数学的リテラシー、科学的リテラシーの向上の間には密接なつながりがあり、特に社会経済的に恵まれていない生徒の場合はこの傾向が強い。各国は質の高い就学前教育をすべての児童に提供し、成績の格差を緩和させ、すべての児童が教育において良いスタートを切れるようにすることができる。

教師や学校長も、成績の振るわない生徒を早期に発見し、彼らが必要としている支援または特別プログラムを提供することで読解力、数学、科学を習得できるようにし、彼らの社会的・情動的スキルを開発して、彼らが完全に落ちこぼれて退学してしまうのを防ぐことができる。

学校を卒業した若者の就職を支援する

教育者や雇用主は、生徒が求められているスキルを習得し、そのスキルを若者が就労生活の最初から活用できるよう連携して取り組むことができる。実際の職場での学習は、職業教育・訓練（VET）課程にも後期中等教育課程にも取り入れることができる。この種の学習は、生徒にも雇用主にも恩恵がある。生徒は、就労経験を積み、職場で高く評価される他者との意思疎通や協働といった社会的・情動的スキルに馴染むことができ、雇用主は、自社の基準に合うように訓練された新規採用候補者に出会うことができる。

若者を雇用することへの制度的障壁を廃止する

多くの若者が臨時・派遣契約で就職しているが、この臨時・派遣雇用が若者のより安定した雇用への「足掛かり」になるようにし、失業リスクを高める不安的な状況の連鎖とならないようにすることが重要である。臨時・派遣契約から期間の定めのない契約への変更を企業にとってコストのかかるものにしている雇用保護の不均衡を縮小すべきである。就労経験の少ない若者を雇用する雇用主の負担を削減しようとする場合、最低賃金、税、社会保険料などをすべて精査し、必要に応じて調整すべきである。

制度の網の目からこぼれ落ちたニートを特定し、そのやり直しを後押しする

政府は、数百万人に上るニートの若者や、就職できなかったり、意欲を失ったりしている若者を特定する必要がある。公共雇用サービス、社会制度、職業教育・訓練制度によって、これらの若者の求職活動や何らかの形での教育・訓練のやり直しを支援することができる。若者と雇用、教育機

関の相互義務の制度は、ニートを特定するとともに支援する一助にもなる。若者は社会的給付を受ける見返りとして、社会保障制度または公共雇用サービスに登録し、さらなる教育・訓練への参加など、就職対策を講じることが求められる。

若者のスキルと仕事との合致を改善する

職場で求められるスキルを予測し、それらのスキルを職業教育・訓練課程で習得できるようにすれば、若者のスキルと仕事のミスマッチが生じる可能性は抑えられる。特に教育制度が複雑な国の場合、多くの雇用主にとって新卒の若年労働者のスキルを評価することが難しいため、教育従事者と企業が連携して新卒者の実力を正確に反映する資格枠組みを設計することができる。

第 1 章

若者のスキルと就業力を向上させるための総合戦略デザイン

　若者の失業率は、大多数のOECD諸国において高止まったままであり、最新のデータによれば2013年時点でOECD諸国の16歳から29歳の若者の15％以上が雇用されておらず教育も職業訓練も受けていない。OECD諸国は若者のスキルや就業力（employability）を向上させるために、いままで多くの対策を講じてきた。本章においては、本報告書全体の概観を提示するとともに、いかにすればOECD諸国が一貫した総合戦略構築とすべての利害関係者の参加による改革を継続することができるのかを検討する。

第1章

社会全体の包括的成長のための若者の雇用改善

　16歳から29歳までの年齢層の若者は、世界的経済危機（リーマンショック）によって大きな打撃を受け、その傷跡は今日もまだ残っている。若者の失業率は世界的経済危機の頂点で高いレベルに達し、それ以降ほとんど変化していない（図1.1 グラフA）。2013年においては、OECD諸国で1,800万人の若者が失業している。しかし、失業問題は、若者が直面している困難の一部でしかない。教育の場から離れた後、労働市場への参入を先送りしたり、あるいは落胆して労働力人口から脱落してしまう若者もいる。教育を受けておらず仕事を探すことさえしていない者たちを若者の失業者の数に加えたならば、その数は2倍以上に達する。具体的には、2013年においてOECD諸国の3,900万人の若者が、雇用されておらず教育も職業訓練も受けていないニートと呼ばれるグループに属している。世界的経済危機以降、大半のOECD諸国では16歳から29歳までに占めるニートの若者が上昇した（図1.1 グラフB）。

　若者の労働市場における状況悪化は、仕事を見つけられず労働力人口への参加が遅れることによって一生消えない傷を負うかもしれない人々に、重大な個人的危機をもたらすだけではない。人口の一部が就労せず希望を失ってしまうと、彼らの育成に使われた公的投資が無駄になり、税収が減少し、社会保障給付が増大し、社会が不安定化することにより、国家もまた困難を抱えることになる。ほとんどのOECD諸国において、若者の貧困リスクは全人口平均の貧困リスクよりも大きい。2007年から2011年にかけては、若者は最も深刻な所得減少に見舞われ、若者と全人口の間における貧困リスクのギャップがデンマーク、フランス、ギリシャ、ノルウェー、ニュージーランドといった多くの国々において拡大した（OECD, 2015b; 図1.2）。若者が経済社会に着実に参加することは、社会全体の包括的な結束強化を確かなものとするためだけでなく、コミュニティの繁栄や社会全体の包括的成長を達成するためにも決定的に重要である。

　将来については、大多数のOECD諸国において、労働市場はゆっくりとではあるが次第に回復するものと予想される。長期的には、人口に占める若者の割合は縮小していくであろう（OECD, 2014a; 図1.3）。しかし、労働市場に参入しようとしている若者が直面している諸問題の原因が部分的に根の深いものであるだけに、これら諸問題は時とともに自然と消えゆくというわけではなかろう。急速な人口高齢化と若年層人口の縮小を抱えた国々においては、将来における財政的持続可能性、成長および福祉のために、若者のための望ましい状況を実現することが、これまで以上に重要な決め手となってくるであろう。

　若者の労働市場の状況を短期的かつ長期的に改善するには、若者の就業力（employability）を向上させる必要がある。就業力とは、雇用を獲得する能力だけではなく、職業生活の全期間を通じて雇用を継続する能力をも意味する。OECD諸国は、若者の就業力向上のために多くの対策を講じてきた。構造改革のペースが全般的にスローダウンして経済の回復が弱い状況下において、経済成

図1.1　若者の失業は、高いレベルに到達している

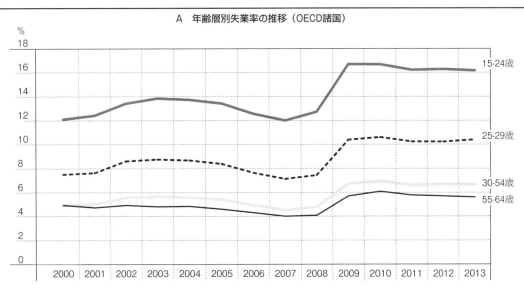

A　年齢層別失業率の推移（OECD諸国）

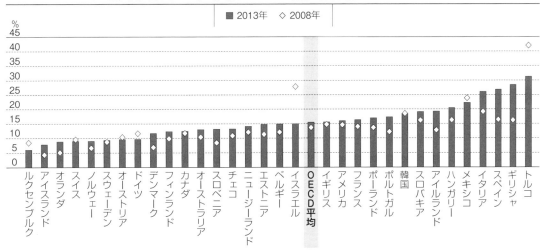

B　16-29歳人口に占めるニート（雇用されておらず教育も職業訓練も受けていない若者）の割合

注：韓国におけるニートの割合に関するデータは2012年のものである。
資料：OECD (2015a), *Education at a Glance Interim Report: Update of Employment and Educational Attainment Indicators*, OECD, Paris, www.oecd.org/edu/EAG-Interim-report.pdf; OECD Employment and Labour Market Statistics (database), http://dx.doi.org/10.1787/lfs-lms-data-en.

StatLink：http://dx.doi.org/10.1787/888933214364

長の原動力となるスキルに投資し、長引く失業に対処するために、OECD諸国は過去2年間にわたって教育政策と積極的労働市場政策（ALMP）に優先的に取り組んできた（OECD, 2015b）。同時に、賃金決定システムや雇用保護法制などの分野においては、構造改革の速度は低下した。これはおそらく、このような分野におけるいくつかの構造改革が格差拡大を助長した可能性があるというもっともな懸念によるものである。

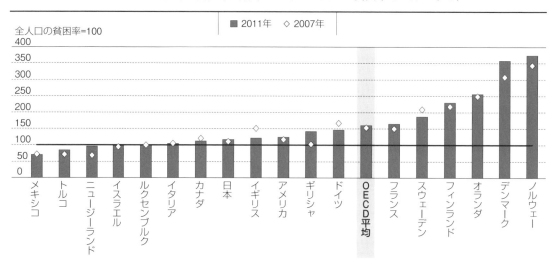

図1.2 大部分のOECD諸国では、若者のほうが貧困リスクにさらされている
18-25歳人口の相対的貧困率（各年における全人口の貧困率を100とする）

注：若者の相対的貧困率は、実線より上に棒の伸びた国々においては全人口の貧困率よりも高く、実線より下に伸びた国々では低い。
資料：OECD Income Distribution Database.

StatLink：http://dx.doi.org/10.1787/888933214371

　このような動きに着目すると、若者の就業力向上のためにOECD諸国は他に何ができるのか、あるいはまた、さらに重要なことに、OECD諸国がもっと望ましい状況に至るためになしうるより良い構造改革とはいかなるものか、という疑問が生じる。同時に、構造改革の中には、たとえば教育改革がそうであるように、改革が完全に効果をあらわすまでに時間がかかるものがあるということに留意する必要がある。また多くの国々は、世界経済状況の悪化またはきわめて弱い経済回復に直面しており、結果として若者の雇用問題への取り組みに困難が生じている。それにもかかわらず、構造改革の継続は、経済をもっと強靱なものにするし、将来生じる経済的ショックによって若者が受ける打撃を緩和するのに役立つと思われる。しかし、構造改革は、将来にわたってもっと一貫的、かつもっと総合的に行うべきである。また、構造改革により、すべての利害関係者の間にさらに強い協力関係を生み出すことも可能であろう。スキルと個人的ニーズに一層焦点を絞った政策もありうる。構造改革と政策の効果をより定期的に評価することも可能であろう。

より良い状況を生むための総合的かつ一貫した戦略

　若者の就業力は、彼らが労働市場に提供できるスキルによって決まる。このことは、今日仕事に就くにしても、また将来の労働市場のニーズがどのようなものであれ、それに適応できる能力を身につけるにしても同じである。若者が労働市場の周辺部やその外側に留まっていたり、若者のスキルが職場で活用されていなければ、若者のスキルにはほとんど価値がない。若者は労働市場に参入する際に通常多くの障壁に遭遇する。社会関係資本が乏しい者にとっては、労働市場への参入はよ

図 1.3 人口全体に占める若者の割合は、2020年までに減少すると予測されている

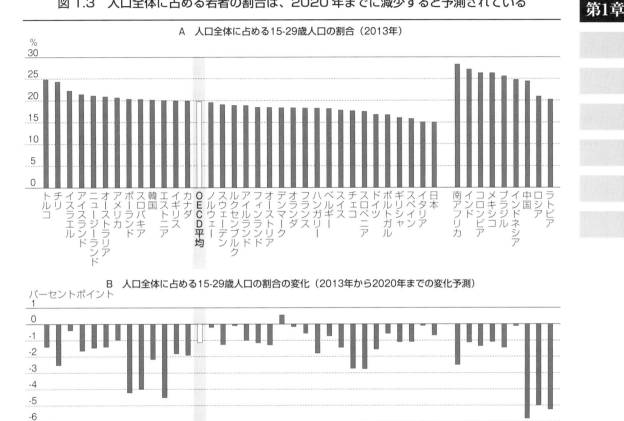

資料：OECD Historical Population Data and Projections Database.

StatLink：http://dx.doi.org/10.1787/888933214389

り困難に感じられる。そのうえ、就労している若者の多くは不安定な仕事に従事しており、自分たちのスキルを効果的に使っていない。実際、使われていないスキルは、自然と衰えがちであるし、若者の就業力を弱体化させ、若者に挫折感や潜在的な社会からの隔絶をもたらす。

2013年、OECDは「若者のためのアクションプラン」を発表した。このアクションプランにおいて、現在の若者の高失業率に対処し、若者の就業機会を長期的に増やすための主要行動原則を設定した（コラム1.1参照）。このアクションプランでは、「OECDスキル戦略」フレームワーク（OECD, 2012）を若者の就業力に関する課題に適用して、若者のスキルを適切に開発し、そのスキルを労働市場に導入して活用することにより、経済社会面でより良い状況を生み出すためにOECD諸国はどのようなことができるかを検討している。

> **コラム 1.1** OECD「若者のためのアクションプラン」の要点
>
> **現在の若年層失業危機問題への取り組み**
> - 力強さを欠いた総需要に対処し、雇用創出を促進する。
> - 若者が諸制度との間の厳格な相互義務に服することを前提として、労働市場の状況が改善するまで失業中の若者に十分な収入を補助する。
> - コスト効率の良い労働市場活性化方策を継続し、また可能な限りこの方策を拡張する。
> - スキルの乏しい若者の雇用に関する労働需要面の障壁を取り除く。
> - 見習い制度やインターン制度に関する質の高いプログラムを継続または拡張するように雇用主を促す。
>
> **若者の長期的雇用機会の増大**
> - 教育システムを強化して、すべての若者を就労に備えさせる。
> - 職業教育と職業訓練の役割と有効性を強化する。
> - 労働の世界への移行を手助けする。
> - 雇用への道筋を整え、社会からの疎外に対処するために、労働市場に関する政策と制度を改革する。
>
> 資料：OECD (2013a), "The OECD Action Plan for Youth: Giving Youth a Better Start in the Labour Market", www.oecd.org/employment/Actionplan-youth.pdf and www.oecd.org/employment/action-plan-youth.htm.

若者の就業力を向上させる政策は、さまざまな方面に適用できる。具体的には、次のとおりである。

- 各国は、教育システムを通じて、労働市場に参入するために必要とされるスキルを開発するべきである。しかし、これには短期的に若者の就業力を改善し、その労働市場への移行を手助けする広範なスキルの開発が必要となるだけでなく、長期的に学習を継続し、自分の知識をさらに向上させて労働市場のニーズに適応させる能力を人々に付与することが必要となる。若者にはチーム作業に従事する場合に使われるような社会的・情動的スキル（人付き合いや人間の情緒、感情に関連したスキル）がしばしば欠如している。このことによって、若者は自分の知的なスキルをうまく使えなくなる。また、教育システムは、あらゆる人々を受け入れる必要があり、すべての若者に平等な教育の機会を提供しなければならない。
- 大半の若者が仕事を見つけられるにしても、彼らの学校から労働市場への移行を容易にするための努力はもっと行われるべきであり、若者が教育システムにも属さず雇用もされていないという状況に一時的に陥ることが決してないようにしなければならない。労働市場に関する制度や政策は、学校から労働市場への移行を容易にするためだけでなく、労働市場から離れてしまった人々を労働市場に再び受け入れるためにも、一層の改革が必要とされている。

●若者が雇用されている場合であっても、彼らのスキルは常に効率的な方法で使われているわけではない。若者のスキルは、壮年層労働者のスキルよりも活用されずにいることが多く、多くの若者には自分の仕事が「ぴったり合って」いない。膨大な量のスキルが効果的に使われていないのであれば、より長期的には若者の就業力を阻害する可能性があるうえに、経済社会にとっての機会損失も生じる。若年労働者のスキルが活用されていない程度やその結果を把握することはおそらく比較的困難であろうが、新卒者や若者の才能とスキルを最大限に活用することに関して、より多くの省察や議論、行動がなされてしかるべきである。

これらの多様な側面で若者のスキルと就業力を向上させるためには、総合的で一貫したアプローチが必要となる。OECD諸国は、より首尾一貫した政策設定のために、政府全体が一体となって取り組む戦略を構築する必要がある。この戦略においては、若者のスキルや就業力に関する前に述べたような諸改革の意味するところにさらに多くの重点を置いて、教育、労働市場、税および社会的諸制度を強化することが求められる。

若者のスキルや就業力に関するOECD諸国の近年の取り組み

若者は、人生において生じる避けがたい状況変化に適応でき、強靭であるために、生涯を通じて学習し続けるというスキルを必要としている。就業力の観点からも、またより一般的には社会的成功の観点からも、幅広いスキルが重要である（コラム1.2）。若者のスキルに影響を与えるものは、学歴だけでなく、社会経済的な背景、そして職場におけるスキルの使用である（コラム1.3）。

「国際成人力調査（PIAAC）」には、特定のグループの国々における成人人口が有する一定範囲の認知的スキル（読解力、数的思考力、ITを活用した問題解決能力）に関して、国際的に比較可能なデータが示されている（OECD, 2013b）。「国際成人力調査（PIAAC）」は、いくつかの重要な特徴を明らかにしている。第一に、多くの国々において、読解力と数的思考力の面で最低レベルの得点を得ている若者が著しく多い（図1.4）。このデータはPISAのデータと整合しており、PISAによれば、数学的リテラシーと読解力で基礎的レベルの成績に達していない15歳の生徒の割合は、多くのOECD諸国で依然として大きく、PISAの対象となった大部分の途上国においては目立って大きい。第二に、ほとんどの国において、若者は平均的に壮年者よりも認知的スキルが高い。その理由の一部は、時とともに就学率と学歴が向上していることにある（OECD, 2013a）。このデータにより、若者の労働市場における経験不足であれ、労働市場の諸制度の影響であれ、若者が就職するうえで直面するかもしれない具体的障壁に関する疑問が浮かび上がる。

第1章　若者のスキルと就業力を向上させるための総合戦略デザイン

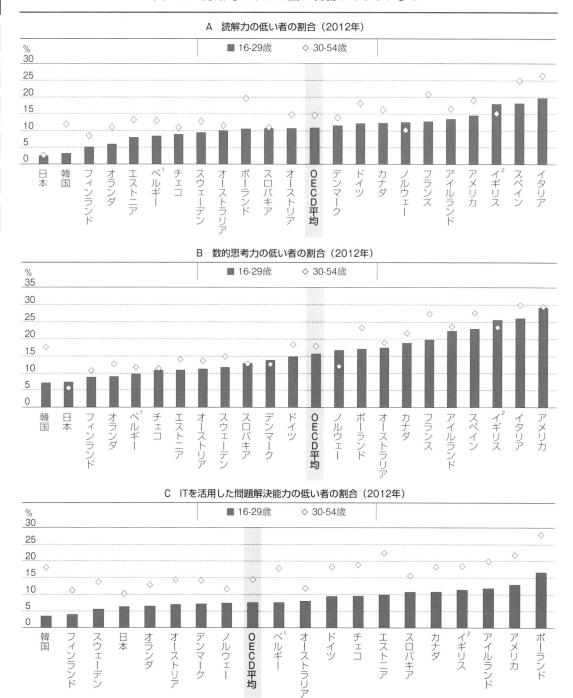

図1.4　認知的スキルの低い若者はあまりに多い

1. フランドル。
2. イングランド／北アイルランド。
注：上図は、16-29歳の年齢層と30-54歳の年齢層について、読解力と数的思考力については習熟度レベル2未満の者、ITを活用した問題解決能力については習熟度レベル1未満の者（ここではスキルの低い成人と考える）の割合を示している。ここに示されたOECD平均は、「成人スキル調査」で評価されたOECD諸国／地域のサンプルに基づく。
資料：OECD事務局算定。データ源は、Survey of Adult Skills (PIAAC) (2012) (database)。

StatLink : http://dx.doi.org/10.1787/888933214406

コラム 1.2　労働市場においてどのようなスキルが求められているのか

　OECD（2015c）において開発された概念的枠組みに従えば、スキルの定義は、個人的幸福や社会経済的進歩を促す各個人の特性、という幅広いものである。各個人は、多様な人生の目的を達成するために、多くのスキルを必要とする。

　認知的スキルには、複雑な情報に関する理解、解釈、分析および意思疎通、ならびにこのような情報を日常生活の多方面に適用する能力が含まれる。認知的スキルは、その性質が一般性を有しており、すべての種類の職業に関係を有し、先進諸国・経済圏における社会経済生活に効果的かつ成功裏に参加するための基盤形成に必要であると考えられている。OECDはこの種のスキルを評価するための主要な二つのデータ手法を開発した。一つ目がOECDの「生徒の学習到達度調査（Programme for International Student Assessment, PISA）」であり、これは読解力、数学的リテラシー、科学的リテラシーについて15歳の生徒を対象に評価するものである。二つ目が「成人スキル調査（Survey of Adult Skills）」であって、これはOECDの「国際成人力調査（Programme for the International Assessment of Adult Competencies, PIAAC）」の成果の一つである。PIAACは、16歳から65歳までの成人を対象に、読解力、数的思考力、ITを活用した問題解決能力（「情報処理スキル」とも呼ばれる）を評価するものである。

　社会的・情動的スキルには、他者との共同作業に関連するスキル（友好性、尊敬、気配り）、目的達成に関連するスキル（忍耐、自制心、目的達成への熱意）、感情制御に関するスキル（冷静さ、楽観、自信）が含まれる。これらは、人格心理学において認定された分類法、とりわけ「ビッグファイブ」（5因子）、すなわち外向性、協調性、誠実性、情緒安定性、開放性に基づいている。これまでのところ、これらのスキルに関する総合的な尺度は存在しないが、その評価手法を将来開発する可能性を評価するための概念的作業が続けられている（OECD, 2015c）。

　スキルの中には認知的スキルと社会的・情動的スキルの相互作用から生まれるものもある。たとえば、創造性や批判的思考力というスキルがそれである。これらはしばしば「21世紀型スキル」と呼ばれており、大きな変革に適応したり、技術革新を行ったりする能力に役立つものと期待されている。創造性とは、新規性、独創性、意外性を有するだけでなく、妥当性、有用性、実務適応性をも有するコンテンツの制作を意味する。創造性は、社会的・情動的スキルだけでなく、知性の程度にも関連していることが明らかになっている。批判的思考力は、問題解決のために戦略的に考えて新たな状況にルールを適用する能力を意味する。このスキルは、高度に知的な要素を有するが、新たな経験に対して開かれた姿勢で臨む能力、たとえば想像力や独創性といった面も含んでいる。

　仕事・職業に関する専門的スキルは、ときにテクニカルスキルと呼ばれるが、このようなスキルもまた雇用主から求められる。認知的スキルや社会的・情動的スキルとは異なり、テクニカルスキルはあらゆる職業に関連するものではなく、別の職業では役に立たず、一つの職業に特有のものである。テクニカルスキルは典型的には個人が有している資格に反映されてはいるが、現在

のところは仕事・職業に関する専門的スキルを評価したり比較したりするための国際的レベルで入手可能な評価手法は存在しない（OECD, 2010）。

　ここまでで述べたすべてのスキルは雇用主に評価されている。調査によれば、雇用主は、高等教育の卒業者を採用する際に、いくつかの社会的・情動的スキル、仕事・職業に関する専門的スキル、認知的スキルの組み合わせが最も重要であると述べている（Humburg, van der Velden and Verhagen, 2013）。雇用主の調査に基づく実証分析によれば、社会的・情動的スキルが欠如していると、特に低いスキルの仕事に関して雇用の重大な障壁となりうる（Heckman and Kautz, 2013）。

コラム 1.3　教育、スキル、就業力の相乗作用

　適切なスキルを持っていると、学業がうまくいくし、就職できる可能性が高くなる。逆に、学習や就職は、スキルのさらなる開発に役立ちうる。同様の理由から、強固なスキルの基盤を有しない若者は、学校から中途退学する可能性や、就職に苦労する可能性が高く、中途退学者や無職者は自分のスキルを維持向上することがほとんどできない。スキル、教育、雇用の三者間の相互作用に影響を与えるような政策をとることは可能である。この政策により、さらに多くの若者が一連の有用なスキルに関心を持つことが確実となり、これによって若者が卒業と雇用、そしてさらにはより良いスキルに到達する、という好循環をたどることができる。

　「成人スキル調査」に基づく分析を行えば、雇用の決定要因を評価することができる。『OECD雇用アウトルック2014年版（*OECD Employment Outlook 2014*）』（OECD, 2014b）によれば、学歴とスキルは就職できる確率と給与水準に影響する。学歴は雇用主にすぐにわかることなので、若者が労働市場に参入しようとするときに明瞭な目印となる。また、『OECDスキルアウトルック2013年版（*OECD Skills Outlook 2013*）』（OECD, 2013b）からは、認知的スキル（読解力、数的思考力、ITを活用した問題解決能力）の労働市場における重要さがわかる。

　また、「成人スキル調査」によれば、スキル、その中でもとりわけ特定の認知的スキルの決定要因を評価することができる。図Aに示されたように、少なくとも後期中等教育を受けていれば、低い読解力に陥る確率が減少する。しかし、同レベルの教育を受けた人同士が同じスキルを有しているわけではない。というのも、スキルの形成は、他の要因に加えて、教育システムの質によって決まるからである。これらの要因には、社会経済的背景やスキルの使用が含まれる。たとえば、両親のうちの少なくとも一人の教育レベルが高いと、読解力の乏しい子どもが育つ確率が低くなる。同様に、その国の言葉を話す人か、またはその国で生まれた人は、読解力が乏しい確率が相対的に低い。教育、スキル、就業の間の因果関係をよりよく理解するためには、さらなる作業が必要である。

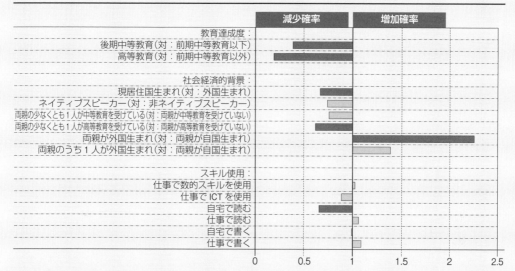

図A 低い読解力を有する確率：教育達成度別、社会経済的背景別、スキル使用別にみた相対関係
16-29歳（2012年）

注：読解力が低い若者とは、「成人スキル調査」で226ポイント未満の者をいう。上図は、すべての関係国について、性別、職業、社会的・情動的スキルの使用、自宅に所有する本の数、健康の状態、その国固有の状況を説明するロジスティック回帰分析を行った結果を示している。統計的に有意な値は濃色で示している。
資料：OECD事務局算定。データ源は、Survey of Adult Skills (PIAAC) (2012) (database)。
StatLink : http://dx.doi.org/10.1787/888933214391

「若者の就業力に関するスキルスコアボード」（表1.1）は、若者のスキルと就業力に関する各国の近年における成果を、多様な面からとらえることを目的としている（コラム1.4）。評価の対象は次のとおりである。

- 各国はどのように若者のスキルを開発し、労働市場に向けての準備を若者にさせているのか（若者のスキルの全体的レベル、スキル開発の包括性、生徒のスキル開発に着目して評価）。
- 若者が学校から労働市場への移行にどの程度成功しているのか（若者の労働市場への受け入れ、ニートグループの労働市場までの距離に着目して評価）。
- 職場におけるスキルの活用を通じて、若者はその就業力をどのように向上させることができているのか。

第1章 若者のスキルと就業力を向上させるための総合戦略デザイン

表 1.1 若者の就業力に関するスキルスコアボード：要約指標

■ 上位25%
▨ ほぼ平均
■ 下位25%

列見出し（左から右）：オーストラリア、オーストリア、ベルギー[1]、カナダ、チェコ、デンマーク、エストニア、フィンランド、フランス、ドイツ、アイルランド、イタリア、日本[2]、韓国、オランダ、ノルウェー、ポーランド、スロバキア、スペイン、スウェーデン、イギリス[3]、アメリカ

若者の就業力に関する主な局面における要約指標

- 若者はどれほど習熟しているか
  2012年／2013年
  資料：Survey of Adult Skills ／ Education at a Glance.

- スキル開発は包括的なものか
  2012年
  資料：PISA ／ Survey of Adult Skills.

- 学生はどのようにスキルを開発するのか
  2012年
  資料：PISA ／ Survey of Adult Skills.

- 若者は労働市場に十分受け入れられているか
  2013年
  資料：Education at a Glance ／ OECD Employment Database.

- ニートは労働市場にどの程度近いか
  2012年／2013年
  資料：Survey of Adult Skills ／ Education at a Glance.

- 職場はスキルの使用を奨励しているか
  2012年
  資料：Survey of Adult Skills.

1. ベルギーの「成人スキル調査」におけるすべての指標は、フランドルについてのものである。
2. 日本については、入手できるデータの関係で、以下の点に留意する必要がある。1)「若者は労働市場に十分受け入れられているか」に関する要約指標は二つの個別指標のみに基づいている。2)「ニートは労働市場にどの程度近いか」に関する要約指標は、15-24歳を対象としており、他の国々におけるように15-29歳を対象としていない。
3. イギリスの「成人スキル調査」におけるすべての指標は、イングランドと北アイルランドのものである。

資料：OECD 事務局算定。データ源は以下のとおり。

OECD（2013c），"PISA: Programme for International Student Assessment"，*OECD Education Statistics*（database），http://dx.doi.org/10.1787/data-00365-en.

OECD（2014c），*Education at a Glance 2014: OECD Indicators*，OECD Publishing, Paris, http://dx.doi.org/10.1787/eag-2014-en.

OECD（2015a），*Education at a Glance Interim Report: Update of Employment and Educational Attainment Indicators*，OECD Publishing, Paris, www.oecd.org/edu/EAG-Interim-report.pdf.

OECD Employment and Labour Market Statistics（database），http://dx.doi.org/10.1787/lfs-lms-data-en.

Survey of Adult Skills（PIAAC）（2012）（database）．

コラム 1.4　若者の就業力に関するスキルスコアボード：方法論

「若者の就業力に関するスキルスコアボード」は、若者の就業力の多様な側面について、各国が近年どのような成果を上げたのかを評価することを目的としている。検討の対象となった主要項

目（6項目）は、次のとおりである。

- **若者のスキル開発**：1）若者のスキル；2）スキル開発の包括性；3）生徒のスキルとその労働市場への適合性
- **若者と労働市場**：4）若者の労働市場への受け入れ；5）ニートと労働市場との距離
- **職場におけるスキルの使用**：6）職場におけるスキル使用の奨励

　本スコアボードは、若者の就業力に関する各国の成果を評価するものであり、各国の政策や雇用促進制度の状況を直接的に評価するものではない。これらの成果は、多様な分野における政策の産物であるが、他方では各国固有の人口構成面、社会経済面における状況からも影響を受けている。構造改革や政策が効果をもたらすには時間がかかり、入手できるデータにも限りがあるので、「若者の就業力に関するスキルスコアボード」は過去の政策、とりわけ直近の政策の影響のすべてを反映しているわけではない。

　若者の就業力に関する6項目のそれぞれについては、要約指標が算出され、表1.1に提示されている。要約指標は、種々のOECDデータベースと「成人スキル調査」から抽出した一連の個別指標を集約したものである。指標の選択とその就業力に関する各項目との関連は、本報告書の関係箇所で検討され提示されている（第2章では若者のスキルの開発に関する3つの要約指標を、第4章では若者と労働市場に関する2つの要約指標を、第6章では職場におけるスキルの使用に関する要約指標を、それぞれ取り扱っている）。集約するに先立ち、各個別指標はベースを共通化すべく調整を加えてある。各項目における要約指標は、各個別指標の単純平均で算出した。

　各国は要約指標に従ってランク付けされている。本スコアボードでは、各国の成果が下位25％、上位25％、OECD平均値周辺（上下の中間の50％）に分けて示されている。この区分は厳密に適用したので、たとえば下位25％にランク付けされた国が平均ランクに近い位置にあるというように、あるランクに区分された国が別のランクに近い位置にある可能性がある。

　この種のランク付け全般に言えることであるが、本スコアボードの記載事項は、以下の諸点を考慮しつつ慎重に解釈しなければならない。

- 本スコアボードは、最近の政策の影響を反映していない。
- 入手できるデータに限りがあるので、ここに示された指標はある国における若者のスキルと就業力に関する不完全な評価を示しているにすぎず、これらの指標の選択に関しては常に批判を加えることが可能である。
- 本スコアボードは、「成人スキル調査」をはじめとする種々のデータセットに基づいており、したがって「成人スキル調査」に参加したOECD諸国のみを対象としている。
- 本スコアボードは、OECD諸国の平均値に対する各国の成果の相対的レベルを示しており、最も望ましい状況に対する各国の成果の相対的レベルを示したものではない。

第1章　若者のスキルと就業力を向上させるための総合戦略デザイン

本スコアボードは、2012年から2013年における主要項目（6項目）に関する各国の成果を反映している（表1.1）。これをみると、自国の若者のスキルを改善し、就業力を向上させるために各国が直面している最大の課題がわかる。しかし、各国はすでに差し迫った課題に取り組むために行動を起こしているかもしれないし、さらには世界的に状況が良くなるに伴って各国の成果に改善が生じているかもしれない。とはいえ、長期間の周期的失業は、構造的失業につながる可能性がある。

本スコアボードからは、次の事項が読み取れる。

- ほとんどの国では、若者の就業力に関する一つまたは複数の項目の成果が不十分である。これは、世界的規模における一貫性のある対策が強く望まれることを示している。いくつかの国々（イタリアやスペイン）は若者の就業力に関するほとんどの項目に関して課題を抱えていると思われるのに対し、他の国々（フィンランドやオランダ）は、そのほとんどの項目に関して良い成果を上げているようにみえる。
- あるグループの国々は、自国の若者のスキル開発の面で課題を抱えているようであるが、若者の労働市場への受け入れに関しては比較的問題が少ないようである（オーストリア、チェコ、スウェーデン、アメリカ）。
- 職場におけるスキルの使用をもっと奨励する余地があるようにみえる国々は、他のいくつかの項目においても課題を抱えているようである（アイルランド、イタリア、スロバキア、スペイン）。
- いくつかの国々は若者の就業力に関するほとんどの項目で比較的良い成果を上げているが、ニートの労働市場からの距離は比較的遠い（デンマークやノルウェー）。というのは、ニートの大部分が引きこもっているか、または彼らの学歴もしくはスキルが低いからである。

対応策の進め方

本報告書は、前記において検討した種々の項目に関して、若者の就業力を強化することのできる政策がどのようなものであるのかという点に注目している。本報告書の論点は、短期的および長期的に、すべての若者がよりよく就職に備えるためにはどうすればよいのか、彼らが労働市場に受け入れられるにはどうすればよいのか、彼らが職場でスキルをよりよく活用するにはどうすればよいのか、というものである。本報告書は、若者の就業力の強化に関する六つの主要な課題を特定し、その課題のそれぞれについて政策面での優先順位を明らかにしている。

若者のスキルと教育の改善

すべての若者は、就業力に役立つスキルを手にして教育システムから巣立っていくべきである。そのためには、スキルというものに関して、もっと全体的視野に立った取り組みが必要である。多くのスキルは労働市場における経験を通じて形成されるが、教育を受けている間は、若者は適応能

力と学習能力をさらに向上させる必要がある。加えて、最もスキルの乏しい生徒、つまり失敗のリスクに最もさらされている生徒を特定することが重要である。このような生徒には、学校におけるしかるべき支援、人との付き合いや行動面の課題に取り組むための社会的団体からの援助、および生徒と家族の積極的な関わりを視野に置いた総合的取り組みが有益である。既存の教育に代えてオンザジョブラーニング（on-the-job learning）のような実務的要素を備えた教育を若者に提案することにより、彼らが再出発するための選択肢を用意すれば、若者がいずれかの教育に再び取り組むのに役立つであろう。プログラム相互の間を行き来しやすい仕組みを持った多様な教育プログラムがあれば、生徒が自分の希望やスキルにあった教育プログラムをみつけて、より長く教育を継続できる可能性が広がる。

労働市場のニーズに教育システムを適応させることは、若者の就業力を強化するうえでの次の重要課題である。あまりにも多くの若い卒業者が就職に十分に備えていないことに雇用主も若者も気づいていることが調査からうかがえる。雇用主やその他の利害関係者は、いろいろな場で、多様な方法を用いて、教育システムにもっと関わっていくことができるはずである。仕事に基盤を置いた学習を開発していくことは、教育システムと労働市場の間の連携を強化し、若者の就業力を向上させ、教育から仕事への移行を改善するための決め手となるのである。仕事に基盤を置いた学習は、職業教育・訓練に統合することも可能であるが、大学の教育プログラムにおいて奨励することも可能である。後期中等教育および中等後教育のレベルにおける職業教育・訓練プログラムは、労働市場で必要とされるスキル開発のための選択肢を用意しているし、雇用主が教育システムに関与する機会も提供している。他方で、雇用主は質の悪い職業教育・訓練プログラムのために訓練の場所を提供することを嫌がるので、職業教育・訓練プログラムは良質であることが必要とされるが、仕事に基盤を置いた学習の主要な要素を職業教育・訓練プログラムに統合すれば、職業教育・訓練プログラムの質を確保することが可能となり、労働市場と教育を結びつける助成制度があれば、職業教育・訓練プログラムと大学の教育プログラムが労働市場のニーズにより的確に反応することが可能となる。

課題1：すべての若者が十分なスキルを持って教育を終えることの確保

- スキル全体を視野に入れて取り組み、若者の就業力を向上させるスキル全般の開発を目指す。
- すべての人に質の高い就学前教育を提供する。
- スキルの乏しい生徒や中途退学のリスクにさらされている生徒に手を差し伸べる。
- 教育システムから離れてしまった若者に対して教育システムに再び受け入れてもらえる機会を与える。
- 教育システムに複数のコースを用意する。

> **課題２：労働市場のニーズに対してより的確に反応する教育システム**
>
> - 大学を含め、いろいろなタイプの教育全体にわたって仕事に基盤を置いた学習プログラムを開発する。雇用主やその他の利害関係者をすべてのレベルの教育システムに関与させる。
> - 職業教育・訓練プログラムを見直し、その質を向上させる。これらのプログラムが認知的スキルや社会的・情動的スキルを向上させることを確かなものにする。
> - 現在および将来の労働市場のニーズと教育との連携をよりよくし、質の向上への動機づけになるような大学の基金システムを開発する。
> - 進路指導に関するサービスがすべての教育段階で提供されること、および進路指導における情報が多様な就職先に関する投資収益の的確な評価に基づくことを確保することによって、進路指導を改善する。

若者の労働市場への受け入れ

　学校から仕事への円滑な移行によって、スキルが消耗するリスクや、職業生活のはじめに失業している期間が生じていることによってしばしば引き起こされる「傷跡効果（scarring effects）」が発生するリスクを抑制することができる。労働市場制度は、すべての種類の労働者に関する労働市場状況に影響を与えるが、労働市場への新規参入者であり、したがってアウトサイダーともなる若者は、労働市場のインサイダーを守ることを目的としつつも構造的に労働需要を弱める機能を持つ制度的措置によって影響を受ける可能性が相対的に大きい。最低賃金が高いレベルに設定され、加えて労働に高率の税が課せられると、相対的にスキルが低く労働経験の少ない若者の雇用にネガティブな効果を与えうる。さらに、雇用されている若者の４人に１人が臨時・派遣雇用契約で雇われているため、このような若者が期間の定めのない雇用へと移行する際に、雇用保護法制が障壁を生み出さないことを確保することが重要である。期間の定めのない雇用においては、若者がそのスキルを十分に活用し、その就業力を向上させる可能性が相対的に高いのである。卒業後のインターン制度は、労働市場への移行を容易にする可能性があるが、制度の濫用を防ぐために、学習と助言、最低賃金、および社会保障の適用の面で規制を課す必要がある。

　ほとんどの国における重要課題は、ニートに手を差し伸べて彼らが教育に再び取り組むなり、労働市場に参入するなりするよう手助けすることである。ニートは不均質な人々からなるグループである。OECD諸国の平均的ニート像は、その半数近くが失業中で求職中であり、公共の職業紹介サービスに連絡を取る可能性が高いので、比較的容易に近づくことができる。引きこもっているニートはより近づきにくい。若者と諸制度との間に相互義務システムを構築すれば、若者の貧困リスクを抑制するという目的と、若者の労働市場への参入を金銭面からしっかりと動機づけるという目的を両立させることができる。若者の側においては、教育や雇用に関して自分自身を新しく向上

させるべく自分なりの行動をとる義務と、公共雇用サービスに登録する義務を負うことが、社会福祉給付を受け取る前提条件とならなければならない。効果的な積極的労働市場政策（ALMP）により、ニートの労働市場への移行を支援することができるが、積極的労働市場政策は、各個人のニーズやスキルに対して、オーダーメイドの対応をする必要がある。求職活動に対する援助、カウンセリングおよびモニタリングは、雇用に役立つ効果を生じるように思われるが、これらを補うものとして、スキルのギャップに取り組むための訓練や、スキルの低い若い移民のような特別な重荷を負った若者への補助金支給が考えられる。

課題3：学校から仕事への移行の円滑化

- スキルの低い若者の雇用を増やすために、適切な労働市場制度とスキルに配慮した税制を構築する。
- 雇用保護法制における臨時・派遣雇用契約と期間の定めのない雇用契約の間のギャップ解消を継続する。
- 企業に対して柔軟に、かつ責任を持って対応する仕組みの下で、学業終期のインターン制度を奨励する。
- 学校から仕事への移行に困難を生じるリスクを持つ生徒を対象としたプログラムを開発する。ただし、その効果を慎重に評価する。

課題4：ニートの教育や労働市場への（再）参入の支援

- 若者と諸制度の間に相互義務システムを取り入れる。社会福祉給付を受け取るには、公共雇用サービスに登録する義務と、より進んだ教育を受けることも含め、労働市場参入に備えて行動を起こし、援助を受ける義務を負うことが必要である。
- 効率的な求職活動支援、訓練、モニタリング、金銭面での動機づけを通じて雇用を促進するような雇用最優先戦略を採用する。

職場における若者のスキル活用

若者の就業力を維持、向上させるには、若者が自分のスキルを効果的に使わなければならない。さらに、若者のスキルの活用により、技術革新や生産性、経済成長を促進することができる。スキルのミスマッチを抑制し、スキルのより良い使用に役立つ対策は多様な分野に存在するが、若者のスキルや仕事に必要なスキルにおける情報の不完全性や非対称性に取り組むための特別な対策が必要とされている。教育機関は、適切に設計された資格制度の構築について、社会的パートナー団体

（使用者団体と労働組合）と力を合わせることができる。このような資格制度は、スキルを基盤とし、労働市場のニーズの変化に応じて常に更新される。ノンフォーマルまたはインフォーマルな学習を通じて得たスキルを公式に認定し、雇用主たちにそのような認定システムを周知すれば、若者、特に移民の若者が自分のスキルを売り込むのを助けることができる。さらに、労働の組織化や経営面での実務運営によって、スキルをよりよく利用することも可能である。

　起業（アントレプレナーシップ）は、個人がそのスキルを活用し、経済や社会が個人のスキルから利益を得るための手段である。しかし、若者が自分の会社を大きくしていくには障壁が存在するという証拠がある。若者の起業に関する障壁を取り除くには、一般的対策と若者特有の対策がある。アントレプレナーシップ教育は、職業教育・訓練プログラムや大学プログラムを含むさまざまな教育段階に組み込むことが可能であるが、その質を評価することが求められている。事業資金獲得は、多くの場合、新興企業にとって最も重大な障壁となるとされている。特定のグループに対象を絞って期間制限を設けた投資や特別な資金支援のために、一般的政策とより高度な優遇政策の両方があれば、事業資金獲得は改善されよう。最後に、多様な形態の官民協力活動により、起業初期段階の若者を支援するネットワークや共用施設を構築することができよう。大学と雇用主との間の協力関係を強化すれば、起業の多様な段階において若者を手助けすることも可能になる。

課題5：スキルのミスマッチ抑制とスキルのより良い使用

- 仕事とスキルを地域で適合できるようにするために、地理的移動の障壁を取り除く。
- 競業避止義務の拡大とその影響について十分に検討する。
- 採用プロセスを円滑化するために、国家資格制度や国際資格制度を構築する。
- ノンフォーマルまたはインフォーマルな学習を通じて得たスキルを公式に認定する。
- より効果的な労働の組織化と人材マネジメント戦略を推進する。
- どのようなスキルが必要とされるかを見極めたり予測したりするための質の高い仕組みやツールを開発する。

課題6：起業（アントレプレナーシップ）に関する障壁の除去

- すべての教育レベルにおいて質の高いアントレプレナーシップ教育をより優先的に取り入れる。
- 起業環境が成長力の高い企業の創生に必ずつながるようにする。
- 起業を支援する仕組みを注意深く設計する。
- ネットワークや共用施設を構築するために、多様な官民協力形態の開発を奨励する。

課題相互の関連性

　以上に述べたすべての課題は、相互に関連している。たとえば、労働市場の機能不全のせいで比較的高いスキルを持った若者が容易に仕事に就くことができなかったり、そのような若者がいったん仕事を始めた際にそのスキルがうまく活用されなかったりすれば、そのスキルの開発を向上させる取り組みは効果を生まないであろう。同様に、教育システムが若者に対して彼らが必要としているスキルを提供しなければ、学校から仕事への移行を改善するための労働市場改革は、阻害されることになるだろう。

　同じ論法で、多くの場合、特定の課題に取り組むための政策的優先事項は、他の課題に対応するのにも役立つ。たとえば、適切な雇用保護法制があれば、若い労働者は臨時・派遣雇用から期間の定めのない雇用へと円滑に移行できるし、他方では、労働者が不安定な雇用状況に置かれるリスク（このリスクは失業というさらに大きなリスクを伴っている）が減少し、また労働者が自分のスキルを十分に活用することも次第にできるようになる。インターンという仕組みは、これを教育課程の中で実施すれば適切なスキルの開発に役立つが、これを学業の終期に実施すれば、雇用に向けての踏み台として機能することも可能である。若者の起業を手助けするために大学と雇用主との間の協力を強化すれば、労働市場のニーズに合ったプログラムを大学が構築するのにも役立つことができる。全体として、多様な側面における活動が、多様な相乗作用を生み出すのである。

　政策的優先事項の中には、若者の就業力に関する課題のほとんどに関連しているものがある。特に、質の高い、生涯を通じた職業指導は、教育の段階、労働市場への移行時期および職業生活の期間において、若者の就業力向上を手助けしてくれる。生涯を通じた職業指導は、通常、教育機関や公共雇用サービスによって提供されるが、若者はいつ何時であっても、このようなサービスを受けることができるようにするべきである。しかし、多くの国においては、職業指導に関する仕組みに欠陥があり、学生に提示されない選択肢があったり、個人のスキルや労働市場の需要を十分に考慮することなく助言がなされたりすることがある。このようなサービスにおける一貫性と継続性を保つには、関係機関相互の緊密な協力が必要である。

　もう一つの政策的優先事項は、スキルのニーズをより上手に予測することである。こうすれば、適切なスキルの開発が助けられ、学校から仕事への移行が容易になり、経済や社会において使われることのないスキルを手に入れるリスクを抑制することができる。ほとんどの国では、独立系の機関または公的機関によってスキルの将来像を得ており、この種の分析を手掛ける国際機関も存在するが、スキルの将来に関する情報に基づいて自国の教育システムに調整を加えている国はほとんどない。他方で、スキルの将来像予測には大きな不確実性がまとわりついているほか、いろいろな大事件によってスキルのニーズが影響を受けるという事実があるために、このような情報は慎重に使用する必要があることがわかる。

第1章

若者のスキルと就業力を強化するための対策の統合

　政府は、若者の置かれた状況の改善に関して、若者に対して説得力のある、そして具体的行動に裏付けられた信頼に足る約束をする必要がある。その行動は、政府と社会のすべての構成要素、すなわち、社会的パートナー団体、企業、教育機関、市民団体との間で申し合わせておくべきである。この行動がなされた場合には、その成果とその評価について、しっかりとした説明がなされなければならない。この説明においては、測定可能な目的と成果指標とともに、利害関係者の責任を明確にする必要がある。

　社会的パートナー団体（使用者団体と労働組合）は、それぞれが有する既存の経験と責任に基づき、とりわけ重要な役割を果たすことができる。この役割には、次のものが含まれうる。すなわち、若者への悪影響を減少させるべく臨時・派遣雇用と期間の定めのない雇用の二重労働市場に対処すること、効果の高い資格制度の開発に取り組むこと、若者のスキル開発のために職業訓練の仕組みとその機会を支援すること、労働市場における若者の脆弱な立場を不当に搾取しないように仕事のあり方をより多様化すること、有用性の高い就職情報と職業指導サービスを提供すること。

　すべてのレベルにおける教育機関は、就業力に必要なすべての種類のスキルの開発に努力を集中することにより、学生の就業力を強化することができる。教育機関と企業との間に、より緊密な協力関係を育てることができれば大きな成果を得ることができ、このことが、今度は若者のために仕事に基盤を置いた学習の機会を提供し、望ましい仕事や就職先への踏み台となる。結局のところ、若者のスキルと就業力の改善は、すべての人々の責務なのである。

参考文献・資料

Heckman, J.J. and T. Kautz (2013), "Fostering and measuring skills: Interventions that improve character and cognition", *NBER Working Paper*, No. 19656, National Bureau of Economic Research.

Humburg, M., R. van der Velden and A. Verhagen (2013), "The employability of higher education graduates: the employers' perspective", European Commission.

OECD (2015a), *Education at a Glance Interim Report: Update of Employment and Educational Attainment Indicators*, OECD, Paris, www.oecd.org/edu/EAG-Interim-report.pdf.

OECD (2015b), *Economic Policy Reforms 2015: Going for Growth*, OECD Publishing, Paris, http://dx.doi.org/10.1787/growth-2015-en.

OECD (2015c), *Skills for Social Progress: The Power of Social and Emotional Skills*, OECD Skills Studies, OECD Publishing, Paris. http://dx.doi.org/10.1787/9789264226159-en.

OECD (2014a), *OECD Economic Outlook, Volume 2014/2*, OECD Publishing, http://dx.doi.org/10.1787/eco_outlook-v2014-2-en.

OECD (2014b), *OECD Employment Outlook 2014*, OECD Publishing, Paris, http://dx.doi.org/10.1787/empl_outlook-2014-en.

OECD (2014c), *Education at a Glance 2014: OECD Indicators*, OECD Publishing, Paris, http://dx.doi.org/10.1787/eag-2014-en.(『図表でみる教育 OECD インディケータ（2014 年版）』経済協力開発機構（OECD）編著、徳永優子・稲田智子・定延由紀・矢倉美登里訳、明石書店、2014 年）

OECD (2013a), "The OECD Action Plan for Youth: Giving Youth a Better Start in the Labour Market", www.oecd.org/employment/Action-plan-youth.pdf and www.oecd.org/employment/action-plan-youth.htm.

OECD (2013b), *OECD Skills Outlook 2013: First Results from the Survey of Adult Skills*, OECD Publishing, Paris, http://dx.doi.org/10.1787/9789264204256-en.（『OECD 成人スキル白書：第 1 回国際成人力調査（PIAAC）報告書〈OECD スキル・アウトルック 2013 年版〉』経済協力開発機構（OECD）編著、矢倉美登里・稲田智子・来田誠一郎訳、明石書店、2014 年）

OECD (2013c), "PISA: Programme for International Student Assessment", *OECD Education Statistics* (database), http://dx.doi.org/10.1787/data-00365-en.

OECD (2012), *Better Skills, Better Jobs, Better Lives: A Strategic Approach to Skills Policies*, OECD Publishing, Paris, http://dx.doi.org/10.1787/9789264177338-en.

OECD (2010), *Learning for Jobs*, OECD Reviews of Vocational Education and Training, OECD Publishing, Paris, http://dx.doi.org/10.1787/9789264087460-en.（『若者の能力開発：働くために学ぶ〈OECD 職業教育訓練レビュー：統合報告書〉』OECD 編著、岩田克彦・上西充子訳、明石書店、2012 年）

第 2 章

若者の教育とスキル育成に関するトレンド

　教育とスキルは、就業力（employability）の中心となるテーマである。読解力や数的思考力の習熟が十分なレベルに達する前に学校を離れた若者は、労働市場への参入が難しくなる。雇用主は読解力や数的思考力といった認知的スキルだけでなく、それらのスキルを問題解決に向けることができる、コミュニケーション力やチームワーク力といったソフトスキルを身につけた労働者を、ますます求めるようになってきている。本章では、今日、義務教育や職業教育・訓練、高等教育といった広い意味での教育が、いかに若者を労働の世界に向けて準備を促しているのかということを検討する。

ハイライト

- 「成人スキル調査」によれば、過去2年間で教育システムを離脱した16歳から29歳の若者において、平均的に14%は低い数的思考力しか有していなかった。低い数的思考力しか持たない若者の比率は韓国、日本といった5%程度の国からフランスやアイルランド、イタリア、イギリス、アメリカといった20%を上回る国まである。
- 後期中等教育を修了する前に学校を離れた若者は、特に認知的スキルが低い。数的思考力においてレベル2を下回るような低い得点の割合に関して、最終学歴が後期中等教育である若者と比べて、後期中等教育を修了する前に学校を離れた若者は2倍も高い。
- 職業教育・訓練（VET）プログラムの卒業生は、後期中等教育や中等後非高等教育の一般的なプログラムの卒業生と比べてわずかに職に就いている可能性が高い。しかし、多くの国々において職業教育・訓練を受けた生徒は同様の教育レベルの一般プログラムにおける生徒よりも低い認知的スキルしか有していない可能性が50%高い。さらに、後期中等教育の職業教育・訓練プログラムを卒業した若者の15%以下しか中等後教育に進んでいない。
- OECD加盟国全体で平均して、職業に関わる学習を受けている生徒は、職業教育・訓練プログラムを受けた生徒では50%以下で、一般プログラムでは40%以下である。
- 高等教育卒業者はそれ以下の教育歴しか有さない若年成人よりも、労働市場において、より良い成果を得られる。しかし、高等教育へのアクセスは両親の背景に大きく依存している。

特に、若者の間で高いレベルの失業を伴う世界経済危機を通じて、あらゆる人に対してより質の高いスキルの育成が重要であるということが広く言われるようになってきた。このようなグローバル経済の危機は、スキルに対する要請の変化に合わせ、教育や訓練のシステムを調整することや職場や学校での学習環境を改善するように行政に繰り返し圧力をかけてきた。

しかし、スキルの役割は労働市場への参入といった側面だけにとどまらない。力強いスキルは個人の財政や人生選択を管理したり、さまざまなリスクに気づいたり、健康的な行動をとったり、より一般的には人生においてよくバランスのとれた選択をすることに重要な役割を発揮する（Pallas, 2000）。力強いスキルはまた、個人が社会に溶け込み、他者を信頼したり手伝ったりし、さまざまな活動へ参加したりするのにも役立つ。さらには力強いスキルの基盤を有していれば、子どものために健康的な行動を伝え、必要に応じて子どもを助ける傾向にある（OECD, 2013a）。

教育、スキル、就業力

教育において何を達成するかということはしばしば労働市場への参入や雇用を決定づけるものとなる。雇用主にとって教育における学位や卒業証書は、直近の卒業も含め将来的に従業員となった

とき、仕事に対してもたらすであろうスキルの程度を教えるサインでもある。統計的な証拠が示すところによれば、OECD 諸国の労働者は今日、労働力において競争していけるようになるためには、少なくとも後期中等教育の学位は必要である（Lyche, 2010 におけるレビューを参照）。学校を修了しなかった若者は安定した雇用を確保するのが難しく、平均的に高校卒業者と比べて低い給料しか得ることができない（Bradshaw, O'Brennan and McNeely, 2008）。大部分の国において、雇用されておらず教育も職業訓練も受けていないニートは、高等教育を終えた者の間では相対的に少なく、前期中等教育を終えた者の間ではずっと多い（図 2.1）。

スキルの獲得は教育システムの質その他の要素に依存するため、教育レベルが同等の個人のケースであっても、認知的スキルの各国のレベルは常に同一ではない（図 2.2）。「成人スキル調査（Survey of Adult Skills）」における主要な結論としては、労働市場の成果を改善するために、教育的な到達点を上昇させるだけでなく、教育システムの質を上昇させたり、一定のスキルのレベルに達したりすることなく、教育システムを離脱する若者を確実になくしたりするということの重要性であった（表 2.3; OECD, 2013a）。「成人スキル調査」において測定されたように、低い認知的なスキルは、雇用されておらず教育も職業訓練も受けていない状態になる可能性を増すのである（OECD, 2014a）。

今日の経済はますます若者に生徒として、求職者あるいは労働者として、消費者として、そして責任ある市民として、デジタルスキルを有することを要求している。情報通信技術（ICT）にアクセスしたり、触れたりした経験のない若者は、今日の若者がデジタルネイティブだとみなされている労働市場において特に不利益を受けることになるだろう。しかしもし、認知的スキルや創造性、コミュニケーションスキル、チームワーク、そして、忍耐力といった、他のスキルとうまく組み合わせることができないのであれば、基本的な ICT スキルは価値を付加するものとはならないであろう。

社会的・情動的スキルの欠如は雇用に対して障壁となる（Heckman and Kautz, 2013）。1996 年にアメリカで行われた全国調査から抽出された雇用主のうち 69% が、毎日働く、時間通りに出勤する、高い労働倫理を持つ、といったような基本的な社会的スキルが欠けていたために、応募者を不採用にしたことがある、と報告している。このことは、読み書きのスキルが十分ではないという理由で断られた志願者の 2 倍以上に上る。

スキルの発達はダイナミックな過程であり、認知的スキルや社会的・情動的スキルの低い若者は、生涯にわたってスキルを一層発展させたり質を向上させたりすることも難しいので（Cunha and Heckman, 2007）、テクノロジーの進歩によって職業に求められる要件が変わってしまったときにより影響を受けやすくなる。一般的に就業力（employability）に対して重要であるスキルは以下のものを含む（第 1 章参照）。ICT スキルを兼ね備えた読解力、数的思考力、問題解決力といった認知的スキル、自己管理力、忍耐力、チームワーク力といった社会的・情動的スキル、そして職業に特有のスキルである。

図2.1　雇用されておらず教育も訓練も受けていない若者（ニート）の割合（学歴別）
15-29歳、2013年

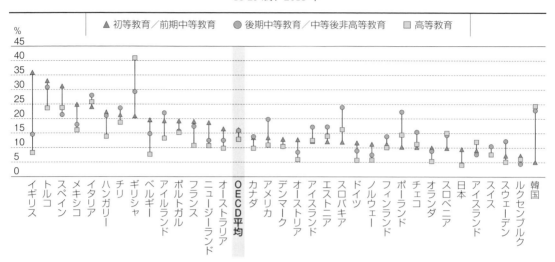

注：日本は15-24歳のデータを利用している。チリ、アイスランド、韓国は2012年のデータを利用している。OECD平均から日本は除いている。

資料：OECD (2015a), *Education at a Glance Interim Report: Update of Employment and Educational Attainment Indicators*, OECD Publishing, Paris, www.oecd.org/edu/EAG-Interim-report.pdf.

StatLink：http://dx.doi.org/10.1787/888933214417

図2.2　新規卒業者における平均的な数的思考力（教育段階別）
16-29歳、2012年

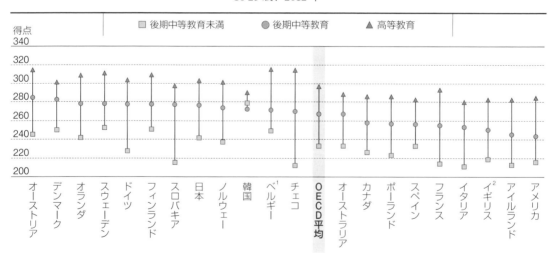

1. フランドル。
2. イングランド／北アイルランド。

注：新規卒業者は調査前2年以内に教育を修了した若者として定義する。

資料：OECD事務局算定。データ源は *Survey of Adult Skills (PIAAC) (2012)* (database)。

StatLink：http://dx.doi.org/10.1787/888933214424

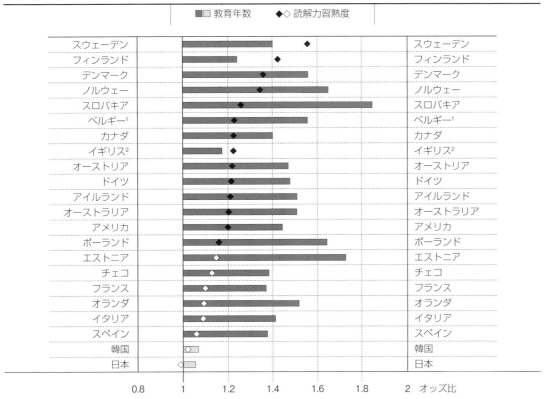

図 2.3 教育年数と読解力習熟度が労働市場への参加に与える効果
非就学の成人による労働市場への参加の可能性に対する教育年数と読解力習熟度の効果を示す調整後のオッズ比、2012 年

1. フランドル。
2. イングランド／北アイルランド。
注：図の見方は次のとおり。スウェーデンにおいて、学校教育年数が 3 年多い成人は仕事を探しているあるいは雇用されている見込みが 40％増える。さらに、労働力の参加見込みは読解力得点において 46 点増えるに従い、56％ずつ増える。オッズ比は読解力・教育年数における 1 標準偏差の上昇と対応する。結果は性別、年齢、配偶者の有無、外国生まれか否かによる調整がなされている。統計的に有意な値は濃色で示す。教育年数の標準偏差は 3.05、読解力の標準偏差は 45.76。
資料：OECD (2013a), *OECD Skills Outlook 2013: First Results from the Survey of Adult Skills*, OECD Publishing, Paris, http://dx.doi.org/10.1787/9789264204256-en.

StatLink : http://dx.doi.org/10.1787/888933214434

生徒の成果における平等性

万人にアクセス可能である高い質の教育や訓練を用意しておくことは、すべての若者が社会に完全に参入し、生涯を通じて学習を継続するのに必要なスキルを獲得することを保証するためにもきわめて重要なことである。「成人スキル調査」では、低いスキルと中途退学との間には強い相関関係があることが示されている。この調査ではまた、義務教育を終えたにもかかわらず基本的な認知的スキルの欠如した若者が高い割合で存在することも明らかになっている。さらに、OECD によ

図 2.4　読解力と数的思考力の低い若者

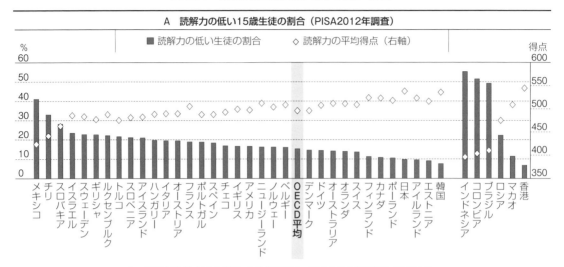

A　読解力の低い15歳生徒の割合（PISA2012年調査）

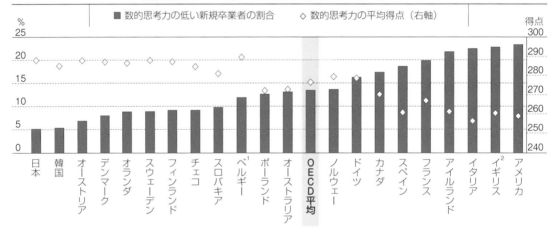

B　新規卒業者（16-29歳）の数的思考力（「成人スキル調査」2012年）

1. フランドル。
2. イングランド／北アイルランド。
注：グラフAはPISAにおけるベースラインと考えられるレベル2を下回る読解力の習熟度を有する生徒の割合を示す。グラフBは数的思考力（左軸）においてレベル2を下回る成績で、「成人スキル調査」（2012年）より2年前の間に教育を修了した新規卒業者の割合を示す。PISAや「成人スキル調査」の二つの調査結果ともにOECD平均は「成人スキル調査」において評価されたOECD諸国／地域のサンプルに基づく。
資料：OECD事務局算定。データ源は以下のとおり。
Survey of Adult Skills (PIAAC) (2012) (database).
OECD (2013c), "PISA: Programme for International Student Assessment", OECD Education Statistics (database), http://dx.doi.org/10.1787/data-00365-en.

StatLink：http://dx.doi.org/10.1787/888933214449

る「生徒の学習到達度調査（PISA）」の結果には、教育機関は学習の機会をより平等に分配するというよりも、既存の社会文化的な利点を強化する傾向に傾くことが示されている（OECD, 2013b）。

多くの国では低いスキルのまま初等教育を終えたり、教育システムを離脱する若者の割合を減少させるような政策を行っている。PISAの結果は読解力や数学的リテラシーにおけるベースライン

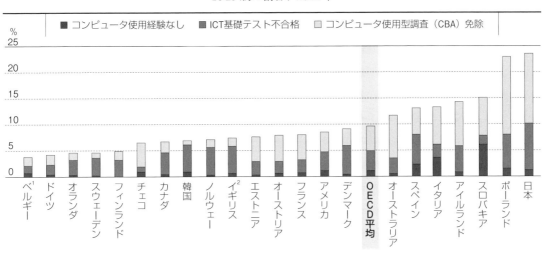

図 2.5　基本的な ICT スキルを欠く若者
16-29 歳の割合、2012 年

1. フランドル。
2. イングランド／北アイルランド。
資料：OECD 事務局算定。データ源は *Survey of Adult Skills* (PIAAC) (2012) (database)。
StatLink：http://dx.doi.org/10.1787/888933214453

となる習熟度（レベル2相当）に達することができない15歳の生徒の割合は、大部分のOECD諸国において、いまだに大きいことを示している（図2.4 グラフA）。「成人スキル調査」では、いくつかのOECD諸国において、調査前の2年間に教育を終えた若者において、数的思考力の低い者の割合が高いことが示されている（図2.4 グラフB）。さらに、ICT基盤システムへのアクセスは普遍的なICTスキルを有しているわけではない（図2.5）。「成人スキル調査」は、平均的な若者（16歳から29歳）のほぼ10%が基本的なICTスキルを備えていないことを示している[1]。

　低いスキルと中途退学は相互に強化し合っている関係にある。スキルを獲得して伸ばすことに苦労する若者は、より退学しがちである。また一方で、退学した者はその後自分のスキルを伸ばす機会がより少ない。「成人スキル調査」によってカバーされているOECD諸国を平均的にみると、16歳から24歳の8%以上が後期中等教育を修了する前に学校を去っている（図2.6）。スペインは4人に1人がこのグループに属する一方、韓国では、ほぼどの16歳から24歳の若者も後期中等教育を卒業している。

　「成人スキル調査」によってカバーされる大部分の国において、後期中等教育を中途退学してしまった若者の多くが、低い読解力と数的思考力のスキルしか持っていない。そのような層の割合は最終学歴として後期中等教育の学位を獲得してきた人々と比べてずっと多い（図2.7）。平均的にみて、高等教育修了者で数的思考力のスキルでレベル2以下は17%のみにとどまっていることと比べると、中途退学した16歳から24歳未満においては、レベル2以下が40%にも上っている。しかし、高等教育を修了しなかった低いスキルの若者が仮に学校に残っていたとしても、より上達していた

第2章　若者の教育とスキル育成に関するトレンド

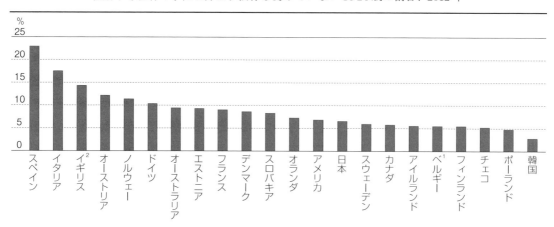

図2.6　後期中等教育を修了する前に中途退学した若者
後期中等教育の学位を持たず教育も受けていない16-24歳の割合、2012年

1. フランドル。
2. イングランド／北アイルランド。
資料：OECD事務局算定。データ源はSurvey of Adult Skills (PIAAC) (2012) (database)。

StatLink：http://dx.doi.org/10.1787/888933214465

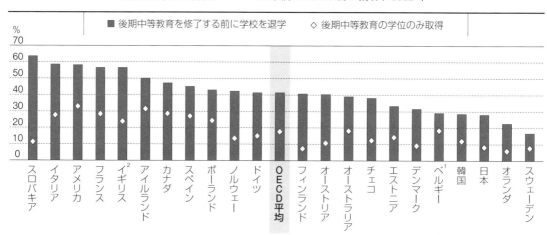

図2.7　後期中等教育を修了しなかった若者と後期中等教育の学位を取った後に
進学しなかった若者の数的思考力
数的思考力の得点がレベル2未満の16-24歳の割合、2012年

1. フランドル。
2. イングランド／北アイルランド。
資料：OECD事務局算定。データ源はSurvey of Adult Skills (PIAAC) (2012) (database)。

StatLink：http://dx.doi.org/10.1787/888933214474

と推測するのは難しい。カナダ、フランス、イタリア、アイルランド、ポーランド、スペイン、イギリス、アメリカを含め、いくつかのOECD諸国において、後期中等教育を終えた若者でも高い割合で数的思考力においてレベル2を下回る成績を残している。このことは高等教育プログラムの質やこれらの国の教育システム内の不平等さを反映していると考えられるかもしれない。

社会・経済的に不利益のある背景を持つ若者は学校内で、また学校外においてもより大きな困難に直面し、成績の低い集団の中で大きな割合を占めている。実際、「成人スキル調査」によると、後期中等教育の学位を有していない若者で、かつ、その親がどちらも後期中等教育の学位を有さないという状況では、少なくとも両親のどちらか一方が後期中等教育の学位を有するに値するレベルを獲得している後期中等教育の学位がない若者よりも読解力のパフォーマンスが低い（OECD, 2013a）。PISAや「成人スキル調査」によると、不利な出自を有する若者は新しいテクノロジーを使うことに、あまり自信がなく、秀でてもいない傾向にあることが示されている。

それに加えて、高等教育機関への入学者はここ数十年で著しい増加を遂げたものの、高等教育への平等なアクセスを確実にすることは、いまだに課題である。多くの国において、高等教育を受けてきた両親を持つ若者はそのレベルより低い教育しか受けていない両親を持つ若者よりもより大学に行く傾向があるということが示されている（OECD, 2014b; Causa and Johansson, 2009）。

仕事の世界への準備

職業教育・訓練

職業教育・訓練（VET）は直接的に労働市場のニーズと若者のスキルをつなぐことができる。質の高い職業教育の課程は、特に後期中等教育において、学術的な教育に嫌悪感を持ってしまった若者を学業に従事させることを助けたり、卒業の割合を押し上げたり、スムーズな学校から仕事への移行を確実にしたりすることができるということを示唆する証拠がある（Quintini and Manfredi, 2009）。職業教育・訓練は、大学教育と連携した高いレベルのスキルとともに、中間レベルの商売、技術、専門、マネジメントのスキルを加えつつ、高度に熟練し、かつ、多様な労働力を育てることにも寄与しうる。世界経済危機によってOECD諸国で職業教育・訓練に対する関心が再び高まったが、それは優れた職業教育・訓練システムを有する国々、特にオーストリアやドイツが、経済危機の間もずっと若者の安定した雇用率を維持することに比較的成功してきたことによるものである（第4章参照）。

新興国や後発開発途上国における政策担当者も、職業教育・訓練に強い興味を示している。職業教育・訓練は、変化する労働市場のニーズに応えるように、職業教育・訓練プログラムを適応させて東アジアの産業化を推し進めてきたと考えられている（Fredriksen and Tan, 2008）。旧社会主義国において、自由市場経済への移行は、主に国有企業に労働力を供給するために設計されてきた職業教育・訓練システムの新たな方向づけを迫っている。加えて、最貧国においてさえ、初期教育を広げてきたその歩みは、今まさに初期教育を終えて、職業教育・訓練を含めさらなる教育・訓練に参与することに意欲的な若者の数が急速に増えてきたということを意味している（Tan and Nam, 2012）。

後期中等教育レベルでは、一般に、一般教育よりは職業訓練カリキュラムのほうが、就業力が高

第 2 章　若者の教育とスキル育成に関するトレンド

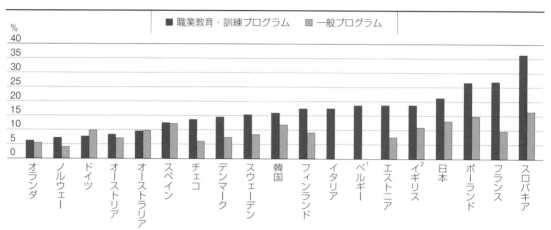

図 2.8　雇用されておらず教育も訓練も受けていない若者（ニート）の
後期中等教育卒業者の割合（プログラム別）
16-29 歳、2012 年

1. フランドル。
2. イングランド／北アイルランド。
注：後期中等教育の職業教育・訓練プログラムは職業育成を狙って作られたものとして国によって特定された ISCED 3C（長期）、ISCED 3B、ISCED 3A に属するプログラムを含む。
資料：OECD 事務局算定。データ源は Survey of Adult Skills (PIAAC) (2012) (database)。

StatLink : http://dx.doi.org/10.1787/888933214481

まり、有給雇用に費やされる潜在的な労働時間の割当がより多くなり、時間当たりの賃金が少し低くなると考えられている（Brunello and Rocco, 2014）。データが利用可能である OECD 諸国において、後期中等教育における職業教育・訓練プログラムや中等後非高等教育などの学位を有する 75％は雇用されている。この値は最終学歴が一般教育の後期中等教育である者よりも 5 ポイント高い値となっている（OECD, 2014b）。

しかし、大部分の国において後期中等教育の職業教育・訓練プログラムの学位を持った若者は雇用において利点があるにもかかわらず、後期中等教育の職業教育・訓練プログラムの卒業生がニートになる割合は、一般教育の後期中等教育を修了した若者がニートになる割合よりも高い（図 2.8）。それは一つには、一般教育の生徒は中等学校を卒業した後にも教育を受け続ける傾向が強いからである。

国によって、またさまざまなプログラムや研究分野の間には大きな差が存在するものの（OECD, 2014a）、中等後教育と高等教育の職業教育・訓練プログラム、学術プログラムの高等教育間の賃金格差においても、職業的な訓練に対して大学教育のほうを若者が選択しがちであるということを部分的に説明することができるかもしれない（図 2.9）。このような格差は提供されている訓練の質が低く、チェック体制も整っていない国において顕著である。

職業教育・訓練システムは、さまざまな教育レベルで完全な範囲のプログラムを提供できる。多くの国々では後期中等教育における職業教育・訓練プログラムを広範囲に有しているが、他にも、

図 2.9 中等後職業教育・訓練プログラム卒業者の相対的な賃金
16-29 歳、2012 年

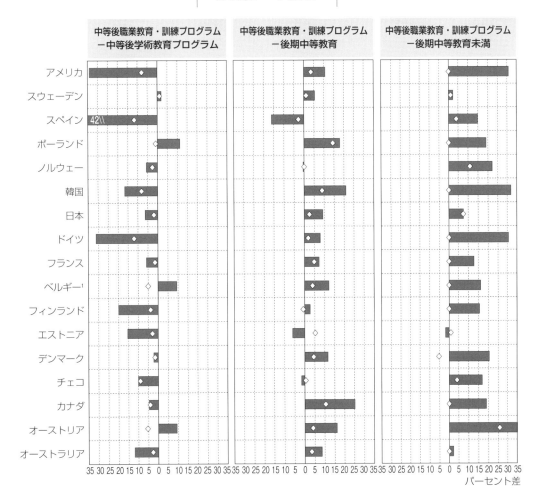

1. フランドル。
注：中等後職業教育・訓練プログラムは一般教養や人文学、言語、芸術の分野を除く ISCED フレームワークにおいて 4 と 5B に分類されるものを含む。中等後学術教育プログラムの生徒は ISCED フレームワークにおいて 5A として分類されるか、学問領域として一般教養、人文学、言語、芸術で 4 や 5B として分類されるものを指す。特別手当有での時給は購買力平価に基づいて考慮されている。賃金の分布は第 1 パーセンタイルと第 99 パーセンタイルを除外して算定した。たとえば、アメリカにおいて、中等後職業教育・訓練プログラムは大学教育を卒業したものよりも 30％収入が少ない。収入における差はパーセントにおいて表現され（差異なし＝ 0％）、いまだ教育に籍がある場合は除外されている。図は教育の種類ごとのサンプルサイズ（たとえば、中等後職業教育・訓練、中等後学術教育プログラム、後期中等教育未満）が 30 超の国のみの結果を示す。
資料：OECD 事務局算定。データ源は Survey of Adult Skills (PIAAC) (2012) (database)。
StatLink：http://dx.doi.org/10.1787/888933214493

特に英語圏においては、中等後教育レベルでそのようなプログラムを提供する傾向がある。たとえば、オーストリアの見習い実習候補生（apprentices-to-be）プログラムでは、14 歳になったときに目標の職業を選ぶ。対極にあるアメリカでは、職業の特定は中等後教育になってようやく行われる

第 2 章　若者の教育とスキル育成に関するトレンド

図 2.10　中等後職業教育・訓練プログラムにおける生徒間の数的思考力
16-29 歳、2012 年

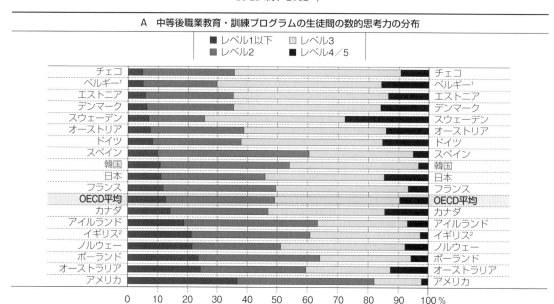

A　中等後職業教育・訓練プログラムの生徒間の数的思考力の分布

B　中等後職業教育・訓練プログラムを受けた生徒と学術プログラムを同じ年数だけ受けた生徒との数的思考力の差異（スキルレベル別）

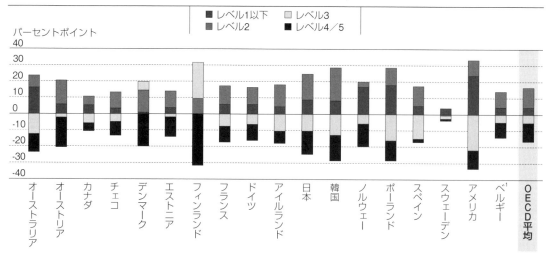

1. フランドル。
2. イングランド／北アイルランド。

注：中等後職業教育・訓練プログラムは専攻分野として、一般教養、人文学、言語、芸術を除いて ISCED フレームワークにおいて 4 と 5B として分類されるものを含む。図は中等後職業教育・訓練プログラムの生徒数のサンプルサイズが 30 超の国のみを対象としている。グラフ B の見方は次のとおり。たとえば、オーストラリアであれば中等後職業教育・訓練プログラムにおける生徒のより少ない割合が学術プログラムにおける生徒よりもレベル 3、4、5 に達する。

資料：OECD 事務局算定。データ源は *Survey of Adult Skills (PIAAC) (2012)* (database)。

StatLink：http://dx.doi.org/10.1787/888933214517

傾向がある（OECD, 2010）。これらの違いは生徒の未来に重要なインパクトを持ちうる（Lerman, 2013）。職業を特定するように仕向ける教育や訓練が相対的に遅い時期に提供されると、生徒は学校から離れていってしまうかもしれない。このような傾向は特に学習に対してより実践的で、現場に近いアプローチを強く望んでいる生徒ほど顕著かもしれない。しかし、そのようなプログラムをあまりに早く提供してしまうと、無報酬の現場に若者を陥れることになり、彼らの順応性や上昇移動を制限することになるかもしれない。

職業教育・訓練プログラムの生徒の大部分が、中等後教育においてさえ認知的スキル、特に数的思考力に関して、低いスキルしか持っていない（図2.10 グラフA）。オーストラリア、アイルランド、ノルウェー、ポーランド、イギリス、そしてアメリカなどの多くの国において、中等後教育の職業教育・訓練プログラムの16歳から29歳までの生徒の20％以上が「成人スキル調査」における数的思考力の評価で、レベル2を下回る成績をとっている。さらに同じ年月の学校経験があり、一般的なプログラムを終えてきた学術的な生徒と比較すると、数的思考力においてレベル2やレベル1あるいはそれを下回る職業教育・訓練プログラムの生徒の割合ははるかに多く、レベル3、4、5をとる割合はずっと少ない（図2.10 グラフB）。

いくつかの国では、職業教育・訓練を他の教育システムと結びつけることに実のある進歩がみられる（第3章参照）。にもかかわらず、平均して、後期中等教育の職業教育・訓練プログラムを卒業した若者の15％以下しか中等後教育へと進んでいない（図2.11）。事実、後期中等教育の職業教育・訓練プログラムを卒業した者が、その後さらに上級の学校へ進学する可能性は、同等の読解力レベルを有する一般教育の中等学校を卒業した者と比べて5倍程度低い（図2.12）。

高等教育

多くの国において、高等教育を終えた若年成人は仕事に就く（図2.1参照）。しかし、経済危機のために、高等教育を受けた若年層が仕事へ移行するのはより難しくなっている。ただし、この層の失業率の高まりは、より低い教育レベルの学校を卒業した若者ほどには報告されていない（第4章参照）。

大学教育を受けた若者は、平均すれば高い賃金を得ているが、専門分野によって収入は異なっている（たとえば、Finnie and Frenette, 2003; Bratti, Naylor and Smith, 2008; Duquet et al., 2010）。「成人スキル調査」を使った最近の分析（OECD, 2014a）によると、学ぶ学問分野は若者の時間当たり賃金の分散を説明する役割を果たすことが確認されている。学んだ内容とは異なる分野で働くことは、若者にとってそれ自体が悪いことではないものの、しばしば、そのことは仕事に対して過剰な資格となることと結びつき、それゆえ、賃金においては相当大きな代償を伴うこともまた示されている（第6章参照）。

学ぶ分野を決める際に、不利益を受ける背景を持つ生徒は、異なる専攻分野や教育プログラムの種類に応じて得られる潜在的な賃金を予測するのが難しいということに直面する。イギリスで行わ

図2.11　後期中等教育の職業教育・訓練プログラムから中等後教育への移行

中等後教育プログラム（ISCED 4・5A・5B）に属する後期中等教育卒業生の割合、16-29歳、2012年

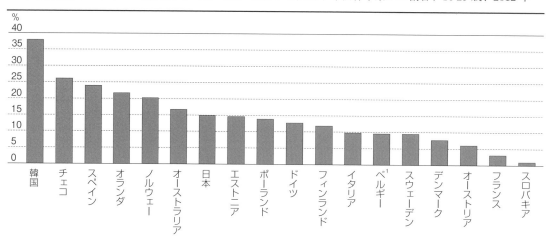

1. フランドル。

注：後期中等教育の職業教育・訓練プログラムは職業育成を狙って作られたものとして国によって特定された ISCED 3C（長期）、ISCED 3B、ISCED 3A に属するプログラムを含む。中等後職業教育・訓練プログラムは学問分野として、一般教養、人文学、言語、芸術を除いて ISCED フレームワークにおいて 4 と 5B として分類されるものを含む。

資料：OECD 事務局算定。データ源は Survey of Adult Skills (PIAAC) (2012) (database)。

StatLink：http://dx.doi.org/10.1787/888933214517

図2.12　さらなる教育に参加することにおける後期中等教育の学位の効果

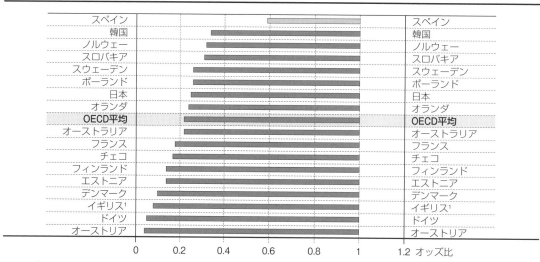

1. イングランド／北アイルランド。

注：後期中等教育の職業教育・訓練プログラムは職業育成を狙って作られたものとして国によって特定された ISCED 3C（長期）、ISCED 3B、ISCED 3A に属するプログラムを含む。オッズ比は一般的な後期中等教育の学位取得と比べて後期中等教育の職業教育・訓練プログラムの学位取得後にさらなる教育を追求する確率を示す。オッズ比は読解力習熟度、性別、健康状態、両親の教育、蔵書の数などで調整されている。統計的に有意な結果は濃色で示されている。

資料：OECD 事務局算定。データ源は Survey of Adult Skills (PIAAC) (2012) (database)。

StatLink：http://dx.doi.org/10.1787/888933214523

れた調査によれば、所得の低い家庭に出自を有する生徒は、高い賃金を得られる仕事へとつながるような科目を選ばない傾向にある（Davies et al., 2013）。同様の証拠はアメリカにおいてもみられる。社会経済的に不利な背景の出自を有する若者は、短期的な意思決定の視野を持つかもしれない。そのため、彼らは中期的な観点から報酬を考えられないかもしれない（Usher, 2006）。同時に、より利益をもたらす背景や民族集団の出自を持つ生徒は、高いステータスを持つ職業と関係する科目を、彼らが学ぶに値するものとして考え、どの科目がより高いステータスや、より多くの収入を得られるのかということについて情報を集め、科目選択が労働市場においてどのような意味を持つのかについて利用可能な情報を的確に解釈する傾向にある（Reay et al., 2001）。

近年の経済危機以前に行われた調査によると、あらゆる分野において50％から60％の大学の卒業生は労働市場に入るために、そして、働くうえで必要な新たなスキルを身につけるために、良い基礎を作るプログラムで学んだという内容の回答をした一方、15％から20％はそうすることができないプログラムを学んだと回答した（Humburg, van der Velden and Verhagen, 2013）。これらの結果は、雇用主は大卒者を一般に肯定的にとらえていることを示すが、大卒者でも分野によってはスキルが不足していたり、社会的・情動的スキルが欠けていると報告する雇用主の調査ともおおよそ一致している（Atfield and Purcell, 2010）。

高等教育を受ける生徒は一般的に良い労働市場の結果を得られる一方で、卒業はしたものの自分のスキルが労働市場で必要とされないことに気づくかもしれない、という者もいる。いくつかの国において、雇用されておらず教育も職業訓練も受けていない若者の割合は、最終学歴が後期中等教育であるという若者の割合よりも、高等教育を受けた若者の割合のほうが高い（図 2.1 参照）。このことは、質の低い高等教育プログラムや労働市場とのつながりの欠如の結果かもしれない。より良い教育を受けた若者が、仕事を得るために苦労するにつれて、過剰な資格は発展途上国に広がっている（Quintini and Martin, 2014）。

高等教育がどのように労働市場に向けて若者をよりよく育てるのかという問題は、決して新しい問題ではないが、教育機関はより激しい競争にさらされ、効率や新しいプログラムや新しいサービスの提供を求められているため、より重要度が増してきている。しかし、学術的な標準や目標を下げることになるかもしれないため、大学は特に就業力に焦点を当てたスキルを教えることには消極的かもしれない（Lowden et al., 2011）。この点に関して、雇用主は高等教育機関において投資する以上に、仕事において労働者を訓練することをより好むかもしれない。

職場に基盤を置く学習

職場に基盤を置く学習は、若者の就業力と教育から仕事への移行を促進することから、労働市場と教育システムの間の結びつきを強くするために非常に重要である。雇用主による職場訓練の提供は、連携したプログラムに対するサポートの指標となる。雇用主は労働力不足が生じている、あるいはそれが予想される文脈において、そして、仕事や会社が特に特定のスキルを要求するような文

脈において、訓練やインターンシップの場を提供することに特に熱心である。なぜなら、訓練を受ける者が将来の新入社員となるかもしれないからである（Clark, 2001; De Rick, 2008）。同時に、職場は現実的な働く経験を提供するため、生徒にとって強力な学習環境となる。

多くのOECD諸国における若者は、学校に在籍している期間中も働いている（図2.13）。しかし、学業に関連した職を持っているのはごくわずかである。「成人スキル調査」をベースにした分析では、教育プログラムの一環として職場に基盤を置く学習（見習い実習）に参加する後期中等教育の職業教育・訓練プログラムに通う生徒の割合は、オーストラリア、オーストリア、デンマーク、ドイツ、オランダを除く大部分の国において非常に低い（図2.14）。これらの国々においては、少なくとも職業教育・訓練プログラムの生徒の20％が、さまざまな教育レベルで雇用主が関わる伝統のおかげで見習い実習を受けている。後期中等教育における職業教育・訓練があまり進んでいない他の国、特にイギリスとノルウェーで顕著であるが、大部分の生徒は学ぶ領域とは関係のない仕事に従事している。若い生徒の場合は教育の資金を調達するために働いているのかもしれない。

中等後職業教育・訓練プログラムや大学教育レベルで、彼らの専門と近い分野で働きながら、職場に基盤を置く学習を行う学習者（マッチした生徒）は、おそらく労働の経験から最大限のものを得ることができるであろう。一般に、中等教育の職業教育・訓練プログラムの生徒は、一般プログラムの生徒よりも職場に基盤を置く学習に参加している（図2.15）。特にフランスやドイツなどでほとんどすべての職業教育・訓練に所属する生徒は、彼らの専門分野と直接的に関連する職業で働いている。多くの国において、彼らの専門分野外で働く学術プログラムの生徒の割合は大きい。カナダ、チェコ、アイルランド、アメリカにおいては、そういった生徒は、学業と仕事を同時に行っている生徒の過半数を占めてさえいる。

カリキュラム、文化、労働市場規制は、国を超えた差異を説明することを容易にする。たとえば、アメリカにおける高等教育は幅広いものであるが、それは高等教育がより焦点を絞ったものである国々の実情よりも、そういった教育レベルで獲得した技術が学問分野や職業を超えてより容易に移転できるということを意味している。いくつかの国において雇用主は、彼らの仕事に対して特に関連が深い証明書に、より焦点を絞る。したがって、フランスの生徒にとって学習の間に働くことは、仕事が学習の分野と関連する場合にのみ、利益をもたらすのである（Beffy, Fougère and Maurel, 2009）。対照的にアングロサクソン系の国々においては、小さな仕事でさえ、若者が仕事で必要とされるスキルを学ぶことができるために価値があると考えられているのだろう（OECD, 2014a）。加えて、アメリカのようにほとんど経験のない労働者に対して相対的に容易にエントリーさせてくれるような、規制がかかっていない労働市場においては、一般にヨーロッパのように高度に規制がかけられた市場よりも職場での訓練がよりわずかにしか提供されていない（Brunello and Medio, 2001）。

「成人スキル調査」では、後期中等教育の職業教育・訓練プログラムの生徒がどのようにして仕事でスキルを使うかが、見習い実習内と見習い実習外を区別して示されている（図2.16）。分析で

若者の教育とスキル育成に関するトレンド　第2章

図2.13　学業と仕事を結びつけている生徒の割合
16-29歳、2012年

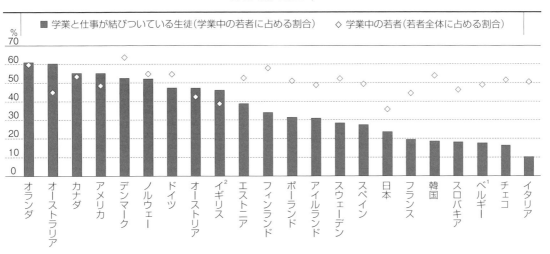

1. フランドル。
2. イングランド／北アイルランド。
資料：OECD事務局算定。データ源は Survey of Adult Skills (PIAAC) (2012) (database)。

StatLink：http://dx.doi.org/10.1787/888933214535

図2.14　後期中等教育の職業教育・訓練プログラムの生徒（職場プログラム別）
16-29歳、2012年

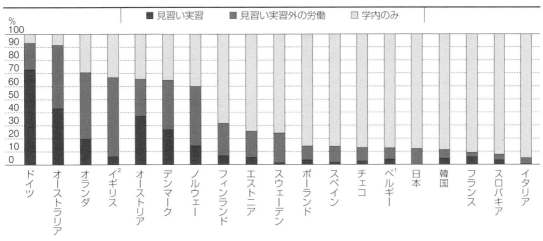

1. フランドル。
2. イングランド／北アイルランド。
注：後期中等教育の職業教育・訓練プログラムは職業育成を狙って作られたものとして国によって特定された ISCED 3C（長期）、ISCED 3B、ISCED 3A に属するプログラムを含む。図は後期中等教育の職業教育・訓練プログラムの生徒数のサンプルサイズが30超の国のみを対象としている。
資料：OECD事務局算定。データ源は Survey of Adult Skills (PIAAC) (2012) (database)。

StatLink：http://dx.doi.org/10.1787/888933214540

図 2.15　専攻分野内外で仕事と学業を結びつけている中等後教育の生徒

職業教育・訓練プログラム（A）と一般プログラム（B）において仕事と学業を結びつけて働いているすべての生徒の割合、16-29歳、2012年

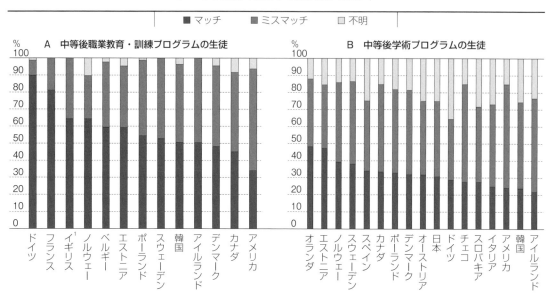

1. イングランド／北アイルランド。

注：中等後職業教育・訓練プログラムは専攻分野として一般教養、人文学、言語、芸術を除くISCEDフレームワークにおいて4と5Bに分類されるものを含む。中等後学術プログラムは職業教育・訓練プログラム同様、一般教養、人文学、言語、芸術を除くISCEDフレームワークにおいて5Aあるいは4と5Bに分類されるものを指す。マッチした生徒は彼らが学ぶ専攻分野と関連のある仕事で働く生徒を指す。図はプログラム志向によるサンプルサイズ（30超）を持った専攻分野と職業分類についての情報を備えた国のみを対象としている。それゆえ、オランダやスペイン、その他の国は中等後職業教育・訓練プログラムの生徒数のサンプルサイズが少ないため、グラフAには提示されていない。専攻分野について、オーストリアとフィンランドは利用できない。

資料：OECD事務局算定。データ源は Survey of Adult Skills (PIAAC) (2012) (database)。

StatLink：http://dx.doi.org/10.1787/888933214554

は、見習い実習では他の働いている職業教育・訓練プログラムの生徒が行うよりもずっと多く問題解決能力、読解力、筆記力、ICTスキルといった認知的なスキルを使うということが明らかにされている。また、見習い実習をしている者は、見習い実習外で働いている同期の者と比較して、上司や同僚から仕事を通じて学んだり、新しい製品やサービスの知識をその都度仕入れたりすることがより頻繁にある（図2.16の「仕事を通じた学習スキル」）。

後期中等教育レベルにおいて訓練が専攻する分野と関連があるときに、より頻繁に職場で認知的スキルや職業特化型のスキルを使っているようにもみえる（図2.17）。職業教育・訓練プログラムの生徒にとって、このことは仕事中に学ぶ、問題解決、自律型であるといえる。仕事と専攻がマッチしている生徒も、ミスマッチをしている生徒と比べて、より多くの事柄を職場で学ぶ傾向にある。これらの結果は、複数のスキルは他の種類の就労形態よりも生徒の専攻分野に関連したインターンや訓練制度において、より伸びていくかもしれないということを示唆している。

関連するスキルを伸ばす以外に、仕事を通じた学習は、続けていきたい（あるいは、いきたくない）ような職種に関する重要な情報を、生徒に与えることもできる。生徒はしばしば深い労働経験

図 2.16　見習い実習内外で仕事と学業を結びつけている後期中等教育の職業教育・訓練部門の生徒によるスキルの使用

16-29歳、2012年

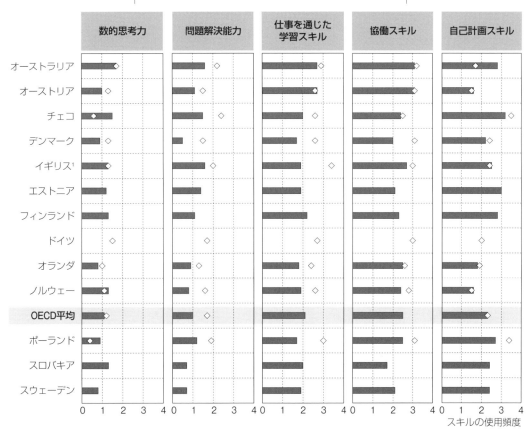

1. イングランド／北アイルランド。
注：後期中等教育の職業教育・訓練プログラムは一般教養、人文学、言語、芸術を除くISCEDフレームワークにおいて3C（長期）や3Bとして分類されるものを含む。「仕事を通じた学習スキル」を除きすべてのスキル利用の変数は直接「成人スキル調査」の背景に関して尋ねる質問紙において質問された項目から取られた。これらの変数に対して、固有値は0（まったく使わない）と4（毎日使う）の間に渡る。「仕事を通じた学習スキル」は項目反応理論（IRT）を使って職場での特別な訓練の監督や供給において一つの質問以上に基づいて抽出され、国際比較ができるようにすべての参加国のプールされたサンプルを超えて1標準偏差、2中央値を持つように変換させた。図は見習い実習内での労働であれ、見習い実習外での労働であれ、職場プログラムによるサンプルサイズが15以上の国に対してのみ結果を表示している
資料：OECD事務局算定。データ源は Survey of Adult Skills (PIAAC) (2012) (database)。

StatLink：http://dx.doi.org/10.1787/888933214554

を持つ前に専攻する分野を選ぶ。そして、そのことは後々に労働市場の成果に影響を与えることになる（これについては特に Siow, 1984 と Zarkin, 1985 を参照）。そのため、職場での訓練は、たとえ短期間であっても、生徒が教育や訓練の次にステップを選ぶ前にいくつかの異なった分野で働く機会を得られる場合には特に、キャリアガイダンスの重要な一部となりうる。

第2章　若者の教育とスキル育成に関するトレンド

図2.17　専攻分野内外で仕事と学業を結びつけている中等後職業教育・訓練プログラムの生徒と一般プログラムの生徒のスキルの使用
16-29歳、2012年

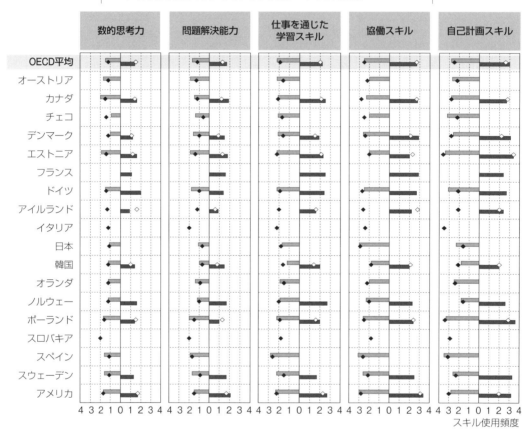

注：中等後職業教育・訓練プログラムは一般教養、人文学、言語、芸術を除くISCEDフレームワークにおいて4や5Bとして分類されるものを含む。中等後学術プログラムの生徒は一般教養、人文学、言語、芸術を除くISCEDフレームワークにおいて5Aや4、5Bとして分類されるものである。「仕事を通じた学習スキル」を除き、すべてのスキル使用変数は「成人スキル調査」の質問紙において背景に関して尋ねられた質問から取られた。これらの変数に対して、固有値は0（まったく使わない）と4（毎日使う）の間に渡る。「仕事を通じた学習スキル」は項目反応理論（IRT）を使って職場での特別な訓練の監督や供給において一つの質問以上に基づいて抽出され、国際比較ができるようにすべての参加国のプールされたサンプルを超えて1標準偏差、2中央値を持つように変換させた。マッチした生徒は専攻分野と関連のある職業に従事している生徒である。

資料：OECD事務局算定。データ源はSurvey of Adult Skills（PIAAC）（2012）（database）。

StatLink：http://dx.doi.org/10.1787/888933214574

若者の就業力に関するスキルスコアボード

若者はどれほど習熟しているか？

学歴や高度なスキルは、完全に労働市場に統合されたり、参入したりするのに必要不可欠なものである。高等教育を修了した若年成人は一般的に仕事を見つける。しかし、同程度の教育を受けた個人は、常に同程度の労働市場の成果に影響を与える認知的スキルを有するわけではない。特に低い読解力や数的思考力は、雇用されておらず教育も職業訓練も受けていない状態になる可能性を高める。就業力のこれらの次元を評価するために、スキルスコアボードは、低いスキルしか有さない若者の割合と同程度の若者の間でスキルや教育的な達成のレベルを測定する五つの指標を使う（表2.1）。

スキル開発は包括的なものか？

社会に完全に参入し、生涯を通じて学び続けるために、すべての若者が質の高い教育にアクセスすることができ、スキルを伸ばす機会が与えられるようにすべきである。このことは、誰もが同じ学習成果を達成すべきだということではなく、低いスキルしか持たないまま教育を去ってしまった若者の割合を、最小化するべきだということを意味している。さらに、社会経済的に不利な移民やマイノリティといった背景を有する若者は質の高い学習の機会へのアクセスを有することが望ましい。異なる社会文化的なバックグラウンドを有する若者間において、学習成果の差異がより少なくなればなるほど、低いスキルの若者の割合がより少なくなればなるほど、教育システムはより公平になる。これらの概念を測定するために、スキルスコアボードでは低いスキルしか持たない生徒の割合や親の教育や移民としての背景が学習成果に及ぼす影響を示す五つの指標を使う（表2.2）。

若者はどのようにスキルを開発するのか？

生徒は教育を通じて力強いスキルを獲得する必要がある。さらに、若者の就業力を高め、教育から仕事への移行を促すために、多様な教育の道が利用できるようにすべきである。職業に基盤を置く学習は、義務教育以後の多様な教育プログラムに統合されれば、関連するスキルを伸ばすのに役立ち、生徒たちの仕事における道標となる。これらの側面のスキルの発達を測定するために、スキルスコアボードは15歳以後の年齢のさまざまな種類の教育におけるスキルのレベルと、生徒がどのように労働市場と相互に関わっているかを示す五つの指標を用いている（表2.3）。

第2章　若者の教育とスキル育成に関するトレンド

表2.1　若者の就業力に関するスキルスコアボード：若者はどれほど習熟しているか

凡例：■ 上位25%　▨ ほぼ平均　■ 下位25%

指標	オーストラリア	オーストリア	ベルギー[1]	カナダ	チェコ	デンマーク	エストニア	フィンランド	フランス	ドイツ	アイルランド	イタリア	日本	韓国	オランダ	ノルウェー	ポーランド	スロバキア	スペイン	スウェーデン	イギリス[2]	アメリカ
若者のスキルのレベル																						
若者（16-29歳）の数的思考力の平均得点　2012年　資料：Survey of Adult Skills.	▨	▨	■	▨	▨	▨	■	▨	▨	▨	▨	■	■	■	▨	▨	▨	▨	■	▨	■	■
若者（16-29歳）の読解力の平均得点　2012年　資料：Survey of Adult Skills.	▨	▨	▨	▨	▨	▨	▨	▨	▨	▨	▨	■	■	■	▨	▨	▨	▨	■	▨	■	■
高等教育を受けた若者（25-34歳）の割合　2013年　資料：Education at a Glance.	▨	■	■	■	■	▨	▨	■	■	■	■	■	■	■	▨	▨	▨	■	▨	▨	▨	▨
習熟度の低い若者の割合																						
数的思考力がレベル1以下の若者（16-29歳）の割合　2012年　資料：Survey of Adult Skills.	▨	▨	▨	▨	▨	▨	■	▨	▨	■	▨	▨	▨	▨	▨	▨	▨	▨	■	▨	▨	■
読解力がレベル1以下の若者（16-29歳）の割合　2012年　資料：Survey of Adult Skills.	▨	▨	■	▨	▨	▨	■	▨	▨	▨	▨	▨	▨	▨	▨	▨	▨	▨	▨	▨	▨	▨
要約指標			■				■					▨	■	■	▨				▨	▨	■	■

1. ベルギーの「成人スキル調査」におけるすべての指標は、フランドルについてのものである。
2. イギリスの「成人スキル調査」におけるすべての指標は、イングランドと北アイルランドのものである。

注：すべての指標は、より良い成果を上げた国が上位25%以上にランク付けされるように正規化されている。要約指標は、五つの指標の単純平均として算定した。

資料：OECD事務局算定。データ源は以下のとおり。
Survey of Adult Skills (PIAAC) (2012) (database).
OECD (2013c), "PISA: Programme for International Student Assessment", OECD Education Statistics (database), http://dx.doi.org/10.1787/data-00365-en.
OECD (2015), Education at a Glance Interim Report: Update of Employment and Educational Attainment Indicators, OECD Publishing, Paris, www.oecd.org/edu/EAG-Interim-report.pdf.

表2.2 若者の就業力に関するスキルスコアボード：スキル開発は包括的なものか

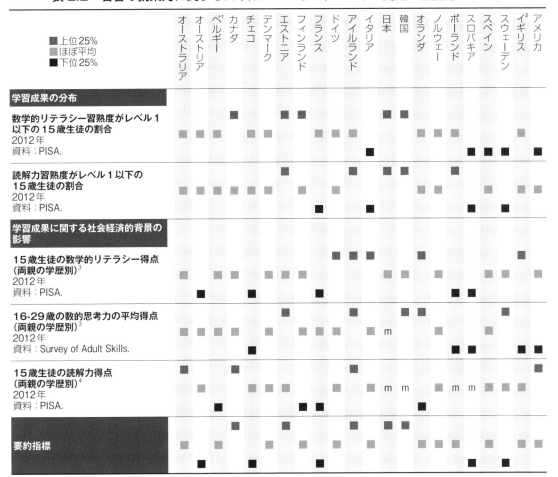

第2章　若者の教育とスキル育成に関するトレンド

表2.3　若者の就業力に関するスキルスコアボード：学生はどのようにスキルを開発するのか

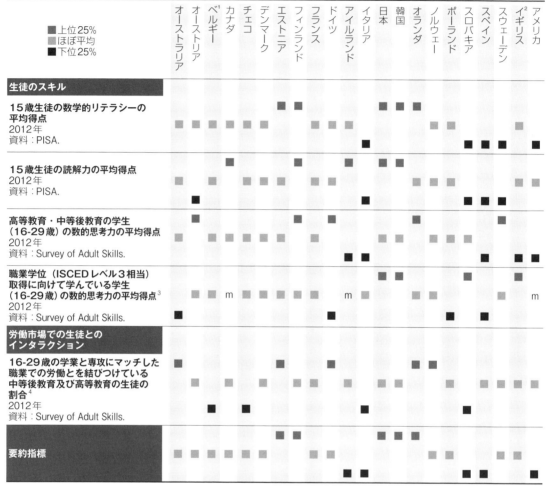

1. ベルギーの「成人スキル調査」におけるすべての指標は、フランドルについてのものである。
2. イギリスの「成人スキル調査」におけるすべての指標は、イングランドと北アイルランドのものである。
3. ISCEDレベル3での職業教育・訓練プログラムの学位を提供していないカナダ・アイルランド・アメリカは、この指標に対して欠損値になっている。後期中等教育の職業教育・訓練プログラムは一般教養、人文学、言語、芸術を除くISCEDフレームワークにおいて3Bあるいは3C（長期）に分類されるものを指す。
4. オーストラリやフィンランドに対する変数は高く相関するので成人スキル調査から利用できる仕事と学業を結びつけている全体的な生徒の割合に帰属させている

注：すべての指標は、より良い成果を上げた国が上位25％以上にランク付けされるように正規化されている。要約指標は、五つの指標の単純平均として算定した。

資料：OECD事務局算定。データ源は以下のとおり。

Survey of Adult Skills (PIAAC) (2012) (database).

OECD (2013c), "PISA: Programme for International Student Assessment", OECD Education Statistics (database), http://dx.doi.org/10.1787/data-00365-en.

StatLink：http://dx.doi.org/10.1787/data-00365-en.

注

1. コンピュータの使用経験がなかったか、ICT 基礎テスト（ICT core test）に合格できなかったか、コンピュータ使用型調査（Computer-based Assessment, CBA）を免除されたかのいずれかの理由で、CBA を受けなかった若者がいる。CBA を免除された者が必ずしもコンピュータの使用経験や CBA を受けるためのスキルに欠けるわけではないが、こういった者は ICT 基礎テストに合格して CBA を受けた者よりは、ICT 基礎テストに合格できなかった回答者により類似している。

参考文献・資料

Atfield, G. and K. Purcell (2010), "Graduate labour market supply and demand: Final year students' perceptions of the skills they have to offer and the skills employers seek", *Futuretrack Working Paper 4*.

Beffy, M., D. Fougère and A. Maurel (2009), "L'impact du travail salarie des etudiants sur la reussite et la poursuite des etudes universitaires", *Economie et Statistique*, No. 422, Paris.

Bradshaw, C., L. O'Brennan and C. McNeely (2008), "Core competencies and the prevention of school failure and early school leaving", in N.G. Guerra and C.P. Bradshaw (eds.), *Core Competencies to Prevent Problem Behaviours and Promote Positive Youth Development*, New Directions for Child and Adolescent Development, 122, pp. 19-32.

Bratti, M., R. Naylor and J. Smith (2008), "Heterogeneities in the returns to degrees: evidence from the British Cohort Study 1970", *University of Warwick Working Paper*.

Brunello, G. and A. Medio (2001), "An explanation of international differences in education and workplace training", *European Economic Review*, 45, pp. 307-322.

Brunello, G. and L. Rocco (2014), "The effects of vocational education on adult skills and wages. What can we learn from PIAAC?", COM/DELSA/EDU/PIAAC (2014) 11. OECD document for official use, presented at the 13th Meeting of the PIAAC BPC, 15-16 Dec. 2014, Paris.

Causa, O. and Å. Johansson (2009), "Intergenerational social mobility", *OECD Economics Department Working Papers*, No. 707, OECD Publishing, Paris, http://dx.doi.org/10.1787/223106258208.

Clark, D. (2001), "Why do German firms subsidize apprenticeship training? Test of asymmetric information and mobility cost explanation", *Vierteljahreshefte fur Wirtschaftsforschung*, 70, pp. 102-106.

Cunha, F. and J. J. Heckman (2007), "The technology of skill formation", *American Economic Review*, Vol. 97, No. 2.

Davies, P., *et al.* (2013), "Labour market motivation and undergraduates' choice of degree subject", *British Educational Research Journal*, 39 (2), pp. 361-382.

De Rick, K. (2008), "Costs and benefits of apprenticeships in the lowest track of VET", International Network on Innovative Apprenticeship, Vienna, 1-2 February 2008.

Duquet, N., I. Glorieux, I. Laurijssen and Y. Van Dorsselaer, (2010), "An unfinished job? The effect of subject choice and family formation processes on labour market outcomes for young men and women", *Journal of Education and Work*, 23 (4), pp. 319-338.

European Commission (2013), *Preventing Early School Leaving in Europe: Lessons Learned from Second Chance Education*, http://ec.europa.eu/education/library/study/2013/second-chance_en.pdf.

Finnie, R. and M. Frenette (2003), "Earnings differences by major field of study: Evidence from three cohorts of recent Canadian graduates", *Economics of Education Review*, 22 (1), pp. 179-192.

Fredriksen, B. and J.-P. Tan (2008), "East Asia education study tour: An overview of key insights", in B. Fredirksen and J.-P. Tan (eds.), *An Africa Exploration of the East Asian Education Experience*, World Bank, Washington, DC.

Heckman, J.J. and T. Kautz (2013), "Fostering and measuring skills: Interventions that improve character and cognition", *NBER Working Paper*, No. 19656, National Bureau of Economic Research.

Humburg, M., R. van der Velden and A. Verhagen (2013), "The employability of higher education graduates: the employers' perspective", European Commission, *http://ec.europa.eu/education/library/study/2013/employability_en.pdf*.

Lerman, R.I. (2013), "Skill development in middle level occupations: The role of apprenticeship training", *IZA Policy Paper*, No. 61, Institute for the Study of Labor (IZA).

Lowden, K. et al.(2011), *Employers' perceptions of the employability skills of new graduates*, University of Glasgow SCRE Centre and Edge Foundation.

Lyche, C. (2010), "Taking on the completion challenge: A literature review on policies to prevent dropout and early school leaving", *OECD Education Working Papers*, No. 53, OECD Publishing, Paris, *http://dx.doi.org/10.1787/5km4m2t59cmr-en*.

Mühlemann, S. et al. (2007), "An empirical analysis of the decision to train apprentices", *Labour: Review of Labour Economics and Industrial Relations*, 21 (3), pp. 419-42.

OECD (2015), *Education at a Glance Interim Report: Update of Employment and Educational Attainment Indicators*, OECD, Paris, www.oecd.org/edu/EAG-Interim-report.pdf.

OECD (2014a), *OECD Employment Outlook 2014*, OECD Publishing, Paris, *http://dx.doi.org/10.1787/empl_outlook-2014-en*.

OECD(2014b), *Education at a Glance 2014: OECD Indicators*, OECD Publishing, Paris, *http://dx.doi.org/10.1787/eag-2014-en*.(『図表でみる教育 OECD インディケータ（2014年版）』経済協力開発機構（OECD）編著、徳永優子・稲田智子・定延由紀・矢倉美登里訳、明石書店、2014年）

OECD (2014c), "Background paper prepared by the OECD", paper prepared for the G20-OECD-EC Conference on Quality Apprenticeships for Giving Youth a Better Start in the Labour Market, *www.oecd.org/els/emp/G20-OECD-EC%20Apprenticeship%20Conference_Issues%20Paper.pdf*.

OECD (2013a), *OECD Skills Outlook 2013: First Results from the Survey of Adult Skills*, OECD Publishing, Paris, *http://dx.doi.org/10.1787/9789264204256-en*.(『OECD 成人スキル白書：第1回国際成人力調査（PIAAC）報告書〈OECDスキル・アウトルック2013年版〉』経済協力開発機構（OECD）編著、矢倉美登里・稲田智子・来田誠一郎訳、明石書店、2014年）

OECD (2013b), *PISA 2012 Results: Excellence Through Equity (Volume II): Giving Every Student the Chance to Succeed*, PISA, OECD Publishing, Paris, *http://dx.doi.org/10.1787/9789264201132-en*.

OECD (2013c), "PISA: Programme for International Student Assessment", *OECD Education Statistics (database)*, *htttp://dx.doi.org/10.1787/data-00365-en* (accessed 8 August 2014).

OECD (2010), *Learning for Jobs*, OECD Reviews of Vocational Education and Training, OECD Publishing, Paris, *http://dx.doi.org/10.1787/9789264087460-en*.(『若者の能力開発：働くために学ぶ〈OECD 職業教育訓練レビュー：統合報告書〉』OECD 編著、岩田克彦・上西充子訳、明石書店、2012 年)

Pallas, A. (2000), "The Effects of Schooling on Individual Lives", in M. T. Hallinan (ed.), *Handbook of the Sociology of Education*, pp. 499-525.

Quintini, G. and T. Manfredi (2009), "Going separate ways? School-to-work transitions in the United States and Europe", *OECD Social, Employment and Migration Working Papers*, No. 90, OECD Publishing, Paris, *http://dx.doi.org/10.1787/221717700447*.

Quintini, G. and S. Martin (2014), "Same same but different: School-to-work transitions in emerging and advanced economies", *OECD Social, Employment and Migration Working Papers*, No. 154, OECD Publishing, Paris, *http://dx.doi.org/10.1787/5jzbb2t1rcwc-en*.

Reay, D., J. Davies, M. David and S.J. Ball (2001), "Choices of degree or degrees of choice? Class, race and the higher education choice process", *Sociology*, 35 (4), pp. 855-874.

Siow, A. (1984), "Occupational choice under uncertainty", *Econometrica*, 52, pp. 631-45.

Tan, J.-P. and Y.-J.J. Nam (2012), "Pre-employment technical and vocational education and training: Fostering relevance, effectiveness, and efficiency", in Almeida, *et al.*(eds.), *The Right Skills for the Job?: Rethinking Training Policies for Workers*, World Bank, Washington, DC.

Usher, A. (2006), *Grants for Students: What They Do, Why They Work*, Canadian Education Report Series, Educational Policy Institute, Toronto, Ontario.

Zarkin, G. (1985), "Occupational choice: an application to the market for public school teachers", *Quarterly Journal of Economics*, 100, pp. 409-46.

第 3 章

若者の教育とスキル改善に向けた政策

　若者が仕事の世界に対して準備を整えるには、就学前教育から高等教育までのあらゆる教育段階、また、職場研修から大規模公開オンライン講座（MOOC）までのあらゆる教育形態が役立つと考えられる。本章では、すべての若者が確実に十分な知識を身につけてから卒業し、労働市場への参入を果たして成功するために、政府や政策立案者、教育者ができることは何か、という点に注目する。

若者は仕事の世界に対して十分な準備を行う必要がある。そのためには、より柔軟な教育制度の構築が必要になる。教育制度は、児童・生徒の背景や経歴、個々の需要に対応して、誰一人取り残されないようにしなければならない。また、労働市場の需要にも対応し、生徒が高度な就労スキルを習得する支援を行うべきである。政府は若者のスキル向上を目的とした教育制度改革で主導的な役割を担う。しかし、地域社会全体が支援しなければ政府の尽力も無駄になってしまう。政府は保護者、社会組織、雇用主をはじめとする他の利害関係者と密接に連携して改革に取り組まなければならない。

すべての若者が十分なスキルを習得して卒業できるようにする

スキルに対する総合的アプローチ

人生のあらゆる局面で成功するには広範なスキルが必要となるため、教育制度は学校、職業教育・訓練プログラム、大学など、さまざまな段階や種類の教育を通じて就労スキルを伸ばすことができる。これらのスキルは教育制度の内外両方から習得する場合が多いため、雇用主、労働組合、非営利団体、文化施設、社会事業などの地域社会や保護者も、この目標に貢献することができる。必要とされるスキルは急速に変化しているため、保護者や教育者、その他の利害関係者は、変化し続ける需要に若者が対処できるよう、生涯学習能力を確立する手助けをすべきである。

ランダム化比較試験に基づく実証的エビデンス（主にアメリカで得られた）は、一部の介入プログラム、特に幼少期プログラムが、社会的・情動的スキルの向上に一貫して有効であることを示している（Heckman and Kautz, 2013）。この点、青年期および若年成人を対象としたプログラムの効果は低い。このエビデンスは、人生の早い段階でスキルを習得し、伸ばしていくことが重要であり、その過程における保護者の役割が重要であることを示している。通常、成功するプログラムには就学前活動や保護者と教員の面談などが含まれる。青年期を対象に成功する介入プログラムには、通常、職業関連活動の一環としてメンタリング要素が含まれる。

過去数十年間にわたり生徒の達成感向上に集中して取り組んで以来、OECD諸国では政策立案者の間で社会的・情動的スキルに対する注目が高まっている（OECD, 2015a）。これらのスキルは、日常の教育実践と、スポーツや芸術といった課外活動の両方によって発達することが実証的エビデンスにより示されている。国が定めたカリキュラムで目標にされることが最も多いスキルは、主体性、責任感、忍耐力、批判的思考力、異文化間理解力などである。多くの場合、国のカリキュラムには保健体育、公民教育、宗教道徳など、生徒の社会的・情動的スキルを具体的目標とした教科が含まれている。一部の国では、社会的・情動的スキルを必修科目に組み入れている。また、OECD諸国では、多数の生徒が課外活動の代替形態として学校運営や学級管理に参加している。これらの活動は、生徒が民主主義社会で生活するうえで必要な交渉力、チームワーク、責任能力などのスキルを磨くのに役立つ。

種々の社会的・情動的スキルを伸ばすために大規模な改革を実施できる学校はほとんどないかもしれない。しかし、既存の実践法を応用して新たな革新的方法を導入し、これらのスキル向上を図ることができる。この10年間、多くの国ではこれらのスキル向上を、特に学校カリキュラム、学校と地域社会の連携促進、ならびに大規模教育改革の導入と一体化し、教育に対する、よりホリスティックなアプローチを生み出した（コラム3.1）。

職場もまた学習環境である。企業は教育機関と比較して最新技術が整備されている場合が多く、さらに、それらの利用法を理解し、学習指導できる人材が申し分なく揃っているので、職場訓練の提供に適している。同時に、多くの認知的スキル、特にコミュニケーション能力や紛争解決能力などの社会的・情動的スキル、問題解決能力は、教室内よりも職場のほうが一層効果的に指導、学習できると考えられる。

コラム3.1 教育制度はスキルに対してどのように、よりホリスティックなアプローチを適用しているか：各国の事例

近年、一部の国では教育に対して、よりホリスティックなアプローチが適用されている。社会的・情動的スキルの向上を目標に掲げ、これをカリキュラムに盛り込み達成するための具体策を導入することで目標を明確化している。OECDの報告書『社会進歩のためのスキル（*Skills for Social Progress*）』（OECD, 2015a）では、これらの対策の一部が述べられている。

韓国では、学校カリキュラムや生徒の試験法において、創造的思考よりも実際的な学習のほうが重要視される（Jones, 2013）。この問題に対処するため、2009年にカリキュラムを改正し、創造性やイノベーション能力を身につける直接的な方法や間接的な方法を取り入れ、カリキュラムの学問的内容を20％削減した現在のカリキュラムには「創造的経験学習活動（creative experiential learning activities）」が組み込まれており、これは実質的には主要科目の学習を可能にするための課外活動である。

2013年6月、デンマーク政府は義務教育の質と成果を向上させるため、広範囲に及ぶ義務教育改革を始めた。改革内容は、好奇心を抱かせ、イノベーション能力や起業家精神を高める多様な活動を学校で行うことが含まれている。国の枠組みは各教科の時間数を規定しているが、課外活動を含めた授業日数の設定は学校長の裁量下にある。登校日には毎回必ず短時間の運動を取り入れ、音楽の授業を増やす。学校長は、スポーツクラブや文化センターなどの地域社会団体に対してこれまで以上に学校を開放し、連携することが求められる。

デンマーク政府は、課外活動以外にも、社会的・情動的スキルを向上させる新しい教育法の考案を奨励している。たとえば、学校は地域のスポーツクラブと連携し、運動を通じて英語や数学を教えることができる。2014年、デンマーク政府は野外教育を試験的に実施してその成果を検討するため、15校に2015/16年度用の財源を配分した。

国外から移住した生徒は、単語に複数の意味があることを理解していない場合が多く、抽象的

な概念や表現の解釈に苦労する。2014年、デンマーク政府は言語の「グレーゾーン」に関する小冊子を作成し、「宿題カフェ（homework cafés）」（非常に確立された制度で、場所は図書館であることが多く、生徒が放課後に訪れて宿題の支援を受けることができる）で活動するボランティアが利用できるようにした。

フランスでは、2014年に政府が新たな学校スケジュールを導入し、登校日を4日から4.5日に変更する一方で、1日当たりの授業時間を短縮した。この改正の趣旨は、1週間の学習時間配分を改善し、主要教科を午前に実施するとともに、自治体が企画する課外活動を発展させることである。こうした変更は、課外活動への参加機会を平等化し、教育に対するアプローチを一層ホリスティックなものにすることが狙いである。

資料：
Danish Ministry of Education website, *http://eng.uvm.dk/*.
French Ministry of Education website, *www.education.gouv.fr/pid29074/la-nouvelle-organisation-du-temps-scolaire-a-l-ecole.html*.
Jones, R. S. (2013), "Education Reform in Korea", *OECD Economics Department Working Papers*, No. 1067, OECD Publishing, Paris, *http://dx.doi.org/10.1787/5k43nxs1t9vh-en*.
Korean National Curriculum Information Center website, *http://ncic.kice.re.kr/english.kri.org.inventoryList.do*.
OECD (2015a), *Skills for Social Progress: The Power of Social and Emotional Skills*, OECD Skills Studies, OECD Publishing, Paris, *http://dx.doi.org/10.1787/9789264226159-en*.

質の高い就学前教育を全員に

教育の失敗は教育課程の初期に始まり、多くの場合、教育格差は早期に表面化する。「生徒の学習到達度調査（PISA）」は、生徒の社会経済的背景を考慮したとしても、就学前教育を受けた生徒は、就学前教育を受けなかった生徒と比較して15歳時点での成績が優秀であることを示している（図3.1）。さらに、質の高い就学前教育は、社会経済的背景の程度に関係なく児童が継承した格差を縮小させ（Carneiro and Heckman, 2003; Machin, 2006; D'Addio, 2007; OECD, 2006）、長期にわたって認知的スキルを向上させるのに役立つ（Heckman and Kautz, 2013）。社会経済的に恵まれない児童にとって、この恩恵は大きい（Blau and Currie, 2006 他）。PISAによると、調査対象国で移民の家族に生まれた児童が就学前教育を受けた場合、就学前教育を受けなかった児童と比較して読解力がおおよそ1年先行する。これを受けて、多数のOECD諸国では、費用効率や質の高い幼児教育・保育の提供が政策課題となっている（コラム3.2）。この取り組みは今後も継続すると考えられる。

図 3.1　就学前教育歴の有無による数学的リテラシーの得点差
15歳、2012年

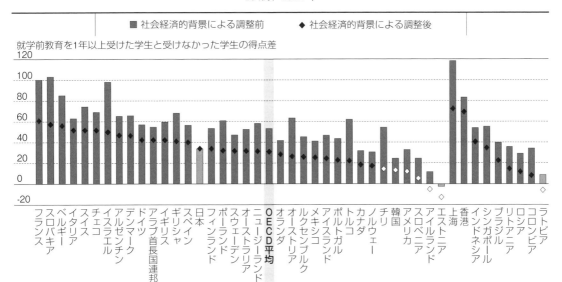

注：統計的に有意な得点差は濃色で示す。左から順に、就学前教育（ISCED 0）を 1 年以上受けた、または就学前教育を受けなかったと申告した学生間で数学的リテラシーの得点差（社会経済的背景で調整後）が大きい国／地域。
資料：OECD (2013), "PISA: Programme for International Student Assessment", *OECD Education Statistics* (database), http://dx.doi.org/10.1787/data-00365-en.

StatLink：http://dx.doi.org/10.1787/888933214583

コラム 3.2　幼児教育・保育の質の向上：各国の事例

生後から義務教育までの幼児教育・保育（early childhood education and care, ECEC）を一本化して提供することが、包括的な教育を達成するための重要な因子であると考えられている。OECD 諸国のうち数か国のみ、特にニュージーランド、ノルウェー、スウェーデンは、単一の省庁の管轄下でこのような一体化した幼児教育・保育システムを構築し、就学前の児童に切れ目のないサービスを提供している。

1986 年より前のニュージーランドでは、幼少期の教育事業・保育に対する財源と運営の管轄を旧教育省、旧社会福祉省、旧マオリ省が分担していた。教育省の管轄下に教育と保育を集約したため、カリキュラム様式の策定に影響が認められた。カリキュラム策定者、幼少期教育実践者、マオリ社会代表者の間で幅広い審議を行った後、1996 年に、5 歳までの幼児を対象とするニュージーランド公式カリキュラム「テ・ファリキ（Te Whaariki）」の最終版が開始された。

このカリキュラムには、あらゆる幼児教育・保育プログラムに対する全般的な原則や目標が盛り込まれており、幼児と遊びをカリキュラムの中心に据え、単なる知識の獲得ではなく、経験や意義に焦点を当てている。原則は全部で四つあり、能力の向上、ホリスティック発展、家族と地域社会、人間関係である。帰属意識、心身の健康、探索、コミュニケーション、貢献の五つの要

素が幼児の成果を形成する。カリキュラムは、可能な限り全住民の多様性を受け入れる形で文化や風習に対応している。カリキュラムの各要素は、初等教育カリキュラムの学習分野やスキルと関連している。この関連性は幼児が初等教育で何を求められるか、それが幼児教育・保育での経験とどう結びつくか、また、教職員は円滑な移行のためにどのような活動を取り入れることができるかを明確に表している。

ニュージーランドでは、カリキュラムの設計と導入を考察する方法として、幼児評価演習を用いている。このため、教員と幼児は、幼児の体験を物語としてナラティヴ形式で評価することに焦点を置いた「ラーニング・ストーリー・フレームワーク」を通じて幼児の体験を表現する。成果として望まれるのは、幼児が学習者になるための意思や知識、スキルを習得してから幼児教育・保育を修了し、次の教育に移行することである。

同様に、スウェーデンでは1970年代に諮問形式を採用し、幼児教育・保育の共通機関の土台を築いた。1975年には就学前学校法が施行された。1996年に幼児教育目標の定義が見直され、管轄が保健社会省から教育科学省に移行した。1998年に就学前教育のカリキュラムがスウェーデン議会を通過した。このカリキュラムは、幼児教育が、幼児の需要、就学前センターの家族モデルならびに幼児のホリスティック発展と心身の健康から得られる利益に対する体系的かつ集約的アプローチであることを明確に表している。就学前教育のカリキュラムでは、学習と遊び、民主主義的価値、公平さ、および幼児の家庭と就学前学校間の連携に基づく幼児中心の就学前環境の重要性を強調している。

2011年、スウェーデンはさらなる質の向上を目的に改革を行い、幼児教育・保育の教育性を強化し、教員により多くの責任を課した。言語とコミュニケーション、数学、自然科学、テクノロジーにおける目標を明確にすることで、教育上の課題を強化した。フォローアップ、評価、発展の各要素に加えて、就学前学校長の責任も強化した。

スウェーデンでは、幼児に重要な役割を与えているかどうかという観点から、幼児教育・保育の質に関して定期的かつ系統的な記録や追跡調査、評価を行っている。幼児や保護者は評価に参加でき、彼らの意見が優先される。さらに、自己評価キットが開発されており、専門家は自身の知識やカリキュラムの枠組みの遂行度を評価することができる。

資料：

Meare, M. and V. Podmore (2002), "Early Childhood Education Policy Co-ordination under the Auspices of the Department/Ministry of Education: A Case Study of New Zealand", *UNESCO Early Childhood and Family Policy Series N° 1*, March 2002, UNESCO.

O'Dowd, M. (2013), "Early childhood education in Sweden: The market curriculum 2000-2013?", *Revista Española de Educación Comparada*, 21, pp. 85-118.

Taguma, M., I. Litjens and K. Makowiecki (2013), *Quality Matters in Early Childhood Education and Care: Sweden 2013*, OECD Publishing, Paris, *http://dx.doi.org/10.1787/9789264176744-en*.

Taguma, M., I. Litjens and K. Makowiecki (2012), *Quality Matters in Early Childhood Education and Care: New Zealand 2012*, OECD Publishing, Paris, *http://dx.doi.org/10.1787/9789264176690-en*.

低スキルと学校中途退学の予防

スキルが最も低い生徒および学校中途退学リスクを有する生徒を特定することは、こうした失敗を防止するうえできわめて重要である。そのためには、学校での個別支援、社会的・行動的側面に対処するための公共機関による支援、そして学校、生徒、家族の関与など、大局的なアプローチが必要である。早期防止策や選択的介入を確実に実施するために、中途退学の問題自体に関する信頼できるデータおよび潜在的危険因子を収集し学校間で伝達して、困難に直面している生徒の特定に、早期段階で成功している国もある（コラム 3.3）。

コラム 3.3　低スキルと学校中途退学のリスクを有する若者を特定する：各国の事例

　低スキルの生徒は学校中途退学の確率が高く、労働市場参入時に苦労する。OECD 諸国は、最もリスクの高い集団の特定と迅速な支援に一層尽力している。

　オランダの学校中途退学防止政策は、中途退学の防止、生徒を在学させる、就職への移行の円滑化、職業関連学習の提供の増大に焦点を置いている。この総合政策の一環として、政府は 16 歳から 23 歳の若者全員を対象に、いわゆる資格要件を導入した。中等教育を修了していない当該年齢層の若者は、卒業まで通学することが義務づけられる。若者の教育継続および学校から就職への移行を指導するため、39 自治体に報告・調整センター（regional report and co-ordination centres, RMCs）が設立された。また、1）学科や職業の選択に関する生徒指導の改善のため、2）中等教育、職業訓練、成人教育の各機関の連携強化のため、3）現地当局、学校、労働組合や業界、社会福祉機関、司法機関を含む広範な利害関係者間の連携強化のため、教育科学文化省が予算を配分した。これらの政策導入は、中途退学率が 2002 年には 5.5% であったのに対し、2013 年には 2.1% に低下したときと時期を一にしている（しかし、統計上の問題も一因となった可能性がある）。

　同時に、オランダでは 3 歳半を超えた子ども全員に個人識別番号（personal identification number, PGN）が発行された。社会保険番号と同様に、PGN は生徒が教育制度の段階を経て進学するたびに把握され、学歴や出席状況、中途退学リスクの追跡が可能になる。これらのデータは、社会経済的情報（移住背景、雇用状況、社会保障給付など）と紐付けされている。このモニタリング手法によって何が効果的かを当局が評価でき、その結果、優れた実践を普及させることができる。PGN は全国規模から自治体規模に至るまで、完全で信頼性の高い数値を提供し、すべての中等教育機関は、欠席、不登校、中途退学の登録を求められる。自治体と学校は、月報を利用してリスクを有する生徒の支援を行うことができる。RMC は欠席者と連絡をとり、生徒の欠席日数が一定数を超えた場合は、復学するよう説得する。

　このほか、エストニアやルクセンブルクなどでも同様の戦略がとられている。エストニア教育情報システム（Estonian Educational Information System, EEIS）は、教育機関、生徒、教員、

卒業関連書類、カリキュラムに関する情報など、教育制度に関する情報を一元化する全国登録制度である。地方行政機関は、EEIS を利用して管轄内に居住する生徒や他の管轄地域に転校した生徒の情報にアクセスできる。教育機関は EEIS への情報入力と内容が正確であるかどうかの確認と修正が義務づけられている。生徒と教員は、EEIS 内の教育関連情報を閲覧することができる。この登録制度は、個々の生徒の学歴を追跡する。また、生徒が中途退学後に継続して夜間学校や職業訓練学校などに在学中かどうかも把握できる。ルクセンブルクでは、教育省が若者のためのデジタル全国生徒登録制度および地域活動（Action Locale pour Jeunes, ALJ）と共同で開発した系統的手法を用いて、卒業せずに中途退学した若者を特定した。毎月一覧を作成し、ALJ はこれを利用して早期中途退学者を支援する。

　このほか、特記すべきプログラムには、欧州の数都市で採用されている URBACT プロジェクトがあり、早期学校中途退学者に保護者が関わることを目指している。グラスゴー市教育庁ストラテジー（Glasgow City Education Department Strategy）は、包括的アプローチとソーシャルアドバイザー側の深い関与を伴う。スウェーデンのプラグ改革（Plug-innovation）は、若者の中途退学防止を目的とした複数の戦略が集積されたもので、その一つとして、事前介入、予防的介入、救済的介入などの包括的アプローチを実践しているヨーテボリの例が挙げられる。

資料：
Akkerman, Y. *et al.* (2011), "Overcoming school failure, policies that work: Background report for the Netherlands", Ministry of Education, Culture and Science, Den Haag.
European Commission (2013), *Preventing Early School Leaving in Europe: Lessons Learned from Second Chance Education*, http://ec.europa.eu/education/library/study/2013/second-chance_en.pdf.
Ministry of Education, Culture and Science (2014), *Kamerbrief nieuwe cijfers over terugdringen voortijdig schoolverlaten 15 Januari 2014*, Ministry of Education, Culture and Science, Den Haag.
Ministry of Education, Culture and Science (2011), *Schooluitval voorkomen in Nederland: Speerpunten huidige aanpak en doorkijk naar vervolgbeleid; Resultaat schooljaar 2009-2010*, (Preventing School Dropout in the Netherlands: Priorities of the Current Approach and Perspective on Follow-up Policy; Results for School Year 2009/10), Ministry of Education, Culture and Science, Den Haag.
http://urbact.eu/urbact-glance.
http://pluginnovation.se.

　生徒の中途退学防止は、失業率が高い時代には労働市場において若者が直面する問題を短期的に低減する可能性があるが、長期的には就業力を向上させる可能性もある。早期中途退学者が教育を受けていない期間を短縮することが、彼らを再び教育と結びつけるための最も効果的な方法であることが示されているため（Polidano, Tabasso and Tseng, 2012）、教育機関は若者に教育制度への残留を奨励し、若者が中途退学した場合は再び迅速に教育と結びつけることが望ましい。各国は、中途退学に対処するため、さまざまな戦略を考案して中途退学者に直ちに教育を再開するよう奨励しており、その大部分は職業教育・訓練プログラムの一環として実施されている（OECD 諸国の戦略概要は OECD, 2010a 参照；コラム 3.4 参照）。また、「ヨーロッパ若年者保証枠組み（European Youth Guarantee Framework）」も同様の方針を採用している（第 5 章参照）。

　高度なスキルを持たずに、教育制度から比較的長期間離脱した若者には、均衡のとれた一連の就

業力スキルを伸ばすために、セカンドチャンスを与えるべきである。再就学支援プログラムは、若者の再就学を支援し、状況に応じて通常の教育制度に合流させるが、この就学支援の有効性には多くの要因が関与している (European Commission, 2013)。この点で最も効果を上げてきたプログラムには、学校ではない柔軟な構造を持ち音楽やスポーツのような魅力ある活動を使ったもの、革新的なカリキュラムと教育的アプローチを適用したもの、個別の支援 (精神的支援や経済的支援など)、カウンセリング、キャリア相談を提供するものがある。一部の国 (ヨーロッパ諸国など) では再就学支援プログラム (第5章) を導入しているが、こうした多くのプログラムが若者のスキルや労働市場への移行に及ぼす影響については、今後も慎重に評価する必要がある。

> **コラム 3.4** 予防的側面から中途退学と対峙する：カナダ・トロントの
> リージェントパーク「パスウェイ・トゥ・エデュケーション」プログラム

　カナダの「パスウェイ・トゥ・エデュケーション (Pathways to Education)」プログラムは、保護者、地域機関、ボランティア、地元の学校役員会、中等教育機関の連携について、主にアカデミック・チュータリング、グループ・キャリアメンタリング、アドボカシー、経済支援の四つの方法で、トロントで最も社会経済的に恵まれない地域の一つであるリージェントパークの生徒を支援している。チュータリングの時間では、宿題や授業の課題だけでなく事前に用意した課題やその他の学習活動にも注目し、生徒が優秀な学習者になるよう支援を行い、また、読解力や計算力、一般教養についても後押しする。グループメンタリングは 9 年生と 10 年生を対象としており、専門分野・キャリアメンタリングは 11 年生と 12 年生を対象としている。グループメンタリングの全体目標は、問題解決能力、チーム作り、コミュニケーション能力、交渉力など、若者が年齢に応じた社会的スキルを新たに習得できる有益な経験を提供することである。キャリアメンタリングは、高校卒業から 2 年間卒業者が交流する公式な場を設けるなど、中等後教育における生徒の目標達成を支援するために設計されている。生徒にはそれぞれに生徒・保護者サポートワーカー (Student-Parent Support Worker, SPSW) が任命され、出席率、学習の進展、プログラム参加をモニターし、また、生徒が保護者や教員、他の生徒と安定した関係を構築できるよう支援する。パスウェイが提供するバスの乗車券や昼食券などの経済的支援は、登校の妨げとなる経済的障壁を取り除くために計画された。

　総じて、本プログラムはリージェントパークの初代生徒コホートが 9 年生に進学した 2001年から 2010 年の間に、最初の五つのリージェントパーク・コホートにおける中途退学率を 56% (トロント市の中途退学率の 2 倍) から 11.7% 未満に低下させた。本プログラムが参加者の高校単位取得支援に成功していることが、評価研究で明らかにされている。その結果、パスウェイの生徒は 3 学年すべてにおいて、一般生徒集団よりも平均して多くの単位を取得した。同時に欠席率も低下を続けている。パスウェイの生徒はパスウェイに所属していない生徒と比較して、常時、成績上位集団を占めている場合が多い。リージェントパーク・パスウェイ・プログラ

ムに所属している11年生と12年生は、引き続き良好な成績を収めており、卒業率および中等後教育進学率はいずれも高い値を維持している。

2011年から2012年には、オンタリオ州のパスウェイ卒業者の75％（約1,170人）が中等後教育に進学したのに対し、トロント教育委員会が発表した進学率は61％であった。2013年、カナダ連邦政府はパスウェイ・プログラム拡大の支援を行った。現在、本プログラムは北ウィニペグの先住民集団を含め、新たに12の地域で実施されている。

資料：
Government of Canada, *http://actionplan.gc.ca/en/initiative/pathways-education-canada*.
Pathways to Education (2010), "Pathways to Education: Program Introduction and Overview", *www.pathwaystoeducation.ca/sites/default/files/pdf/Overview%2021_10_10_0.pdf*.
Pathways to Education (2013), "2012 Results Summary: Pathways to Education 2011-2012 Program Results", *www.pathwaystoeducation.ca/sites/default/files/pdf/Results%20summary,%202011%20-%202012%20FINAL.pdf*.

新興経済国では、高額な学校教育の機会費用が早期中途退学の原因となる可能性がある。基本的ニーズを満たすことが困難な世帯の場合は、費用節約のために児童を中途退学させ、就業させる可能性がある。児童は労働市場や自営会社内で働くか、または保護者の代わりに家事を担当する。休学した生徒が復学する可能性は低い。したがって、保護者が子どもを中途退学させる衝撃は、児童の人的資本開発や将来の所得に長期的な影響を及ぼす可能性がある。メキシコの「オポテュニダデス（Oportunidades）」をはじめとする世界各国の条件つき給付プログラム（Morley and Coady, 2003）は、低所得の保護者に対し、子どもを学校に行かせ、子どもの健康に一層配慮するよう促すために利用されている。これらのプログラムは学力向上に対する有効性が証明されているが（Schultz, 2004）、その理由として、プログラムがなければ通学しなかったと考えられる子どもを学校に行かせただけでなく、中途退学による精神的ショックへの暴露を防止した点も挙げられる（De Janvry *et al.*, 2006）。

多様かつ柔軟な成功への道

将来の労働市場で必要なスキルは、後期中等教育以後に習得する割合が高まると考えられるが、大学進学だけが教育を追求する方法ではない。さらに、いったん教育から離れ、人生の後半に教育を受け直す若者もいる。

教育制度内に複数の進路が存在することで、すべての若者が成功への大きな機会を得ることになる。教育プログラムは多岐にわたるため、生徒が自らのニーズや希望、スキルに合致した種類のプログラムを見つけだし、教育を継続する機会が増える。一方で、若者が早期のスキル投資を基盤に進路変更できるよう、進路間の橋渡しを行うことが、きわめて重要である（コラム3.5）。これに関しては、一部のOECD諸国のように、国全体でまたは国際的に承認された資格制度や能力制度を通じてプログラムの訓練内容を認定することも重要である（コラム3.6）。

若者の教育とスキル改善に向けた政策　第3章

コラム 3.5　複数の進路を提示し、学習コース間の円滑な移行を可能にする：各国の事例

多くの若者が融通の利かない教育制度内で苦戦している。一部の OECD 諸国は若者の進学経路を多様化するため尽力したが、今も課題は残されている。

オーストラリアでは初等教育と継続教育が連動しており、柔軟性に富み、あらゆる年齢層の個々の生徒のニーズに対応する。この制度は、初めは資格を取得しなかった人や、転職のためにスキル向上を希望する人にセカンドチャンスを提供する（Hoeckel et al., 2008）。

オーストラリアの職業教育・訓練（VET）制度も柔軟性を有し、初就職の準備の有無にかかわらず、仕事に役立つ新たなスキルの模索、職場では必要とされない学習の継続、学歴向上など、人生のさまざまな時点における種々のニーズを満たすことが可能である。職業教育・訓練では大部分がパートタイム生徒で、年齢層も幅広い。職業教育・訓練プログラムでは1モジュールまたは1単位分の資格を修得するか、または上位学位を取得することができる。訓練の種類は正規の講義から職場学習まで幅があり、自分のペースに合わせた柔軟な学習やオンライン・トレーニングなども含まれる。職業教育・訓練は私立と公立の両訓練機関、学校、大学、その他の高等教育機関、社会人教育または地域教育ならびに独自の訓練を提供しているさまざまな文化・宗教団体などで実施されている。一方で、スキル認定は州ごとに異なり、多くの職業に関して、ある州で免許を取得しても他の州で就労する際にはその資格が無効となるため、労働移動性が阻害され、ニーズの変化に対する職業教育・訓練の価値が低下する可能性がある。さらに、高等教育機関（職業教育・訓練と高等教育の両者を含む）を規制、管理するための枠組みが整備されていないため、重複や矛盾も生じる。

オーストリアの職業教育・訓練制度の狙いは、制度の内外で柔軟な進路を提供することである。現在、後期中等教育機関に在学する生徒の 27% が職業大学に入学しており、そこでは5年後に職業訓練修了証と大学進学に必要な後期中等教育卒業証明書の両方を取得できる。数年間の専門経験を積んだ後、技術・農業職業大学の卒業者には「エンジニア」の肩書きが授与される。職業大学は、他の後期中等プログラムの卒業者も進学可能である。職業大学は、以前にも増して高等教育への重要な進路を提供しており、現在では、生徒の4人に1人、また、総合大学ではほぼ2人に1人が職業大学出身である。一方で、オーストリアの職業大学プログラムは、後期中等教育と中等後教育の要素が統合されたものであるため、国際的に同等なプログラムがほとんど存在しない。

スイスでは、二重教育卒業証（職業教育・訓練の資格と大学入学資格を統合）の存在が高等教育進学を容易にしている（Musset et al., 2013）。

ドイツでも、2009 年から正式に職業教育・訓練プログラム卒業者の大学進学が強化され、政府がキャンペーンを行って強力に支援している。新しい規則では、職業教育・訓練プログラム上級資格保有者に対して全般的な高等教育への入学資格を、また、その他の職業教育・訓練プログ

ラム資格保有者に対しては高等教育の特定の学科への入学資格を認めている。こうした進学希望者を支援するため、進学奨学金制度、各職業大学と総合大学間の相互単位移行制度など、さまざまな対策が試験的に実施され、全国展開されて地域ごとに始動している。一方で、各教育機関間の連携に決定的に左右されるため、施行には課題が残る（Fazekas and Field, 2013）。

オランダの教育制度の特徴は、早期能力別学級編制の採用率が高いことである。一方で、若者が自分の選択した進路で進学し、高等教育に相当するレベル（ISCED 5）に達することができるように、職業訓練プログラムを含むさまざまな進学経路が構築されている。また、職業訓練機関から大学への編入機会も設けられている（OECD, 2008a）。

資料：
Fazekas, M. and S. Field (2013), *A Skills beyond School Review of Switzerland*, OECD Reviews of Vocational Education and Training, OECD Publishing, Paris, *http://dx.doi.org/10.1787/9789264062665-en*.
Hoeckel, K., *et al.* (2008), *OECD Reviews of Vocational Education and Training: A Learning for Jobs Review of Australia 2008*, OECD Reviews of Vocational Education and Training, OECD Publishing, Paris, *http://dx.doi.org/10.1787/9789264113596-en*.
Musset, P., *et al.* (2013), *A Skills beyond School Review of Austria*, OECD Reviews of Vocational Education and Training, OECD Publishing, Paris, *http://dx.doi.org/10.1787/9789264200418-en*.
OECD (2014a), *OECD Economic Surveys Australia*, OECD Publishing, Paris, *http://dx.doi.org/10.1787/eco_surveys-aus-2014-en*.
OECD (2008a), *Jobs for Youth/Des emplois pour les jeunes: Netherlands 2008*, OECD Publishing, Paris, *http://dx.doi.org/10.1787/9789264041295-en*.

コラム 3.6 「スキルパスポート」制度を通じたスキルの公式評価向上を目指して：各国の事例

日本のジョブカードは、個人の学歴、訓練歴、職歴を記録する文書で、後々の訓練や就職活動に使用することができる。ジョブカード制度は2009年に導入され、実習訓練と座学（職業能力開発を目的とするプログラムとして公式に認められた）を組み合わせて提供する。訓練、教育、就職斡旋の終了時に、参加者のスキルと知識を公式かつ客観的に評価し、ジョブカードに記録する。プログラム参加者は、訓練から雇用へ円滑に移行するための就職指導も受ける。

欧州委員会は、見習い期間の学習を含め、住民が取得したすべてのスキルや資格を記録した電子ポートフォリオ「ヨーロッパ・スキルパスポート（European Skills Passport）」を開発した。このスキルパスポートは、ヨーロッパ諸国および職業分野における就業スキルの認定ならびに卒業者および生徒の就職活動または訓練の支援を目的としている。

オーストラリアでは、政府が生徒番号（Unique Student Identifier, USI）の導入を支援する法律を2015年1月1日付けで再施行した。USIは、国の職業教育・訓練（VET）データベースに入力された個人の訓練記録をすべて紐付けすることができる。USIによって生徒は自分の職業教育・訓練の成績の検索や照合が容易になり、また、1通の証明書で職業教育・訓練の成績が

証明できるようになる。また、生徒の職業教育・訓練記録を消失から守る。USIは生涯にわたり生徒に付随し、USIの発行後に受講した国家認定職業教育・訓練コースがすべて記録される。

資料：
Ministry of Health, Labour and Welfare of Japan (2009), "The 'Job-Card System' in Japan", Tokyo.
OECD (2014b), "Background paper prepared by the OECD", paper prepared for the G20-OECD-EC Conference on Quality Apprenticeships for Giving Youth a Better Start in the Labour Market, www.oecd.org/els/emp/G20-OECD-EC%20Apprenticeship%20Conference_Issues%20Paper.pdf.
OECD (2010b), Learning for Jobs, OECD Reviews of Vocational Education and Training, OECD Publishing, Paris, http://dx.doi.org/10.1787/9789264087460-en.
https://europass.cedefop.europa.eu/en/documents/european-skills-passport.
www.innovation.gov.au/SKILLS/NATIONAL/UNIQUESTUDENTIDENTIFIERFORVET/Pages/default.aspx.

　後期中等教育に職業教育・訓練プログラムがほとんど含まれない総合教育課程を採用している国では、職業教育と高等教育の両方向から幅広い中等後教育プログラムを提供する必要がある。成熟した後期中等教育の職業教育・訓練制度を有する国では、普通教育に戻って中等後教育および高等教育プログラムを継続する選択肢を提供すべきである。同様に、中等後職業教育・訓練の生徒が大学に入学できるようにすべきである。職業教育・訓練制度の質の向上、特に高い認知的スキルを確実に生徒に教授することで、継続教育への移行が容易になると考えられる。

　なによりも、すべての教育段階の入学基準がさらに柔軟化すれば、職業教育・訓練プログラムやその他の教育進路や訓練進路で取得したスキルや単位がより認められることになる。生徒が専門資格から得た学習成果は、入学資格や課程免除の形で評価されることが望ましい。たとえば、生徒に学士プログラムの2年次ないし3年次への直接入学を許可する、などが挙げられる。次の年次に先立って単位を取得する、一部の単位を取得できなかった場合は、前年次の該当試験を再受験する、といった選択肢は、特定の分野で苦戦している生徒が他分野で強みを活かしながら教育を継続する手助けとなりうる。多くの場合、種々のプログラムがどのような相互関係にあるかが不透明である点が問題となるが、この問題点はまた、大学にとってのメリットが特に課程免除を認めるメリットが不十分であることを反映したものでもあるかもしれない（OECD, 2014c）。しかし、一部の国では複数の移行経路の導入に成功している（コラム3.5）。

労働市場のニーズに対する教育制度の反応性を高める

質の高い職場学習プログラム

　生徒が順調に労働市場への参入を果たすには、さまざまな段階や種類の教育全体を通じた職場学習プログラムの開発が欠かせない。いくつかの国（フランスなど）では、一部の大学資格を認定するためのインターンシップを義務化し、イギリスでは、多数の大学が卒業者の就業力を向上させるため、ほかの新たな取り組みに加えて職場訓練をカリキュラムに統合した（コラム3.7; 第5章）。こ

のほかドイツやスイスなどでは、後期中等教育または高等教育の VET 資格を取得する際に職場訓練が要件となっている。

> **コラム 3.7　イギリスの大学における就労スキルのための新提案**
>
> 　イギリスの大学は、これまで伝統的に学科や学位の種類で表されてきた、単なる学力以上のものを卒業者に教授しなければならない、という強烈なプレッシャー下にある。雇用主組合や高等教育機関が発行する多数の報告書が、卒業者の就業力を向上させるために必要なスキルを伸ばす意識的な努力を行うよう、大学に要請している（Council for Industry and Higher Education, 1996 他）。
>
> 　この課題に対する大学の反応は、概ね既存のコース内容の修正（場合によっては雇用主の提案に対応）、新規コースおよび学習指導法の導入、職場訓練の提供などで、いずれも就労スキルの向上促進や、これらのスキル習得が確実にカリキュラムに盛り込まれることを目的としている。場合によっては大学の学部が、求められるスキルのコース内への組み入れを試行している。また、独立したスキルコースを生徒に提供している学部もある。
>
> 　十分に一体化した職場経験は、卒業後 6 か月以内に就職し、自分の学位に値する職を確保する能力に対して明らかに有効であることが最近の評価研究で示されている。後者の職業の質に関する対策には、学位コースの設計や提供に対する雇用主の関与が前向きかつ有意に関連している。これらの結果は、在学中に職場訓練や意思決定を経験させることは、将来、卒業者と卒業後最初の雇用主とのマッチングに有効であることを示唆している。一方で、検討したいずれの労働市場の成果に対しても、大学の学部が重要視する学習指導や学習、就労スキルの評価に有意な効果があるというエビデンスは得られていない。
>
> 資料：
> Council for Industry and Higher Education (CIHE) (1996), "Helping students towards success at work: Declaration of intent", CIHE, London.
> Mason, G., G. Williams and S. Cranmer (2009), "Employability skills initiatives in higher education: what effects do they have on graduate labour market outcomes?", *Education Economics* 17 (1), pp. 1-30.

　OECD 報告書『学校を超えるスキル（*Skills Beyond School*）』（OECD, 2014c）は、すべての職業教育・訓練プログラムに、質の高さが保証された優れた職場訓練内容を含めることを推奨しているが、この場合、カリキュラムと十分に一体化させ、政府の助成条件のみを重要視してはならない。このような要件の導入によって、雇用主は教育制度に一層深く関与することになり、雇用主が無関心なプログラムは要件を満たさない可能性があるため、多数のプログラムを縮小改編することになると考えられる（コラム 3.8）。

コラム 3.8 教員、雇用主、その他の利害関係者間の連携を促進し、職業教育・訓練を労働市場のニーズに合わせる：各国の事例

　社会的パートナーは、中等教育から高等教育まで、職業教育・訓練システムのさまざまな段階に関わり、制度と市場の要件を確実にマッチさせることで職業教育・訓練システムの質を改善することができる。

　スイスでは、職業教育・訓練の指針策定に専門組織（業界団体、雇用主組織、労働組合）が関与することが法律で定められている。専門組織がコアカリキュラム案を作成し、中等教育プログラムと中等後教育プログラムの両方の試験過程で主導的役割を担う。スイス当局（連邦政府レベル）の役割は、カリキュラムと試験規則の承認、試験監督、連邦免許証の発行である。新たに連邦免許証の対象資格を承認する場合は業界が中心となるが、一部の企業ではなく業界全体が当該資格案を支持しているかどうかを連邦政府が確認する。このため、テクノロジーや業界団体の変化に応じて業界全体が確実に資格改定に関与できる。

　ドイツでは、社会的パートナーが、教育省に従って内容的に関係している連邦省庁（経済、保健など）が公的に発行する各資格に対する訓練計画の開発と更新に密接に関与している。このような訓練計画では、職場訓練の期間を定め、専門職の概略を記載し、最終試験の要件を提示する。徒弟制度の給与は団体賃金交渉を通じて決定する。商工会議所は参加企業に助言を行い、徒弟契約を登録し、訓練先企業と訓練者の適性を調査し、最終試験の運営と採点を行う。

　同様に、デンマークの社会的パートナーは、中等教育および中等後職業教育・訓練制度に深く関与している。学校団体やその他の機関とともに、社会的パートナーは諮問機関の一員であり、労働市場のニーズをモニターし、新たな職業教育・訓練資格を制定し、既存の資格の改定もしくはプログラムの統合や再編成の必要性を勧告する。また、職業教育・訓練プログラムの内容や構造、評価について、産業部門レベルで助言を行う産業委員会に資金を提供する。社会的パートナーも職業学校、中等後職業教育・訓練大学、専門学校の委員会に所属する。産業委員会の対象外分野に新たなニーズが生じた場合は、教育省が開発委員を任命し、新規プログラムの必要性の有無を検討する。

　中等後職業教育・訓練に関する限り、イギリス政府は最近 OECD 審査の勧告および Whitehead（2013）の推奨を受けて抜本的改革を行い、高等教育の職業教育・訓練プログラムの資格数を数千単位から数百単位まで削減した。現在、各コースまたはプログラムは、多種多様な雇用主による 5 通の受け入れ承諾書を提供する必要がある。これにより雇用主は複数の訓練規定に対し一層の影響力を持ち、これらのプログラムと労働市場のニーズの整合性が向上しているかどうかを確認することができる。

　現時点では、スウェーデンの社会的パートナーが中等教育の職業教育・訓練プログラムに及ぼす影響は小さいが、中等後教育段階では社会的パートナーが重要な役割を果たしている。各機関の各中等後職業教育・訓練プログラムは雇用主を含む運営グループを有し、生徒に訓練を提供し、

対策やプログラム内容について助言する。教育者がプログラムを立ち上げるには、雇用主間で特定の資格に関連したスキルに対する需要があり、雇用主が関与する基盤があることを示さなければならない。国家高等職業教育訓練庁（National Agency for Higher VET）が産業部門を管轄しており、社会的パートナーは、当庁に対して将来のスキルの需要やその対応法について助言を行う諮問委員会のメンバーである。

資料：
Field, S., *et al.* (2012), *A Skills beyond School Review of Denmark*, OECD Reviews of Vocational Education and Training, OECD Publishing, Paris, http://dx.doi.org/10.1787/9789264173668-en.
Kuczera, M. (2013), "A skills beyond school commentary on Scotland", www.oecd.org/edu/skills-beyond-school/ASkillsBeyondSchoolCommentaryOnScotland.pdf.
OECD (2014c), *Skills beyond School: Synthesis Report*, OECD Reviews of Vocational Education and Training, OECD Publishing, Paris, http://dx.doi.org/10.1787/9789264214682-en.
OECD (2010b), *Learning for Jobs*, OECD Reviews of Vocational Education and Training, OECD Publishing, Paris, http://dx.doi.org/10.1787/9789264087460-en.
Whitehead, N. (2013), "Review of adult vocational qualifications in the UK", UK Commission for Employment and Skills.

　種々の企業や産業部門に対する職業固有スキルの移植性は、職業教育・訓練のあらゆる職業別訓練に共通してみられる問題である。職業や仕事に特化したスキルは、認知的スキルや社会的・情動的スキルよりも早く時代遅れになるため、企業での見習い訓練は、学校での教育制度とは対照的に高齢時の可動性や適応性を制限する可能性がある（Hanushek, Woessmann and Zhang, 2011）[1]。一方で、ドイツのデータを用いた研究によると、ドイツの見習い訓練では、一般的なスキルを教わる場合が多いことが示されている（Geel and Gelner, 2009; Geel, Mure and Backes-Gellner, 2011; Clark and Fahr, 2001; Goggel and Zwick, 2012）。さらに、徒弟制度や利害関係者との短期雇用契約について長年の伝統を有する国では、学校中心の教育制度を導入している国と比較して、学校から仕事への移行がより円滑で、ニートの割合や若年層失業率は低く、再失業期間は平均を下回る（Quintini and Manfredi, 2009）。

　職業教育・訓練事業で職業固有のスキルを強化している間に特に必要となるのが、これらの事業で獲得される人的資源が、あまりに一般的なものや、あまりに特定のもの、狭い範囲のものとならないように、堅固な認知的スキルや社会的・情動的スキルが確実に高められるようにすることである。生徒には、直ちに雇用可能かつ生産的になることで労働市場への参入を容易にする実用的な職業固有のスキルセットと、計算力、読解力、問題解決力、チームワーク、コミュニケーションスキル、柔軟性、新たなスキルの学習能力など、より広範で転用可能なスキルセットの両方が必要である（OECD, 2014c）。専門職または技術職に従事する職業教育・訓練プログラム卒業者の多くは複雑な任務に直面する可能性が高いため、これらのスキルは重要である。

　職業教育・訓練プログラムを受けた生徒の認知的スキルが低い場合は、プログラムが生徒を十分に選べていない可能性があり、その原因として、雇用主側の関心がないにもかかわらずプログラム

の一部が継続されてきたからであると考えられる。職業実地訓練プログラムへの入学許可については、多くのOECD諸国では教育やスキルに一切の要件は規定されていないが、中には参加者が必ず高いレベルのスキルを所持していることを目指している国もある（OECD, 2014b）。しかし、職業教育・訓練プログラムの選択基準の問題は、これらのプログラムの質向上の問題と切り離すことはできない。プログラムが良好な労働市場の成果につながることが明確になり、職業に基づいた要素が含まれる場合、需要が高まり訓練場所の確保が難しくなるため、自動的に選択的要素が強まることになる。

職場学習の支援

訓練場所への資金提供は、雇用主が提供する職場数に影響を与えるため、職業教育・訓練制度や職場訓練的要素が十分盛り込まれたその他の教育プログラムの開発にも影響する。職場訓練の給与は雇用主の障壁となるべきではないが、同時に、乱用のリスクを生むべきではない（第5章も参照）。徒弟制度が発達している国では、職場訓練の給与について団体交渉を行うことが多く、給与は生徒の経験値によって異なる。これらの国では、雇用主は訓練場所を提供する利点を理解しており、奨励金は不要である。しかし、労働需要が低い時期や特定の若年層に対しては、雇用主が職場訓練を提供する可能性は低いと考えられる。このため、景気低迷が長期化する場合は、職場提供を促進するかまたは事業部門外で職場学習を行うといった暫定措置が必要かもしれない。また、労働市場の調整や引き抜きの外部性に問題が認められ（Pischke, 2005; Stevens, 1994）、過去に利害関係者が関与したことがない国も、政府の優遇措置が必要かもしれない（コラム3.9）。これらの経済的優遇措置を行う場合は、その時期や対象となる生徒、企業の照準をしっかりと定めなければならない。

コラム3.9　助成金制度を通じた職場訓練の開発や供給の奨励：各国の事例

多くの場合、雇用主や生徒に職場訓練への参加を奨励する目的で、さまざまな税制優遇措置、直接助成、生徒奨学金、課税などを利用することができる。

訓練費用に対する法人税控除はOECD諸国で普及しており、一部の国（オーストリアなど）では負担額を上回る控除も可能である（OECD, 2014d）。このような政策は、奨励金の収支均衡を外部からのスキル導入ではなく訓練側に移行させる。小規模新興企業では、通常、減税措置のメリットはほとんどないが、慎重に課税方式を設計すれば、小規模新興企業にもインセンティブを付与することができる。たとえばオランダでは、最近、実験を行い課税対象利益から訓練費用に対する特別控除を行うと同時に、支出が特定額を下回る企業に追加控除を行った。訓練費用の絶対水準が低い企業を対象にすることで、自動的に小企業がインセンティブの対象となるうえ、死重的損失（deadweight losses）を最小限に抑えることができる（Stone, 2010）。しかし、対象を絞れば死重的損失は低減するが、役所の手続きが煩雑化し、予想外の代償を招く可能性がある。

奨学金や訓練バウチャー（利用券）による直接助成の場合、特定の企業集団を対象とすることが容易になるため、税制優遇措置よりも効果的である可能性が高い。この方が死重的損失の低減が容易かもしれない。一般に、モラルハザードや逆陶太の問題が生じる可能性を減らすため、補助金は包括的な適格基準や承認過程に従って支給する必要がある。スイスで得られたエビデンスによると、補助金は、これまで職場訓練を導入していない企業に対しては有効な支援方法だが（Mühlemann et al., 2007）、すでに訓練を提供している企業に対する効果は少ない（Wacker, 2007）。企業への補助金に加えて、多くの国では若年の実習生も補助金の対象となり、賃金による収入を補完する補助金を申請する資格も有している。

　多くの国、特にヨーロッパでは課税制度を採用し、強制的に共同扶助および費用分担する形をとっている。このような政策は、雇用主主体の訓練水準を高めると同時に、すべての企業に訓練費用の拠出を義務づけることで引き抜きに対処している。また、小規模雇用主間で訓練を促進するため、資金配分を通じて豊富な機会を提供している。しかし、非効率で不適切な訓練を奨励しており、大規模雇用主に有利な内容だと批判を受けている政策もある。このため、金銭的手段としての機能にとどまらず、より広範な状況に合わせた課税制度を制定するのが望ましい（Iller and Moraal, 2013）。

　ドイツでは、職業訓練学校の費用の責任は州当局と地方当局が負うが、一方で企業は職場訓練費用を負担する。産業部門によっては、すべての企業が積立金を支払う一般基金が存在し、そこから見習い機関の費用を拠出するが、各企業が個別に費用を負担する産業部門もある。

資料：
Iller, C. and D. Moraal (2013), "Kollektive Vereinbarungen in der Steuerung betrieblicher Weiterbildung. Beispiele aus den Niederlanden und Deutschland", *Magazin erwachsenenbildung.at Das, Fachmedium für Forschung, Praxis und Diskurs*, No. 18, Vienna.
Mühlemann, S. et al. (2007), "An empirical analysis of the decision to train apprentices", *Labour: Review of Labour Economics and Industrial Relations*, Vol. 21, No. 3, pp. 419-42.
OECD (2014b), "Background paper prepared by the OECD", paper prepared for the G20-OECD-EC Conference on Quality Apprenticeships for Giving Youth a Better Start in the Labour Market, www.oecd.org/els/emp/G20-OECD-EC%20Apprenticeship%20Conference_Issues%20Paper.pdf.
OECD (2014d), "Designing skill-friendly tax policies", OECD Skills Strategy Spotlight, No. 6, http://skills.oecd.org/developskills/documents/designing-skill-friendly-tax-policies.html.
Stone, I. (2010), *Encouraging Small Firms to Invest in Training: Learning from Overseas*, UK Commission for Employment and Skills, No. 5, June.
Wacker, J. (2007), *Teure neue Lehrstelle : Eine Untersuchung zur Effizienz des BlumBonus*, NÖ Arbeiterkammer (NOAK), Vienna.

　中小企業は、大企業と比較して以下の理由からスキル開発に投資する可能性が低いため、中小企業に対して職場訓練の提供を奨励するには、ほかにも計画が必要かもしれない（たとえば、発展途上国に対する Black and Lynch, 2001; Leuven and Oosterbeek, 1999; Bassanini et al., 2005; Lillard and Tan, 1986; Almeida and Aterido, 2010 など）。第一に、中小企業は投資によって大きな収益が期待できるにもかかわらず、投資資金が乏しい場合が多い。第二に、大きな平均投資収益が期待されるにもかかわらず、中小企業の情報網は狭く、投資収益に関して確信が持てない場合が多く、ま

た、大企業と比較して従業員との連携に関する問題が大きい。最後にこれも重要なことなのだが、多くの小企業は税制優遇措置のメリットを享受できるような法人税の負担がないかあってもごくわずかである。

中小企業間の連携を促進して職場訓練を体系化し、訓練や運営の費用を共同で負担し、また、スケールメリットを活用することで、小規模であることに起因する障壁を取り払うことが可能になる。つまり、ある雇用主が費やす時間と資源、たとえば教育機関と連携してカリキュラムや試験デザインを開発する、現地当局の助言を求める等は、同一産業部門の他の雇用主も利用することができる。非常に進歩的な訓練施設を所有し、教育従事者との関係がしっかりと構築されている大企業の雇用主も、供給業者から納品される製品の質に関心を持っていると考えられ、供給販売網の一部である小企業の訓練を支援することができる。

絶対的ではないが、外部仲介者の支援を受けた場合、雇用主が訓練に従事する可能性が高くなることを示唆するエビデンスがある（OECD, 2010b）。このような仲介サービス提供者は、雇用主がスキルおよびそれに関連する訓練の需要を確立し、雇用主の需要に対応した適切な教育プログラムを提供しており、訓練プログラムの設計に雇用主が関与できる教育機関を見極める際の手助けとなる。情報源を統合するオンライン・プラットフォームも、雇用主が適切な訓練プログラムを特定する際の負担軽減に役立つ。このため、雇用主にとって訓練の利便性が向上し、費用的にも利用しやすくなる可能性がある。さらに、必要なスキル開発訓練に対する効果が高いため、雇用主が投資価値に対し確信を得ることができる。

高等教育における助成金の役割

助成金制度も、義務教育後教育を現在および将来の労働市場の需要と関連づける際に重要な役割を果たし、全体的に質を向上させる。これらの目標を達成するには、高等教育機関への直接的な公的移転を業績と結びつけることができる。各国の経験は、特に大学の目標範囲が狭くなるなど、想定外の影響を最小限に抑えるためには、業績に基づく資金配分（パフォーマンス・ファンディング）プログラムに広範かつ優れた業績指標を適用する必要があることを示唆している（Dougherty and Reddy, 2011）。これらの指標には、中間業績（たとえば学業継続率、一定の単位取得基準を満たす生徒の割合など）と最終成果（卒業者数、労働市場での業績など）の両方が含まれる。労働市場の需要は変化しやすく予測が難しいため、高等教育が労働市場の需要に対応できる範囲には限界がある。短期専門職プログラムでは、助成金と労働成果の関連が比較的弱い場合があるが、他の種類の業績指標は将来の需要が不確実な長期プログラムで大きな役割を果たすべきである。

しかし、高等教育機関に対する公的助成が、業績に大きく依存した基準を採用している場合は、社会経済的に恵まれない生徒の入学を妨げる可能性がある。生徒の特性に合わせて業績目標を変化させることでこの問題に対処できる（Dougherty and Reddy, 2011）。直接的なインセンティブによっても、恵まれない環境の生徒を入学させることができる。より一般的には、高等教育機関と政

府間の協力は業績指標の定義に役立ち、業績に基づく資金配分が可能な限り予想外の結果を招くことがないようにする。

授業料は、高等教育機関の生徒獲得競争を激化させることで質を向上させる可能性がある。また、授業料は、特に生徒が借金をして学費を賄わなければなければならない制度下では、望まれる労働市場成果をもとに若者がプログラムを選択する誘因となる可能性がある。社会経済的に恵まれない若者に対しては、まず、高等教育を提供する費用を分担する際に、経済的障壁を取り除く対策が伴っていなければならない（Johnstone, 2004; Johnstone and Marcucci, 2010）。たとえばイギリスでは、高等教育が普及するにつれて家庭環境によって高等教育を受ける機会の不均衡が拡大しており、国内での世代間移動の減少を加速させる一因になっている（Blanden, Gregg and Macmillan, 2007）。こうした傾向に対処するには、授業料をカバーできるような、資産調査（mean-tested）に基づく低所得者向け奨学金や所得条件つき（income-contingent）ローンも同時に整備しなければならない（イギリスに関してはDearden, Fitzsimons and Wyness, 2011; コラム3.10）。また、オープンコースウェアも、高等教育を受ける機会の拡大に役立つと同時に、質を維持しながら費用を節約することができる（Mangeol, 2014; コラム3.11）。

コラム3.10　平等な機会と労働市場での強力な成果を確保するための大学助成金制度の設計：各国の事例

どの国でも、高等教育に十分かつ安定した資源を供給すると同時に平等な機会と強力な成果を確保することを主要目的に掲げている。高等教育に対する助成金制度は、国によって大きく異なるが、その多くは目標達成に向けて大改革が行われた。

アメリカでは、州が業績に基づいた公的助成の豊富な経験を有している。助成金制度の第一波では、奨学金の配分は主に最終成果の指標に従って行われ、労働市場での成果が大きな役割を果たした（Dougherty and Reddy, 2011）。助成金制度の第二波では、景気低迷の影響を受けて助成金制度に占める労働市場成果の役割が減少した。たとえばオハイオ州では、現在、公的助成は学生が修了したコース数や学位のみを基準に配分される。恵まれない環境の学生が容易に奨学金を利用できるような配分も試みている。テネシー州の例では、教育機関が低所得の学生や成人学生に対して修了までの費用の40%を助成する資格を有する。

アメリカの大学の約半数は、授業料から奨学金を拠出している。1990年以降、授業料は上昇を続け、現在のような高額に達している。2012年には、高等教育における生徒1人当たりの総公費負担額および総私費負担額がOECD諸国中最高となり、アメリカ国内の一部の大学の質の高さに寄与したと考えられる。政府が出資する生徒ローンによって、恵まれない環境の学生も高等教育の授業料を払えるようになった（Becker, 2012）。一方で、この助成制度は生徒の負債を増やし、現在では負債が相当額に達しているだけでなく、景気低迷を受けて返済不履行を招く結果となった。政府は学生ローンの保証人となり、場合によっては恵まれない学生の利息を負担し

ていたため、こうした状況は公共財政にも影響を与えた。さらに、他のローンとは異なり、学生ローンは自己破産によって免責されないため、生涯を通して学生に債務を負わせる結果になった。学生ローンに対する政府の保証は大学の授業料値上げを助長し、最終的に公的債務や個人債務を悪化させた可能性がある。学生の負債が公的債務に及ぼす影響を制限するため、政府は1993年に収入条件つきローンを導入したが、これまでのところ、このローンの利用者は少ない。また、政府はカレッジスコアカード（College Scorecard）を作成し、各大学の授業料、卒業率、返済不履行率、借り入れ金額の中央値、就職の成果に関する情報を提供している。

フランスのグランゼコール（Grandes Écoles）では、パリ政治学院（Sciences-Po Paris）およびパリ第九大学（Université Paris Dauphine）の2校が、学生の保護者の収入もしくは学生が保護者から独立している場合は、学生自身の収入と連動した授業料を導入した（Mangeol, 2014）。この取り組みの目的は、資源の増加と社会的平等の確保である。たとえば、2014年から2015年のパリ政治学院の学士課程の授業料は、社会経済的に恵まれない学生の無料から社会経済的に恵まれた学生の9,940ユーロまで、所得により11段階に分かれている。この取り組みは今もフランス国内で多くの異論を呼んでいる。この制度の財源は、学生全体の社会経済構成に大きく左右されるため、潤沢な大学と制約を受ける大学の二極化を招く可能性がある。

イギリスでは2012年から2013年に改革を行い、大学部門の規制を撤廃した。政府は学生数の上限規制を廃止し、大学に授業料値上げを許可し、公的資金によるローンが利用できるようにした。また、政府は、プログラムや教育機関のさまざまな成果に関する情報を収集したウェブサイトの改善も行った。これらの改革の目的は、高等教育に対する需要増大に対処し、学生のニーズに対する反応を向上させた、質の高い大学教育を整備することであった。改革の結果をすべて理解するには時期尚早である。1回目のアセスメントによると、学士課程の出願数は2012年から2013年にかけて減少したが、2013年から2014年には増加した（Higher Education Funding Council for England, 2013）。一方で、パートタイム学生は減少している。現段階では、改革の結果、恵まれない環境の若者がフルタイムで学習する可能性が低下していないことが示されている。実際に、政府はこれらの学生に対する経済的支援を展開した。一部の大学では、助成金制度の変化に対応して、より堅固な就業力を戦略に取り込む兆候が認められる。今後も改革の影響を注意深く監視していかなければならない。

2014年後半には、オーストラリアが高等教育機関の質と競争力を向上するための改革を行い、授業料に対する規制を撤廃すると同時に、国内の大学に対する政府助成を大幅に20％削減した。これを受けて大学が国内外の教育市場が許容できる水準まで授業料を引き上げ、政府助成の不足分を補填することが予測される。また、以前は一部の高等教育プログラムのみが奨学金の対象であったが、大部分のプログラムが奨学金の受給対象となる。この改革の影響を判断するには時期尚早であるが、高額な授業料によって、高等教育を受ける機会が制限される可能性があるという懸念が生じている。

デンマークの高等教育では（ほかの教育水準として）、「タクシーメーター（taximeter）」と呼ばれる制度で決定される奨学金を通じた公的助成が最も一般的で、授業料は不要である。また、

奨学金は学生の生活費もカバーしている。タクシーメーターの「料金」は教育機関の活動に適用され、プログラムを修了した学生数によって評価する。タクシーメーター料金は、教育分野、政治的優先度、教員の給与、建設費、運営費など種々の基準をもとに政府が設定する。一方、政府が金額を決定した後は、教育機関の自由裁量で資金配分することができ、他の区分に資金を移動してもよい。この制度は教育機関にインセンティブを与え、需要に合わせて教育機関の定員を効率化し、また、活動が低下したプログラムから活性化しているプログラムへと確実に資源を自動移行させる。一方で、この助成金制度は大学の標準を引き下げ、業績予想を達成するために成果を操作する原因になりうる。さらに、この制度は労働市場の成果に準じて教育プログラムまたは専攻分野を選択するためのインセンティブを学生に提供していない。

デンマーク政府は、高等教育の質向上を目的とする独立した専門委員会を設立し、2014年4月に最初の勧告を発表した。この勧告に続いて、政府は2014年9月に、労働市場成果が比較的不良であった教育プログラムの定員制限を試みる決定を行った。過去10年間の関連教育プログラム卒業者の失業率（2年後）が少なくとも7年間、卒業者の平均失業率を2％ポイント上回った場合は、該当プログラムの定員数を調節する。卒業者数と失業者数の不均衡具合に応じて、該当プログラムの定員数を10％から30％引き下げる。引き下げ後は、大学が削減数を関連プログラム間で自由に割り振ることができる。

資料：
Australian Government, Department of Education, www.education.gov.au/public-universities.
Becker G. (2012), "Is student debt too great?", 28 May 2012, www.becker-posner-blog.com/2012/05/is-student-debt-too-great-becker.html.
Dougherty, K. and V. Reddy (2011), "The impacts of state performance funding systems on higher education institutions: Research literature review and policy recommendations", CCRC Working Paper No. 37, Community College Research Center, Teachers College, Columbia University, New York, December.
Higher Education Funding Council for England (2013), Financial Health of the Higher Education Sector: 2012-13 to 2015-16 Forecasts, Issues Paper, 29 October 2013, www.hefce.ac.uk/media/hefce/content/pubs/2013/201329/HEFCE_2013_29.pdf.
Mangeol, P. (2014), "Chapter 2 : Strengthening business models in higher education institutions: An overview of innovative concepts and practices", in OECD (2014), The State of Higher Education 2014, OECD, Paris, www.oecd.org/fr/sites/eduimhe/stateofhighereducation2014.htm.
OECD (2015b), Education Policy Outlook 2015: Making Reforms Happen, OECD Publishing, Paris, http://dx.doi.org/10.1787/9789264225442-en.

コラム 3.11　オープンエデュケーションを通じて労働市場のニーズに対する反応と平等なアクセスを確かなものにする

近年、大規模オープンオンライン講座であるムーク（Massive Open Online Courses, MOOC）が開設された。ウェブサイト上で受講を希望する者であれば、年齢を問わず誰でも受講資格がある。MOOCは、一流大学やビジネスセクター、独立した専門家が配信するオンライン講座を通じて若者が低額または無料でスキルを伸ばし、新たなスキルを習得するのに役立つ。

MOOC では、高校在学中に高等教育の入門レベルを受講開始できるため、中等教育機関の生徒がプログラムを早期に修了することが可能になる（Brown, 2013）。

　MOOC は、教育部門が労働市場における雇用主の需要に対してより迅速に反応できるようにする。たとえば、アメリカの電気通信企業 AT&T 社は、最近コンピュータサイエンスにおいてジョージア工科大学（Georgia Tech）およびユーダシティ（Udacity）と共同で初の MOOC による修士課程を立ち上げた。企業が講座のカリキュラムを共同設計しただけでなく、この学位で優秀な成績を収めた生徒には、有給インターンシップを最大 100 名まで受け入れる構想もある。このような構想は多角的な目標を提示する。第一に、雇用主は現在および将来のスキル要件ならびに将来、新技術の問題解決に従事する被用者の訓練に関して、講座の学習内容を広範に評価する。第二に、世界中の生徒が講座を受講できるようにすることで、雇用主は新入社員候補の人材プールを拡大できる。第三に、教育従事者は、教育モデル改善のきっかけとなり、従来の教育プログラムの学習内容を産業界に近づけうる新しい学習法や教授法を試みる。第四に、学習者は就労期を通じて知識やスキルを利用、更新、向上させ、世界中で知的、専門的、個人的なネットワークを拡充することができる。

　MOOC は、あらゆる社会経済層に対して高等教育の利便性を向上させ、不平等を低減することができる。原則的に、大多数の MOOC は無料またはごく低額で提供される。たとえば、前述の AT&T とジョージア工科大学の学位は 7,000 ドルで取得することができるのに対し、学生の平均授業料は 19,339 ドルである。新技術も遠隔地や僻地の出身者、恵まれない環境の人々が高等教育に入学・参加することを可能にする。最後に、MOOC は教育指導や学習行為にさらに柔軟性を持たせるため、さまざまな集団区分（パートタイム労働者、高齢者など）の参加を促進する。

　MOOC は、潜在的には利点を有するが、さまざまな課題に直面する。第一に、生徒が MOOC に参加するには、インターネット接続が可能なコンピュータを所有しなければならないため、恵まれない環境の生徒が不利になる可能性がある。第二に、生徒は自習スキルおよびクラスについていく時間を見つける必要がある。HarvardX と MITx はエディックス（edX）創設の 1 年後に解析結果を公表し、学習者の社会人口統計学的情報を提供した。この解析ではハーバード大学とマサチューセッツ工科大学（MIT）が主催する 17 の MOOC 登録者 841,687 名を対象としている（うち 35% にあたる 292,852 名の登録者は、これまで一度もオンラインコンテンツを利用したことがなかった）。年齢中央値は 26 歳で 66% は学士号以上を取得していることを踏まえると、今のところ、MOOC の利益を享受しているのは、主に高学歴者や学習意欲の高い者である。第三に、大部分の MOOC は単位や学位を授与しないため、労働市場からの注目度がきわめて低い可能性がある。最後に、MOOC では、教育経験上きわめて重要な、人と人が直接顔を合わせる大学キャンパスでの経験の多くを再現することができない。

資料：
Bowen, W.G. (2013), *Higher Education in the Digital Age*, Princeton University Press.
Ho, A.D. et al. (2014), "HarvardX and MITx: The first year of open online courses", *HarvardX and MITx Working Paper* No. 1.
OECD (2014e), *E-Learning in Higher Education in Latin America*, Development Centre Studies, OECD Publishing, Paris, *http://dx.doi.org/10.1787/9789264209992-en*.

図 3.2　高等教育に進学した学生のうち学位を取得せずに中途退学した学生の割合
2008 年

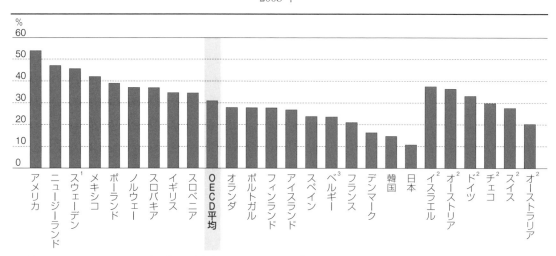

1. 学位取得に必要なすべてのコースを履修する予定がなく、1コースのみ履修している学生を含む。
2. 大学型高等教育のみ。
3. フランドル。
注：左から順に、学位を取得せずに高等教育を中途退学した学生の割合が大きい国。卒業していない学生の分類には、在籍中の学生や、また、アメリカなどでは別の教育機関を卒業した学生も一部含まれる。
資料：OECD (2010c), *Education at a Glance 2010: OECD Indicators*, OECD Publishing, Paris, http://dx.doi.org/10.1787/eag-2010-en.
StatLink：http://dx.doi.org/10.1787/888933214592

　授業料が高額で債務を負う学生が多い制度では、学生ローンの債務不履行が問題になっており、一部に政府が保証するローンも含まれる場合は、結果として公共財政にも影響を与える（Mangeol, 2014）。これは景気低迷の影響も一部反映しているが、同時に、労働市場の成果はほんの一例で、学生はさまざまな要因をもとに教育進路を選択することを示している。授業料が有料の制度下で、学生がより良い教育進路を選択できるよう支援するため、特定のプログラムや高等教育機関の成果に対して、奨学金配分および収入別返済型ローンを条件化することができる。

進路指導

　優れた進路指導と期待できる職業の展望に関する良質な情報は、若者が確かな情報に基づいて希望専攻分野および入学に最も適した教育機関を決定する際の手助けとなる。高等教育の非修了率の高さは（図3.2）、義務教育から高等教育への進路指導過程の失敗に加えて、プログラムの質の低さや教育財政の厳しさを反映している（OECD, 2008b）。

　すべての若者が利用可能になるには、進路指導業務をあらゆる教育水準およびあらゆる種類の教育機関で提供する必要がある（European Lifelong Guidance Policy Network, 2014）。学校では、良質な指導が生徒の雇用拡大や成功につながり、進学および就職の支援やキャリア管理スキルの習得にも貢献する。進路指導では、教育制度におけるさまざまな進路の全体図、特に職業教育の選択肢を含めた図を提示すべきである。職業教育および職業訓練に関する指導は、教育課程や訓練を通じ

て発展させてきたスキルを、どうすれば満足のいくキャリア構築に最大限活用できるかを各自で判断する際の参考として、重要な役割を果たす。大学の進路指導では、雇用主の関与によって（就職フェアや経営者ワークショップなどを通じて）職業に関連した学習機会を提供し、職場への効率的な移行を助け、また、卒業者のスキルが確実に活用されるよう支援する。

さまざまな進路の市価利益およびモニタリングにより質が確保された、適切な教育・訓練プログラムに関する時宜を得た重要な情報を本人や家族に提供するため、一層尽力すべきである。国によっては、教育機関やプログラムごとに卒業者の労働市場成果の指標を定めることで、進路指導業務との関連性を強化している（コラム3.12）。これらの指標は良質かつ理解しやすいものでなければならない。透明性を確保するため、指標は教育機関およびプログラムごとに定めるべきである。さらに、これらの指標は十分な長さの期間にわたって労働成果を説明できるものでなければならない。また、これらの指標は労働市場におけるニーズの主要動向や業界のボトルネック・リスクなどの情報と併せて、生徒が確かな情報に基づいて選択する際に役立つよう、生徒に広く普及しなければならない。他国、特にスコットランドでは、進路指導を「特殊な、確立された専門職」と位置づけることで、アドバイザーの質を向上させている（OECD, 2014c）。

コラム3.12 進路指導ツールとしての労働市場情報の開拓：各国の事例

質の高い進路指導の主な特徴の一つは、種々の教育経路や教育プログラム、教育機関に対する労働市場情報の正確かつ時宜を得た提供である。多くのOECD諸国が、最近、体系的かつ包括的なデータ収集を始める試みを行った。

イタリアでは、1994年以降、大学がコンソーシアム（Almalaurea Consortium）として共同体を形成し、卒業者のプロフィールおよび就職後の業績に関する情報収集を目的とした、生徒と卒業者の追跡調査を開始した。20年経過した現在、コンソーシアムはイタリアの教育機関卒業者の80%を追跡しており、プログラムをさらに発展させ、微調整して提供する際の参考になるように、結果を高等教育機関に還元している（出版物および閲覧可能電子版は*www.almalaurea.it*）。

イギリスでは、2012年9月から、これから入学しようとする生徒が志望大学に関する情報にアクセスできるようになった。初めて生徒が大学選択の追加支援を受けられるようになり、一連の詳細な情報にアクセスし、大学情報（Unistats）のウェブサイトに掲載されたKIS（Key Information Sets）を利用して教育機関を比較できるようになった。KISはフルタイムおよびパートタイムの大学課程について、生徒の満足度、就労・収入成果または給与データ、学習・教育活動、評価方法、授業料および生徒への経済的支援、設備、専門資格認定など17項目を対象としている。データは定期的に更新される（*www.thecompleteuniversityguide.co.uk*）。さらに、高等教育機関は自校の学生の就業力に関する報告書を発行している。これらの報告書は、ど

の大学が学生の就業力や雇用、その後の移行を支援するために何を行っているかを示している（*http://www.hefce.ac.uk/*）。

　2010年、スウェーデン政府は高等教育庁に対し、政府の指導に基づき、第一および第二サイクル（学士および修士課程）を対象とした新たな質の高い評価制度を開発するよう指示した。この評価制度は、基本的に三つの主要な概念——1）知識と理解力、2）能力とスキル、3）判断力——について、目標学習成果達成度を判定することに焦点を当てている。学習成果と専門職の適性については、職能団体との密接な連携において表現される。新たな質評価制度では労働市場側の見地に重点が置かれており、卒業者調査の重要性の増大と（外部）評価パネルの構成要素にそれが現れている（Högskoleverket, 2011）。

　また、ランキングに一部の労働市場基準が含まれる場合は、学術機関の国際評価が有用な進路指導のツールとなる。たとえば、THE-QS 世界大学ランキング（Times Higher Education-QS World University Rankings）は指標の一つとして卒業者の就業力を採用している。しかし、これはランキング全体のわずか10%を占めるのみで、研究の質に置かれている重点と比べれば、影響力はないに等しい（De Weert, 2011）。

資料：
De Weert, E. (2011), "Perspectives on higher education and the labour market: Review of international policy developments", IHEM/CHEPS Thematic report C11EW158, December 2011, Centre for Higher Education Policy Studies, Enschede.
Högskoleverket (2011), "The Swedish National Agency for Higher Education's Quality Evaluation System 2011-2014", Swedish National Agency for Higher Education (Högskoleverket).
Kuczera, M. and S. Field (2013), *A Skills beyond School Review of the United States*, OECD Reviews of Vocational Education and Training, OECD Publishing, Paris, *http://dx.doi.org/10.1787/9789264202153-en*.
UK government information accessed at *http://www.hefce.ac.uk/*.
www.almalaurea.it.

　質の高い進路指導は、どのような職業に就業可能で、そのためにはどのようなスキルが必要かという情報を提供することで、働くうえで必要とされるスキルとのギャップを埋めるのに役立つ。OECD諸国でスキルの需要が急速に変化していることが認識され、今後数年間で最も拡大が見込まれるのはどの産業部門および職業であるかを予測する試みが加速した。引き続き高いスキルを有する労働者の需要増大が見込まれるが、将来必要とされるスキルの水準や種類はきわめて不透明である（Handel, 2012）。現時点のOECDの予測では、高いスキルを有する労働力人口に対する雇用主の需要は今後も増加し、経済圏は製造業からサービス業に移行する。低スキルの職種における需要は世界的に減少すると考えられるが、一部の産業部門では今後も増大する可能性がある。たとえば、人口の高齢化に伴って介護サービスの需要に加えて、他の種類の個人サービスに対する需要も増加する（Ono, Lafortune and Schoenstein, 2013）。非定型的な職業固有のスキルに対する需要は、多くの産業部門や国で高止まりすると考えられる。また、地域の労働市場では求められるスキルが異なる場合がある。

　スキルの需要を正確に予測することは、将来的に若者のスキル有効活用に役立つ。大部分の国で

は、独立機関または公的機関が将来のスキル需要を予測している。国際組織もこの種の分析を行っているが、この情報を教育制度の発展に利用している国はほとんどない。こうした予測には大きな不確実性が伴うだけでなく、スキルの需要はさまざまなショックの影響を受ける可能性があるため、これらの情報の利用には慎重になっている。それでもスキルの需要をより正確に予測し、その情報を教育制度に応用する試みは、より尽力すべき領域である。

政策のキーポイント

若者が労働市場や人生に対する十分な準備を確実に行うためには、質の高い教育機関ならびに雇用主やその他の利害関係者との強力な連携が必要である。若者が教育制度を離れるときには、広範なスキルを習得し、すでに初期の経験を経ていることが望ましい。

教育制度を離れる前にすべての若者が必ず十分なスキルを習得する
- スキルに対してホリスティックなアプローチを行い、就業力に関するスキル全般の習得を目指す。
- 親から受け継いだ子どもと子どもの格差を軽減するため、全員に質の高い就学前教育を提供する。
- スキルが低く中途退学のリスクを有する生徒を支援する。多方向から教育と訓練の追跡を行うと同時に、生徒のスキル向上をモニターし認定する制度を開発する。
- 離脱した若者に教育制度復帰のセカンドチャンスを与える。セカンドチャンス計画が教育実績や労働市場成果に及ぼす影響を慎重に評価し、最も効果的な部分に資金を配分する。
- 教育制度内に複数の進路を提供し、進学または労働市場への円滑な移行を可能にする。

労働市場の需要に対する教育制度の反応性を高める
- 大学などさまざまな教育機関に及ぶ職場学習プログラムを開発する。雇用主およびその他の利害関係者を教育制度のあらゆる段階に関与させる。
- 職業教育・訓練プログラムを再検討し、質を向上させる。これらのプログラムに質の高い職場学習の要素を組み込む。同時に、認知的スキルや社会的・情動的スキルを十分に伸ばすことができるようなプログラムにする。
- 大学の助成金制度を設立し、教育を現在および将来の労働市場需要と密接に連携させ、質向上のためにインセンティブを提供する。
- あらゆる教育段階で確実に進路指導を提供し、情報が多様なキャリアパスの市価利益に見合った評価に基づくものであることを保証することで、進路指導業務を改善する。

注

1. Lerman(2013)は、高齢時の収入低下はデンマーク、ドイツ、スイスなど徒弟制度を重要視する国で最も顕著であるというHanushek, Woessmann and Zhang(2011)の論拠に反論した。Lermanは、Hanushekの論文にあるいくつかの推測をもとに、徒弟制度が存在する国では、就業率に対する職業教育・訓練に関連した有益性が60歳前後まで持続すると主張している。さらに、徒弟制度が存在する国での就業率に対する有益性はきわめて大きく、職業教育・訓練を受けた男性の就業率は40歳で9%ポイント、50歳で4%ポイント高い。

参考文献・資料

Akkerman, Y. et al.(2011), "Overcoming School Failure, Policies that Work: Background Report for the Netherlands", Ministry of Education, Culture and Science, Den Haag.

Almeida, R. and R. Aterido (2010), "The investment in job training: Why are SMEs lagging so much behind?", *IZA Discussion Papers*, No. 4981, Institute for the Study of Labor (IZA).

Bassanini, A. et al. (2005), "Workplace training in Europe", *IZA Discussion Papers*, No. 1640, Institute for the Study of Labor (IZA).

Becker, G. (2012), "Is student debt too great?", 28 May 2012, *www.becker-posner-blog.com/2012/05/is-student-debt-too-great-becker.html*.

Black, S. and L. Lynch (2001), "How to compete: The impact of workplace practices and information technology on productivity", *Review of Economics and Statistics*, 83 (3), pp. 434-445.

Blanden, J., P. Gregg and L. Macmillan (2007), "Accounting for intergenerational income persistence: Noncognitive skills, ability and education", *Economic Journal*, 117 (519), C43-C60, 03.

Blau, D. and J. Currie (2006), "Chapter 20: Pre-school, day care, and after-school care: Who's minding the kids?", in *Handbook of the Economics of Education*, Volume 2, North-Holland, Amsterdam, pp. 1163-1278.

Bowen, W.G. (2013), *Higher Education in the Digital Age*, Princeton University Press.

Carneiro, P. and J. Heckman (2003), "Human capital policy", *IZA Discussion Papers*, No. 821, Institute for the Study of Labor (IZA).

Clark, D. and R. Fahr(2001), "The promise of workplace training for non-college-bound youth: Theory and evidence from German apprenticeship", *IZA Discussion Papers*, No. 378, Institute for the Study of Labor (IZA).

Council for Industry and Higher Education(CIHE)(1996), "Helping students towards success at work: Declaration of intent", CIHE, London.

D'Addio, A.C. (2007), "Intergenerational Transmission of Disadvantage: Mobility or Immobility Across Generations?", *OECD Social, Employment and Migration Working Papers*, No. 52, OECD Publishing, Paris, *http://dx.doi.org/10.1787/217730505550*.

Dearden, L., E. Fitzsimons and G. Wyness(2011), "The impact of tuition fees and support on university participation in the UK", *Centre for the Economics of Education Discussion Paper*, 126, London

School of Economics.

De Janvry, A. *et al.* (2006), "Can conditional cash transfer programs serve as safety nets in keeping children at school and from working when exposed to shocks?", *Journal of Development Economics*, 79（2）, pp. 349-373.

De Weert, E.(2011), "Perspectives on higher education and the labour market: Review of international policy developments", IHEM/CHEPS Thematic report C11EW158, December 2011, Centre for Higher Education Policy Studies, Enschede.

Dougherty, K. and V. Reddy (2011), "The impacts of state performance funding systems on higher education institutions: Research literature review and policy recommendations", *CCRC Working Paper* No. 37, Community College Research Center, Teachers College, Columbia University, New York, December.

European Commission (2013), *Preventing Early School Leaving in Europe: Lessons Learned from Second Chance Education*, http://ec.europa.eu/education/library/study/2013/second-chance_en.pdf.

European Lifelong Guidance Policy Network (2014), "The evidence base on lifelong guidance: A guide to key findings for effective policy and practice", European Lifelong Guidance Policy Network.

Fazekas, M. and S. Field (2013), *A Skills beyond School Review of Switzerland*, OECD Reviews of Vocational Education and Training, OECD Publishing, Paris, http://dx.doi.org/10.1787/9789264062665-en.

Field, S., *et al.* (2012), *A Skills beyond School Review of Denmark*, OECD Reviews of Vocational Education and Training, OECD Publishing, Paris, http://dx.doi.org/10.1787/9789264173668-en.

Geel, R. and U. Backes-Gellner (2009), "Occupational mobility within and between skill clusters: An empirical analysis based on the skill-weights approach", *Economics of Education Working Paper Series*, 0047, University of Zurich, Institute for Strategy and Business Economics (ISU).

Geel, R., J. Mure and U. Backes-Gellner (2011), "Specificity of occupational training and occupational mobility: An empirical study based on Lazear's skill-weights approach", *Education Economics*, 19（5）, pp. 519-535.

Goggel, K. and T. Zwick(2012), "Heterogenous wage effects of apprenticeship training", *Scandinavian Journal of Economics*, 114（3）, pp. 756-779.

Handel, M. (2012), "Trends in job skill demands in OECD countries", *OECD Social, Employment and Migration Working Papers*, No. 143, OECD Publishing, Paris, http://dx.doi.org/10.1787/5k8zk8pcq6td-en.

Hanuschek, E.A., L. Woessmann and L. Zhang (2011), "General education, vocational education, and labor-market outcomes over the life-cycle", *NBER Working Paper*, No. 17504, National Bureau of Economic Research.

Heckman, J.J. and T. Kautz (2013), "Fostering and measuring skills: Interventions that improve character and cognition", *NBER Working Paper*, No. 19656, National Bureau of Economic Research.

Higher Education Funding Council for England (2013), *Financial Health of the Higher Education Sector: 2012-13 to 2015-16 forecasts*, Issues Paper, 29 October 2013, www.hefce.ac.uk/media/hefce/content/pubs/2013/201329/HEFCE_2013_29.pdf.

Ho, A. D. et al. (2014), "HarvardX and MITx: The first year of open online courses", *HarvardX and MITx Working Paper* No. 1.

Hoeckel, K. et al. (2008), *OECD Reviews of Vocational Education and Training: A Learning for Jobs Review of Australia 2008*, OECD Reviews of Vocational Education and Training, OECD Publishing, Paris, http://dx.doi.org/10.1787/9789264113596-en.

Högskoleverket (2011), "The Swedish National Agency for Higher Education's Quality Evaluation System 2011-2014", Swedish National Agency for Higher Education (Hogskoleverket).

Iller, C. and D. Moraal (2013), "Kollektive Vereinbarungen in der Steuerung betrieblicher Weiterbildung. Beispiele aus den Niederlanden und Deutschland", *Magazin erwachsenenbildung*.at, *Das Fachmedium für Forschung, Praxis und Diskurs*, No. 18, Vienna.

Johnstone, D.B. (2004), "The economics and politics of cost sharing in higher education: Comparative perspectives", *Economics of Education Review*, 23.

Johnstone, D.B. and P. Marcucci (2010), *Financing Higher Education Worldwide: Who Pays? Who Should Pay?*, Johns Hopkins University Press, Baltimore.

Jones, R. (2013), "Education Reform in Korea", *OECD Economics Department Working Papers*, No. 1067, OECD Publishing, Paris, http://dx.doi.org/10.1787/5k43nxs1t9vh-en.

Kuczera, M. (2013), "A skills beyond school commentary on Scotland", www.oecd.org/edu/skills-beyond-school/ASkillsBeyondSchoolCommentaryOnScotland.pdf.

Kuczera, M. and S. Field (2013), *A Skills beyond School Review of the United States*, OECD Reviews of Vocational Education and Training, OECD Publishing, Paris, http://dx.doi.org/10.1787/9789264202153-en.

Lerman, R.I. (2013), "Skill development in middle level occupations: The role of apprenticeship training", *IZA Policy Paper*, No. 61, Institute for the Study of Labor (IZA).

Leuven, E. and H. Oosterbeek (1999), "Demand and supply of work-related training: Evidence from four countries", *Research in Labor Economics*, 18, pp. 303-330.

Lillard, L.A. and H. Tan (1986), "Private sector training: Who gets it and what are its effects?", *Research in Labor Economics*, Vol. 13, pp. 1-62.

Machin, S. (2006), "Social disadvantage and education experiences", *OECD Social, Employment and Migration Working Papers*, No. 32, OECD Publishing, Paris, http://dx.doi.org/10.1787/715165322333.

Mangeol, P. (2014), "Chapter 2: Strengthening business models in higher education institutions: An overview of innovative concepts and practices", in OECD (2014), *The State of Higher Education 2014*, OECD, Paris, www.oecd.org/fr/sites/eduimhe/stateofhighereducation2014.htm.

Mason, G., G. Williams and S. Cranmer (2009), "Employability skills initiatives in higher education: What effects do they have on graduate labour market outcomes?", *Education Economics*, 17(1), pp.1-30.

Meare, M. and V. Podmore (2002), "Early Childhood Education Policy Co-ordination under the Auspices of the Department/Ministry of Education: A Case Study of New Zealand", *UNESCO Early Childhood and Family Policy Series* N° 1, March 2002, UNESCO.

Ministry of Education, Culture and Science (2014), *Kamerbrief nieuwe cijfers over terugdringen voortijdig schoolverlaten 15 Januari 2014*, Ministry of Education, Culture and Science, Den Haag.

Ministry of Education, Culture and Science (2011), *Schooluitval voorkomen in Nederland: Speerpunten huidige aanpak en doorkijk naar vervolgbeleid; Resultaat schooljaar 2009-2010*, (Preventing School Dropout in the Netherlands: Priorities of the Current Approach and Perspective on Follow-up Policy; Results for School Year 2009/10), Ministry of Education, Culture and Science, Den Haag.

Ministry of Health, Labour and Welfare of Japan (2009), "The 'Job-Card System' in Japan", Tokyo.

Morley, S. and D. Coady (2003), *From Social Assistance to Social Development: Targeted Education Subsidies in Developing Countries*, Center for Global Development and IFPRI.

Mühlemann, S. *et al.* (2007), "An empirical analysis of the decision to train apprentices", *Labour: Review of Labour Economics and Industrial Relations*, 21 (3), pp. 419-42.

Musset, P. *et al.* (2013), *A Skills beyond School Review of Austria*, OECD Reviews of Vocational Education and Training, OECD Publishing, Paris, *http://dx.doi.org/10.1787/9789264200418-en*.

O'Dowd, M. (2013), "Early childhood education in Sweden: The market curriculum 2000-2013?", *Revista Espanola de Educacion Comparada*, 21, pp. 85-118.

OECD (2015a), *Skills for Social Progress: The Power of Social and Emotional Skills*, OECD Skills Studies, OECD Publishing, Paris, *http://dx.doi.org/10.1787/9789264226159-en*.

OECD (2015b), *Education Policy Outlook 2015: Making Reforms Happen*, OECD Publishing, Paris, *http://dx.doi.org/10.1787/9789264225442-en*.

OECD (2014a), *OECD Economic Surveys: Australia 2014*, OECD Publishing, Paris, *http://dx.doi.org/10.1787/eco_surveys-aus-2014-en*.

OECD (2014b), "Background paper prepared by the OECD", paper prepared for the G20-OECD-EC Conference on Quality Apprenticeships for Giving Youth a Better Start in the Labour Market, *www.oecd.org/els/emp/G20-OECD-EC%20Apprenticeship%20Conference_Issues%20Paper.pdf*.

OECD (2014c), *Skills beyond School: Synthesis Report*, OECD Reviews of Vocational Education and Training, OECD Publishing, Paris, *http://dx.doi.org/10.1787/9789264214682-en*.

OECD (2014d), "Designing skill-friendly tax policies", *OECD Skills Strategy Spotlight*, No. 6, *http://skills.oecd.org/developskills/documents/designing-skill-friendly-tax-policies.html*.

OECD (2014e), *E-Learning in Higher Education in Latin America*, Development Centre Studies, OECD Publishing, Paris, *http://dx.doi.org/10.1787/9789264209992-en*.

OECD (2013), "PISA: Programme for International Student Assessment", *OECD Education Statistics* (database), *http://dx.doi.org/10.1787/data-00365-en* (accessed 8 August 2014).

OECD (2010a), *Off to a Good Start? Jobs for Youth*, OECD Publishing, Paris, *http://dx.doi.org/10.1787/9789264096127-en*.(『世界の若者と雇用：学校から職業への移行を支援する〈OECD若年者雇用レビュー：統合報告書〉』OECD編著、濱口桂一郎監訳、中島ゆり訳、明石書店、2011年)

OECD (2010b), *Learning for Jobs*, OECD Reviews of Vocational Education and Training, OECD Publishing, Paris, *http://dx.doi.org/10.1787/9789264087460-en*.（『若者の能力開発：働くために学ぶ〈OECD 職業教育訓練レビュー：統合報告書〉』OECD 編著、岩田克彦・上西充子訳、明石書店、2012 年）

OECD (2010c), *Education at a Glance 2010: OECD Indicators*, OECD Publishing, Paris, *http://dx.doi.org/10.1787/eag-2010-en*.（『図表でみる教育 OECD インディケータ（2010 年版）』経済協力開発機構（OECD）編著、徳永優子・稲田智子・来田誠一郎・矢倉美登里訳、明石書店、2010 年）

OECD (2008a), *Jobs for Youth/Des emplois pour les jeunes: Netherlands 2008*, OECD Publishing, Paris, *http://dx.doi.org/10.1787/9789264041295-en*.

OECD (2008b), *Tertiary Education for the Knowledge Society: Volume 1 and Volume 2*, OECD Publishing, Paris, *http://dx.doi.org/10.1787/9789264046535-en*.

OECD (2006), *Starting Strong II: Early Childhood Education and Care*, OECD Publishing, Paris, *http://dx.doi.org/10.1787/9789264035461-en*.（『OECD 保育白書：人生の始まりこそ力強く：乳幼児期の教育とケア（ECEC）の国際比較』OECD 編著、星三和子・首藤美香子・大和洋子・一見真理子訳、明石書店、2011 年）

Ono, T., G. Lafortune and M. Schoenstein (2013), "Health workforce planning in OECD countries: A review of 26 projection models from 18 countries", *OECD Health Working Papers*, No. 62, OECD Publishing, Paris, *http://dx.doi.org/10.1787/5k44t787zcwb-en*.

Pathways to Education (2013), "2012 Result Summary: Pathways to Education 2011-2012 Program Results", *www.pathwaystoeducation.ca/sites/default/files/pdf/Results%20summary%2C%202011%20%202012%20FINAL.pdf*.

Pathways to Education (2010), "Pathways to Education: Program introduction and overview", *www.pathwaystoeducation.ca/sites/default/files/pdf/Overview%2021_10_10_0.pdf*.

Pischke, J. (2005), "Comments on 'Workplace training in Europe' by Bassanini *et al.*", *Working Paper*, London School of Economics.

Polidano, C., D. Tabasso and Y.-P. Tseng (2012), "A second chance at education for early school leavers", *IZA Discussion Papers*, No. 6769, Institute for the Study of Labor (IZA).

Quintini, G. and T. Manfredi (2009), "Going separate ways? School-to-work transitions in the United States and Europe", *OECD Social, Employment and Migration Working Papers*, No. 90, OECD Publishing, Paris, *http://dx.doi.org/10.1787/221717700447*.

Schultz, T.P. (2004), "School subsidies for the poor: Evaluating the Mexican Progresa Poverty Program", *Journal of Development Economics*, 74 (1), pp. 199-250.

Stevens, M. (1994), "A theoretical model of on-the-job training with imperfect competition", *Oxford Economics Papers*, 46, pp. 537-562.

Stone, I. (2010), "Encouraging small firms to invest in training: Learning from overseas", UK Commission for Employment and Skills.

Taguma, M., I. Litjens and K. Makowiecki (2013), *Quality Matters in Early Childhood Education and Care: Sweden 2013*, OECD Publishing, Paris, *http://dx.doi.org/10.1787/9789264176744-en*.

Taguma, M., I. Litjens and K. Makowiecki (2012), *Quality Matters in Early Childhood Education and Care: New Zealand 2012*, OECD Publishing, Paris, *http://dx.doi.org/10.1787/9789264176690-en*.

Wacker, J. (2007), *Teure neue Lehrstelle : Eine Untersuchung zur Effizienz des BlumBonus*, NO Arbeiterkammer (NOAK), Vienna.

Whitehead, N. (2013), "Review of adult vocational qualifications in the UK", UK Commission for Employment and Skills.

第4章

若者の労働市場への統合のトレンド

　多くの若者は労働市場への参入に際して困難に直面する。学校から仕事への移行は時間がかかることもあるし、失業期間や短期契約の期間を含むこともありうる。さらに中には、教育にも労働市場にも関わっていない若者もいる。雇用されておらず教育も職業訓練も受けていないニートと呼ばれる人々である。若者が仕事を見つけたり雇用を維持したりする際に直面する困難は、経済危機のためにさらに悪化している。本章では、若者がどのようにして労働市場に統合されるのかを概観する。また教育にも労働市場にも関わらなくなっている若者にも注目し、教育の達成度、スキル、そして彼らが直面する可能性のあるその他の障壁の観点から、彼らがどれほど労働市場から距離があるのかを測定する試みも行う。

第4章　若者の労働市場への統合のトレンド

ハイライト

- 2013年の段階でOECD諸国における16歳から29歳までの若者のうち、7％が仕事に就いておらず教育も受けていない状態で、8％が労働市場において非活動的で（すなわち就職活動をしていない）、教育も受けていない状態であった。合計で15％が雇用されておらず教育も職業訓練も受けていないニートであった。つまりOECD諸国における3,900万人の若者が経済と社会から疎外されるリスクにさらされていたということであり、この数は2008年と比べて500万人の増加であった。
- 若者は働き盛りの労働者と比較して、2倍の失業リスクにさらされている。
- 雇用されている若者の4人に1人が、臨時・派遣雇用契約である。
- 若者が労働市場に参入する際の障壁は、単にスキルの問題に留まらない。「成人スキル調査（Survey of Adult Skills）」によれば、若者のニートは平均すれば、後期中等教育を修了しており、中級レベルの数的思考力と問題解決能力を有している。大部分のOECD諸国において、ニートの10％以上が高等教育を終えている。「成人スキル調査」が行われた国々では、ニートのうち読解力が低レベルであった者は20％、数的思考力が低レベルだった者は29％にすぎなかった。

若者の雇用を維持しつつ高めて行くためには、彼らが自分の持つスキルを使用してさらに伸ばしていけるような仕事を見つけることによって、成功裡に労働市場に参入していく必要がある。大部分の若者は実際には仕事を見つけ、うまく労働市場に参入していくのだが、中には学校から仕事への移行において、少なくとも一時的には困難に遭う者もいる。こういった若者は、かなり大きな経済的、社会的な不利益を、持続的に被るのである。これにより彼らは意気沮喪する可能性があるばかりか、使わないままのスキルを時の経過とともにさびつかせてしまう一方で、雇用主の側は若者を雇用する気がますます失せてしまうという悪循環に陥りかねない。これは何もその個人にとってだけ不都合な結果であるわけではない。彼らのスキル開発に対する社会による投資が無駄になり、社会の調和が損なわれる。

若者の労働市場への統合

学校から仕事への移行

若者の大多数は、実際には仕事を見つける。若者の間では雇用率は年齢とともに上昇するが、25歳から29歳の若者の雇用率は、働き盛りの人々と非常に近い（図4.1 グラフA）。若者が労働市場に参入する年齢は15年前よりは遅くなっている。2000年には15歳から19歳の若者の11％が雇用されているが教育は受けていなかったが、80％は教育を受けていた。2012年までに教育を受けている若者の割合は87％にまで上昇し、働いている者の割合はわずか6％にまで下落した。これは長

図 4.1　雇用と教育の状況による若者の割合の変遷
OECD 平均、1997-2013 年

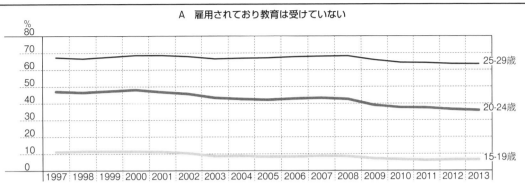

A　雇用されており教育は受けていない

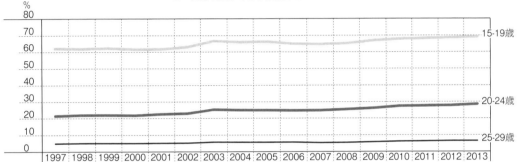

B　教育を受けており雇用はされていない

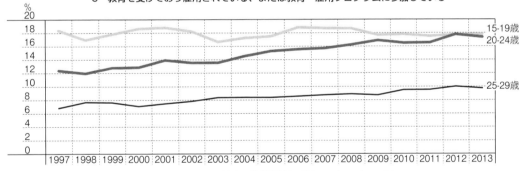

C　教育を受けており雇用されている、または教育・雇用プログラムに参加している

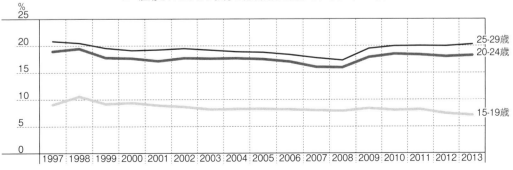

D　雇用されておらず教育も職業訓練も受けていない（ニート）

資料：OECD (2014a), *Education at a Glance 2014: OECD Indicators*, OECD Publishing, Paris, http://dx.doi.org/10.1787/eag-2014-en.
StatLink：http://dx.doi.org/10.1787/888933214600

期に渡る教育の達成度合いをますます高めようという潮流と、世界的な危機の結果の両方を反映したものである（図4.1グラフB）。より大きな変化は20歳から24歳の人々の間で起こっており、雇用されていて教育を受けていない人の割合はこの15年の間に徐々に下がってきたが、教育を受けている人の割合は上昇した。労働市場への移行はより漸進的なものになっている。仕事と学業を組み合わせている若者の割合は、25歳から29歳の人々の間で高まっている（図4.1グラフC）。

コラム4.1　雇用されておらず教育も職業訓練も受けていない若者（ニート）の割合の測定

OECDの報告書『図表でみる教育（Education at a Glance）』に発表されているニートのデータ、およびユーロスタットによるものは、「労働力調査（labour force surveys）」によって収集されている。これらのデータは各人の「調査時あるいは調査時から4週間以内に、雇用あるいはいかなる形であれ教育ないし訓練を受けている」状況に関する質問に基づいている。これと同じ質問は「国際成人力調査（PIAAC）」においても、参加者が調査時に「雇用されているか、あるいはいかなる種類であれ公的な資格のための勉学をしている」かどうかを問われているが、それに先立つ4週間以内に、とは問われておらず、わずかに異なるやり方で表現されている。その結果（本報告書もそうであるが）、この質問に基づいて「成人スキル調査」で算出されたニートの割合は、「労働力調査」に基づいているニートの割合とは直接比較することができない。「成人スキル調査」から利用可能なもう一つの指標は、調査時に雇用されているが教育を受けておらず、かつ調査時から12か月以内に職業訓練を受けてもいなかった人の割合である。この指標は本報告書では主要な基準としては使用されていないが、それは回答者の中には調査の12か月以内に職業訓練に参加したが、調査の前に何か月も非活動的であったかもしれないという者がいるという点で比較的限定的であるからである。しかしながらこの指標も有用な情報を含んでいるので、本章ではこれを提示し議論することとする。

今でもあまりに多くの若者が、労働市場に参入するのに苦労している。雇用へ向けてスキルを活性化する必要のある若者とは、雇用されておらず教育も職業訓練も受けていない者である（コラム4.1）。経済危機に伴い、2013年時点でOECD諸国平均で、15歳から29歳におけるこの集団の占める割合は15%にまで高まった（図4.1グラフD）。しかしながら国による変動は大きい（図4.2）。

若者が労働市場に参入する際に直面する困難は、時に長期にわたる学校から仕事への移行に反映される。学校から仕事への道筋は多様であるため、こういった移行のパターンを評価するのは容易ではない。とはいえ、個々の学校から仕事への移行に基づく分析が示すところでは、国によっては失業や不活動の期間を含む道筋が比較的頻度が高いことがあり、またニートの状態がかなりの長期にわたることもありうる（OECD, 2010; Quintini, Martin and Martin, 2007; Quintini and Martin, 2014）。ヨーロッパとアメリカの両方で、10%以上の若者が4年間のうちに約15か月の失業を経験

図 4.2　雇用されておらず教育も職業訓練も受けていない若者（ニート）の割合
15-29 歳人口における割合、2013 年

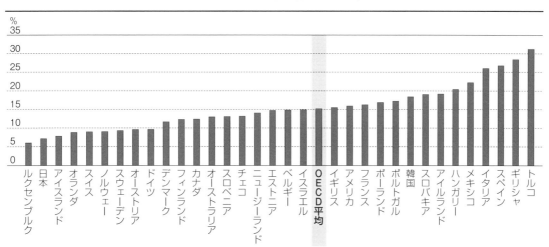

注：各国はニートの割合の順に並んでいる。チリの参照年は 2011 年で、日本の年齢層は 15-24 歳である。OECD 平均はチリと日本を除いたもの。

資料：OECD (2015), *Education at a Glance Interim Report: Update of Employment and Educational Attainment Indicators*, OECD, Paris, www.oecd.org/edu/EAG-Interim-report.pdf.

StatLink：http://dx.doi.org/10.1787/888933214610

している（Carcillo *et al.*, 2015）。学校から仕事への移行期間が長期にわたると、離脱状態や傷跡効果へとつながる可能性が高まる。

マクロ経済の状況、教育、労働市場の組織が果たす役割

　若者が労働市場に参入する際に直面する困難の原因には、若者に特有の要因のみならず、すべての労働者に影響を及ぼす一般的な要因もある。多くの国々における芳しくないマクロ経済の状況は、すべての労働者にとって労働需要の低下につながる。同様に労働市場の組織は、すべての年齢層にとって労働市場の結果に影響を及ぼす。しかしながら、労働市場の組織が現職の労働者を保護すると、労働需要へのマイナスの影響は若者に対しての衝撃のほうが強い傾向がある。労働需要が大きい時期には大多数の若者は仕事を見つけられるが、労働需要が下落すると、若者、特にスキルレベルが最も低い者が苦労することになる。教育システムの質や教育の達成度はまずは若者の雇用の結果に影響するが、それらはより上の年齢層にも影響を及ぼす可能性がある。若者に対する働き盛りの成人の失業率の比率は、若者が労働市場に参入する際に直面する障壁を示す指標である。年齢層ごとの雇用率も若者の市場への統合の何らかの指標となりうるが、こちらは学業の期間に影響される。これらの指標に基づけば、各国を四つのグループに分けて比較することが可能である（図 4.3）。

第 4 章　若者の労働市場への統合のトレンド

図 4.3　若者と働き盛りの労働者の雇用率と失業率
2007 年・2013 年

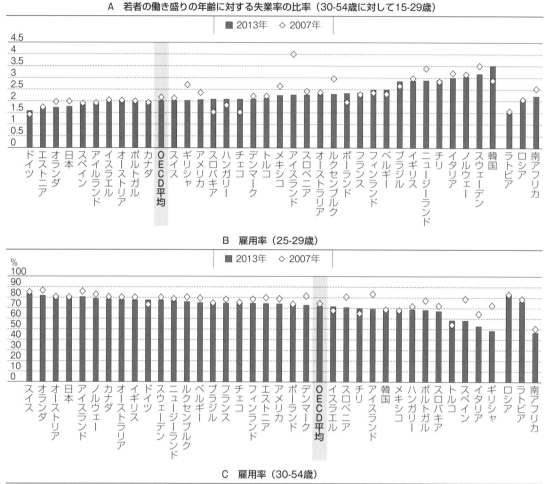

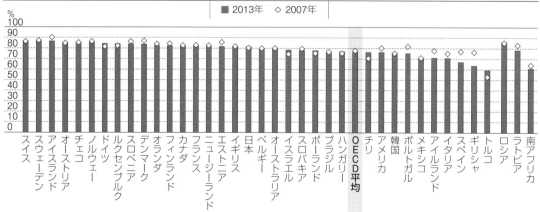

資料：*OECD Employment and Labour Market Statistics* (database), *http://dx.doi.org/10.1787/lfs-lms-data-en*.
StatLink：http://dx.doi.org/10.1787/888933214624

- いくつかの国においては若者と働き盛りの人の失業率には比較的大きな差があり、若者と働き盛りの労働者の両方で雇用率が低いが、そのためにより一般的な雇用問題に加えて、若者に特有の雇用問題が存在する（ギリシャ、イタリア）。これらの国々は労働市場、社会組織、教育組織における不都合な条件や弱点に直面しており、それらが相互に作用し合って、若者に特有の雇用問題、そして全体的に低い雇用率にもつながっている。
- 一部の国では若者を労働市場に統合するのに特有の問題を抱え、働き盛りの労働者の雇用率は比較的高い（フランス、ニュージーランド、ノルウェー、スウェーデン、イギリス）。これは労働市場や教育制度におけるいくつかの要素が若者の労働市場での成果にはマイナスの作用をし、その他の年齢層の労働者に対する影響はより少ない、ということが広範囲にわたっているという解釈もできる。
- 少数ではあるが、若者と働き盛りの労働者との間の失業率の差が小さく、かつ若者と働き盛りの労働者の雇用率が低い、という国もある（スペイン、トルコ）。こういった国々は必ずしも若者特有の雇用問題はないかもしれないが、すべての労働者に影響するマクロ経済における不都合な状況や労働市場制度の脆弱さには影響を受けやすい。
- 最後に、一部の国では若者と働き盛りの労働者の雇用率が高く、若者と働き盛りの労働者の失業率の差が小さいが（オーストリア、カナダ、ドイツ、オランダ、スイス）、この原因は比較的好調なマクロ経済の状況とともに、しっかりとした教育組織、社会組織、そして労働市場の組織に帰することができるだろう。

臨時・派遣雇用の役割

　若者が労働市場に参入する際、その多くは臨時・派遣雇用契約である。OECD 諸国のほぼすべてで、2013 年には 15 歳から 24 歳の被用者のうち 25% が、期間に定めのある契約であった（図 4.4）。自営を除けばこの割合は多くの国で 50% に達し、スロベニアでは 73% にもなる（OECD, 2014b）。中には臨時・派遣雇用契約の若者の割合が比較的低いようにみえる国もあるが、これは時にそれ以外の形態の非正規の仕事、たとえばオーストラリアのカジュアル職[1]やトルコの非公式職が隠されている。

　臨時・派遣雇用契約は大多数の OECD 諸国で、働き盛りの労働者よりも若者のほうにはるかに広範囲に行き渡っている。このことが示唆するのは、多くの若い新社会人は、初めは臨時・派遣雇用の契約をようやく勝ち取るのだが、その後何とかしてより安定した職へと移行するということである。これは最近の統計的研究によって裏付けられているのだが、それによれば臨時・派遣雇用の仕事を受け入れることは、当人のキャリアにおいて後に期間の定めのない雇用のポジションを確保する可能性を減じないか、時にはわずかに高めることもある（OECD, 2014b）。しかし、こういった報告が意味するのは、臨時・派遣雇用の仕事が安定した雇用への足がかりになっているということではなく、ただ単に若者は平均的には、たとえ臨時・派遣雇用の契約で仕事を始めても何とかし

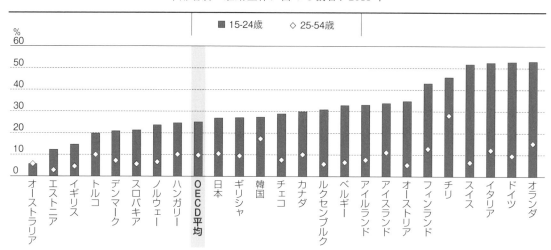

図4.4 臨時・派遣雇用の若者
年齢層別の雇用全体に占める割合、2013年

注：オーストラリアと日本の参照年は2012年。
資料：OECD Employment and Labour Market Statistics (database), http://dx.doi.org/10.1787/lfs-lms-data-en.
StatLink：http://dx.doi.org/10.1787/888933214639

て移行を果たしているということなのだ。臨時・派遣雇用契約であったことが長期的にみて労働市場の結果にどのような影響を及ぼすかの測定を試みた研究はいくつかあるが、その結果は相反するものとなっている（Bassanini and Garnero, 2012）。

臨時・派遣雇用の仕事は一部の労働者にとっては足がかりかもしれないが、落とし穴となってしまう労働者もいる。ある研究によれば、教育レベルの高い者の場合には期間の定めのある契約が期間の定めのない雇用のポジションにつながるが、若者や女性、教育レベルの低い労働者にとってはそうはならない（Casquel and Cunyat, 2008）。近年の推計ではヨーロッパのほぼすべての国で、ある1年間に臨時・派遣雇用で働いていた労働者で3年後にフルタイムで期間の定めのない契約で雇用されていた者は、半分にも満たなかった（OECD, 2014b）。どのような種類の臨時・派遣雇用なのかも関係がある。たとえばアメリカでの研究成果が示すところでは、雇用主が直接雇用をする臨時・派遣雇用の仕事では、その結果として雇用主がより強く関与することになるので、低スキルの労働者のレベルが上がることになるが、斡旋業者が仲介する臨時・派遣雇用の助手的な仕事の場合には、斡旋業者が雇用主ということになり、これが当てはまらない（Autor and Houseman, 2010）。ほかにも相当数の研究によって、ある一定期間について臨時・派遣雇用に従事することが期間の定めのない雇用の職を得るのに有益であることもあるが、臨時・派遣雇用の職に就く期間が繰り返されると、必ずしもそうならないことが指摘されている（OECD, 2014b）。

「成人スキル調査」が示すところでは、臨時・派遣雇用で働く労働者は期間の定めのない雇用の労働者と比べて、認知的スキルを集中して用いることが少なく、そのためにスキルが低下するリスクにさらされる可能性がある（図4.5）。この結果は社会的・情動的スキル、あるいは職業に特有の

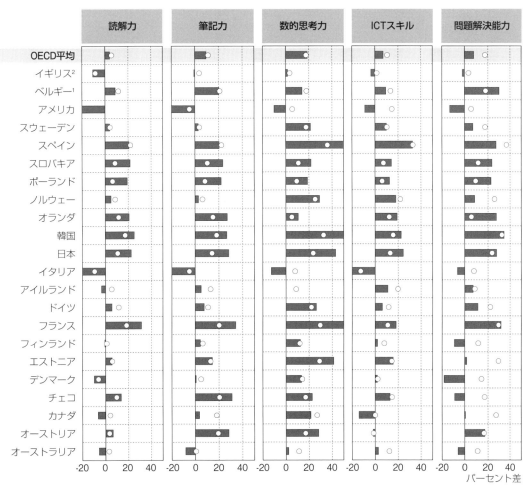

図4.5 就業時のスキル使用（雇用契約別）
16-29歳、2012年

1. フランドル。
2. イングランド／北アイルランド。
注：調整後の推計は、読解力得点、数的思考力得点、勤務時間、職業のダミーを調整した最小二乗回帰法に基づいたものである。
資料：OECD事務局算定。データ源は Survey of Adult Skills (PIAAC) (2012) (database)。
StatLink：http://dx.doi.org/10.1787/888933214647

スキルにおいてはそれほど明確な差はなく、臨時・派遣雇用の労働者は期間の定めのない雇用契約の労働者と比べて就業中に学習することが多いが、自分が影響を及ぼしたり業務において自由裁量のきくスキルは集中的に用いることが少ない（OECD, 2013a）。

臨時・派遣雇用契約の労働者が職業訓練を受け難い状況だと、労働者の間の契約形態の違いによって、そのスキルの差が拡大することにつながりかねない。これが一部の労働者が不安定な職業から脱することができないもう一つの理由であると思われる（OECD, 2006）。しかし、契約形態の

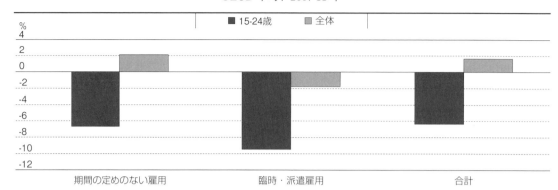

図 4.6 若年者雇用の変化（雇用契約別）
OECD 平均、2007-13 年

資料：OECD Employment and Labour Market Statistics (database), http://dx.doi.org/10.1787/lfs-lms-data-en.
StatLink：http://dx.doi.org/10.1787/888933214653

違いが雇用主によって提供される職業訓練の恩恵に浴することができる可能性に及ぼす因果関係は測定が困難であり、それは生産性の低い労働者は、期間の定めのない雇用契約を得る可能性も、雇用主が提供する職業訓練を受けられる可能性も両方低いことによる。「国際成人力調査（PIAAC）」に基づいた暫定的な分析[2] が示すところでは、臨時・派遣雇用契約で働くことによって雇用主が提供する職業訓練を受けられる可能性は 14% 減少する（OECD, 2014b）。

　若者は、期間の定めのない雇用よりも臨時・派遣雇用契約である可能性が高いので、経済危機によって受ける影響が不均衡であった。臨時・派遣雇用契約は、企業によって需要が減少した際の調整のために、まず最初に利用される。さらに若者は、たとえ期間の定めのない雇用契約である場合でも解雇の危険にさらされる可能性が高いのだが、それはたとえば後入先出の慣習によって、雇用保護法制（EPL）が一般には年齢の高い労働者を優先していることによる。より広い意味で言えば、経済において臨時・派遣雇用の割合が高いと、外部からの衝撃に対する失業という形での反応が大きく増加することによって、労働市場の回復力が低下することになりやすく、経済危機の犠牲を若者に転嫁することになる（OECD, 2014b）。たとえば最近の経済危機の際にスペインで生じた失業率の急激な上昇は、本質的には臨時・派遣雇用の仕事が失われたことによるものだった（OECD, 2013b）。OECD 諸国全体では、期間の定めのない雇用と臨時・派遣雇用の両方において若者の雇用は経済危機によって大幅に下落し、今でも完全には回復していない（図 4.6）。

ニートになる可能性の高い若者

　教育の達成レベルと認知的スキルは、ニートになる可能性に影響がある（OECD, 2014b）。ほとんどの国では高等教育を終えた若者のニートの割合は比較的低い（第2章参照）。読解力や数的思考力の低い若者は、ニートの集団に属する可能性が高まる。日本と、さらにある程度はイタリアを除いて、「成人スキル調査」が行われたすべての国々で、認知的スキルのレベルが最も低い者が、最

図4.7 雇用されておらず教育も職業訓練も受けていない若者（ニート）の割合（認知的スキルのレベル別）

16-29歳、2012年

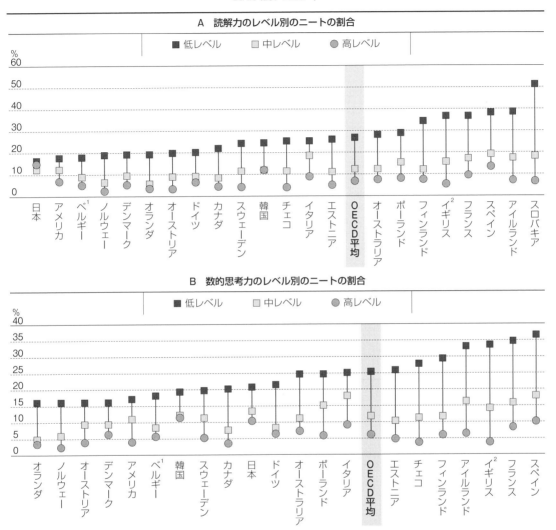

1. フランドル。
2. イングランド／北アイルランド。

注：図が示しているのは読解力と数的思考力の高さによる3段階である。「低レベルスキル」はレベル1以下に、「中レベルスキル」はレベル2か3に、「高レベルスキル」はレベル4か5に相当する。ニートの割合は調査時に雇用されておらず教育も職業訓練も受けていなかった若者（16-26歳）の占める割合である。

資料：OECD事務局算定。データ源は *Survey of Adult Skills (PIAAC) (2012)* (database)。

StatLink：http://dx.doi.org/10.1787/888933214665

も高いニートの割合を示した（図4.7）。認知的スキルのレベルの低い若者のニートの割合については、国によって大きな差があるが、この割合はいくつかの国では高いレベルにある（たとえばアイルランド、スロバキア、スペイン）。それとは対照的に、数的思考力と読解力が最も高い者のニートの割合については、平均のニートの割合が比較的高い国々においても安定している。

図4.8 失業率の推移（学歴別）
25-34歳の労働力人口における比率、OECD平均、1997-2013年

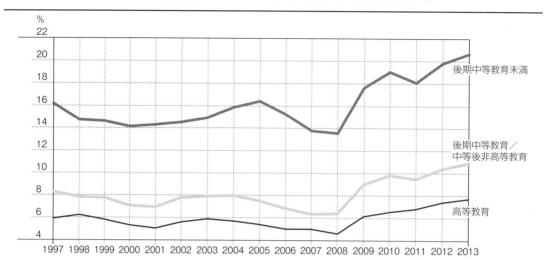

資料：OECD (2015), *Education at a Glance Interim Report: Update of Employment and Educational Attainment Indicators*, OECD, Paris, www.oecd.org/edu/EAG-Interim-report.pdf.

StatLink：http://dx.doi.org/10.1787/888933214679

　経済危機のために、教育レベルの低い若者が仕事を見つけるのはさらに難しくなっている。2008年から2011年の間に、後期中等教育に達していない若者の失業率は大幅に上昇したが、それより高いレベルの教育を受けている若者に対する影響は少なかった（図4.8）。教育やスキルのレベルが低い若者は、求職の競争が激化したために、高等教育の卒業証書を得ている若者によって、労働市場からはじきだされてしまったのだと思われる。

　教育機関への入学者が増加し、ニートの割合の増加が抑えられたことにより、経済危機の若者に対する衝撃が多少は和らいだ（図4.1参照；OECD, 2013c）。このことは最年少の層で特に当てはまる。OECD諸国を通じて、平均すると15歳から19歳の年齢層では、教育機関への入学者が増加ないしは在学期間の長期化により、少なくとも一時的には経済危機の雇用への悪影響が相殺され、ニートの割合は概ね横ばいで推移している。19歳を超える年齢層においては教育機関への入学は雇用の減少を一部しか相殺できておらず、ニートの割合も上昇した。このような進展によってOECD諸国全体としては、国ごとの差がわかりづらくなる。デンマーク、ポーランド、ポルトガル、スロベニアにおいては、ニートの割合は経済危機に伴って上昇したが、これは最年少のニートにとっても同様であった。教育を継続して受けている若者の割合が上昇することで、現在の若者の就業力は長期的には改善されるかもしれないが、今日の世代もいつかはさらに下の世代と労働市場で競争することを余儀なくされるだろうし、そうなれば有用なスキルを身につけることが一層重要となる（第3章参照）。

　新興経済圏においてもその他の国と同様に、教育レベルの低い若者は仕事を見つけるのにより大

きな困難に直面する (Quintini and Martin, 2014)。また同時に、たとえばラテンアメリカにおけるこのような国々においては、中等教育での中退率は依然として高い (OECD/ECLAC, 2012)。こういった状況の理由は一つに、特に農村地域に住む者にとっては継続した教育のコストのためであり、それは一般には教育への補助金がなく、一方で仕事に就くとその場で見返りがあるということによる (第3章参照)。スキルの低い若者は、非公式の部門に参入することを余儀なくされがちである。非公式の雇用に関する主要な懸念の一つは、そこから抜け出せなくなるリスクのある不安定な雇用状況から逃れるのに、助けを必要とするような者を特定するのが困難であるという本質的なものである。そのうえ、非公式であることにより、労働市場や社会組織による保護を受けないので、若者は貧困リスクにさらされることになる。

ニートと労働市場への長い道のり

ニートのスキル

若者の雇用に対する障壁は、教育の達成度やスキルだけではない。ニートの教育の達成度は、国によって大きな違いがある (図4.9)。一部の国 (チェコ、イスラエル、ポーランド、スロバキア、スウェーデン、スイス、アメリカ) においては、ニートは一般に後期中等教育を修了しているが、その他の国 (デンマーク、アイスランド、メキシコ、スペイン、トルコ) においては、その大多数が後期中等教育に達していない。しかしほとんどの国では、ニートは少なくとも後期中等教育には到達している。

図4.9 雇用されておらず教育も職業訓練も受けていない若者 (ニート) の教育達成度
15-29歳、2013年

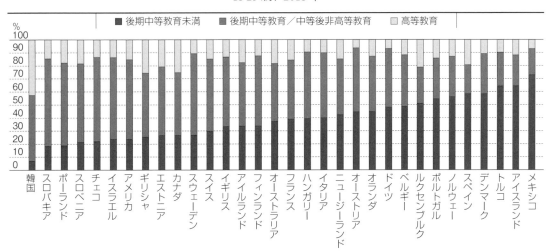

資料：OECD (2015), *Education at a Glance Interim Report: Update of Employment and Educational Attainment Indicators*, OECD, Paris, www.oecd.org/edu/EAG-Interim-report.pdf.

StatLink：http://dx.doi.org/10.1787/888933214685

第4章 若者の労働市場への統合のトレンド

図4.10 雇用されておらず教育も職業訓練も受けていない若者（ニート）の認知的スキル
16-29歳、2012年

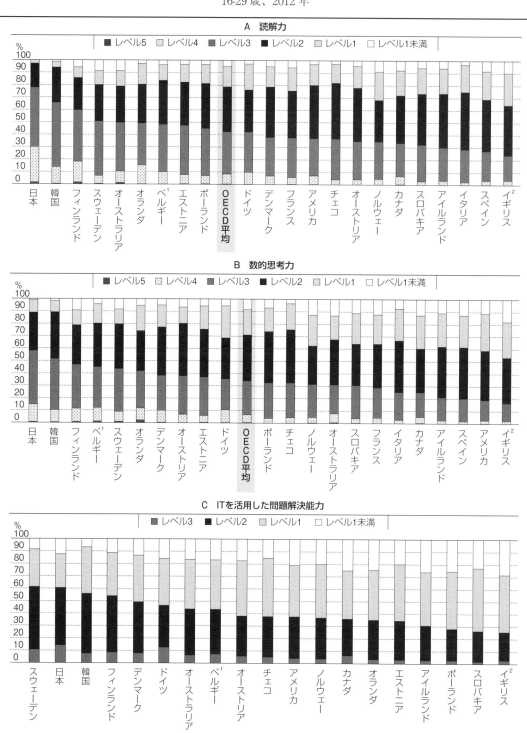

1. フランドル。
2. イングランド／北アイルランド。
資料：OECD事務局算定。データ源は *Survey of Adult Skills (PIAAC) (2012)* (database)。

StatLink：http://dx.doi.org/10.1787/888933214698

「成人スキル調査」で測定された値では、大多数のニートは比較的高い認知的スキルを有している（図4.10）。さらには多くの国々で、ニートのうちかなり高い割合の者が高い読解力、数的思考力、問題解決能力を有している。OECD諸国においては、平均すると読解力の低い（レベル1以下）ニートは20%で、数的思考力については29%にすぎない。

失業中で非活動的なニート

ニートの中には失業中で求職中の者がいるが、非活動的で雇用を求めていない者もいる。仕事を探していない者は、公共の職業紹介制度ないし社会的組織に登録していないこともあるが、これは若者に対する公共給付制度がなく、労働市場への準備をする必要条件がないような国において顕著である。こういった非活動的なニートに手を差し伸べるのは、教育提供者や労働市場、さらには社会福祉サービスにとって特に困難であることがある。非活動的なニートの割合が高いのは、オーストラリア、イスラエル、韓国、メキシコ、ノルウェー、トルコ、アメリカのような国々である（図4.11）。

ニートの状態が長期間継続すると、スキルがより低くなることになる。ニートの状態にあり、調査からさかのぼって12か月以内に教育にも職業訓練にも加わっていない若者は、教育もしくは職業訓練に参加した者と比較すると読解力と数的思考力が低い（図4.12）[3]。この結果は個人の資質に帰することもできるかもしれないが、教育や職業から離れて時が過ぎるにつれて、スキルが劣化したことを反映したものだと言うこともできる。

図4.11 雇用されておらず教育も職業訓練も受けていない若者（ニート）の活動状況
15-29歳、2013年

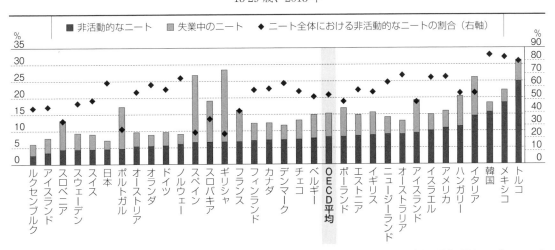

注：左側の尺度が示すのは15歳から29歳の人口に対する失業中のニートと非活動的なニートの割合で、右側の尺度が示すのは若いニート全体に対する若い非活動的なニートの割合である。チリの参照年は2011年で、日本の年齢層は15-24歳である。OECD平均はチリと日本を除いたもの。

資料：OECD (2015), *Education at a Glance Interim Report: Update of Employment and Educational Attainment Indicators*, OECD, Paris, www.oecd.org/edu/EAG-Interim-report.pdf.

StatLink : http://dx.doi.org/10.1787/888933214703

図 4.12　雇用されておらず教育も職業訓練も受けていない若者（ニート）の読解力の平均得点
調査時点 12 か月以内に教育または職業訓練に参加／不参加別、16-29 歳、2012 年

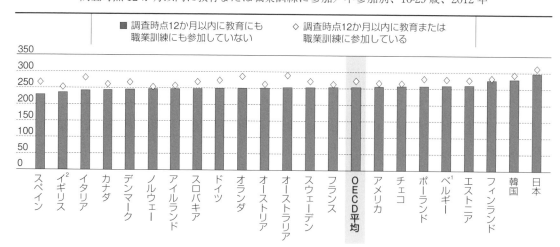

1. フランドル。
2. イングランド／北アイルランド。
資料：OECD 事務局算定。データ源は *Survey of Adult Skills (PIAAC) (2012)* (database)。

StatLink : http://dx.doi.org/10.1787/888933214718

　学校を卒業後に失業をある一定期間経験した若者は、その後の経歴で失業や低賃金に苛まれる、いわゆる「傷跡効果（scarring effects）」に影響を受ける可能性が高まることを示す証拠は十分すぎるほどある（Nordström Skans, 2004; Oreopoulos, Von Wachter and Heisz, 2006; Doiron and Gørgens, 2008; Schmillen and Umkehrer, 2013）。雇用主側にとっては労働市場での経験の少ない労働者のスキルを査定するのはより困難なので、失業であったり非活動的であったりする期間を、その若者のスキルが低いことを示すものだととらえることもある。そのうえ、労働市場から外れた若者は、自分のスキルが比較的短い期間で劣化してしまうのが自分でわかることもある（Pissarides, 1992）。また非活動的な時が過ぎるとともに、自信が徐々に失われることにもなるし、それが個々人のスキルを流動的に使用する能力を劣化させることにもなるだろう（Goldsmith, Veum and Darity, 1997）。スキルの劣化や自信の喪失もまた、傷跡効果の一因となる。傷跡効果が現れて若者が求職に苦労するようになると、貧困に直面する可能性が高まるが、それは成人になったばかりの人々が親の家を早期に離れる傾向のある国々においては顕著である。さらにはそういった人々が周縁化され、潜在的に薬物中毒や犯罪に手を染めるようになる危険性がある（Fougère, Kramarz and Pouget, 2009）。

さらなる障壁に直面する若者

　多くの国々で女性は労働市場に参入するのにさらなる障壁に直面するが、その理由は育児施設が限定されていたり、その費用が高いこと、また育児休暇制度の結果としてそうする誘因が少ないため、あるいは社会規範のためであることが非常に多い。大多数の OECD 諸国で、ニートの割合は

図4.13 雇用されておらず教育も職業訓練も受けていない若者（ニート）の男女別の割合
15-29歳人口における割合、2013年

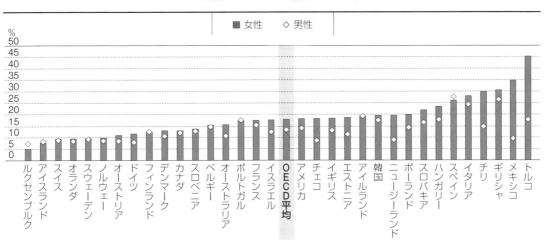

注：チリの参照年は2011年で、韓国の参照年は2012年。
資料：OECD (2015), *Education at a Glance Interim Report: Update of Employment and Educational Attainment Indicators*, OECD, Paris, www.oecd.org/edu/EAG-Interim-report.pdf.

StatLink：http://dx.doi.org/10.1787/888933214724

図4.14 雇用されておらず教育も職業訓練も受けていない若者（ニート）の読解力の平均得点（男女別）
16-29歳、2012年

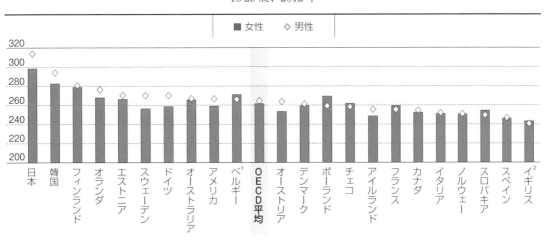

1. フランドル。
2. イングランド／北アイルランド。
資料：OECD事務局算定。データ源は *Survey of Adult Skills (PIAAC) (2012)* (database)。

StatLink：http://dx.doi.org/10.1787/888933214736

若い男性よりも若い女性のほうが高い（図4.13）。このことはメキシコとトルコに特に当てはまり、多くの発展途上国においても同様である。発展途上国では若い女性がかなり高い割合で、仕事に就かずに育児のために教育制度を離脱している。しかし「成人スキル調査」が行われた国のほとんど

では、女性のニートの読解力の平均値は、男性のニートのそれと類似している（図4.14）。

　移民の背景を持つ若者は国内生まれの人々の子どもよりも、雇用状況においてその実績が低い。

- まず第一に、イタリアとアメリカを除くすべての国で、外国で生まれた成人の雇用率は、国内で生まれた人よりも低い(Bonfanti and Xenogiani, 2014)。この差は教育達成度の高い人々で特に大きい。低い資格しかない外国生まれの成人は低い資格しかない国内生まれの人と比べて、より高いとは言えないまでも同じ程度には仕事に就いている可能性が高い。「成人スキル調査」に基づく分析によれば、若者に限ったことではないが、外国生まれの人の労働市場への参入は、国内生まれの人と同様に、教育レベルや読解力による。しかし、同等の教育レベルや読解力でみれば、いくつかの国では（たとえばフィンランドやオランダ）、外国の資格を有していることは雇用される可能性が低いことにつながっている。このことが示唆するのは、外国の資格を持つ人々の持つスキルが転用されたり、認証されたりするのが不完全であるということである。対照的にアメリカ、そしてエストニアでもある程度は、外国の資格を持つ移民が雇用される可能性は平均的に高いのだが、これは移民を受け入れる際にすでに選択している制度と関連した結果であると思われる。受け入れ先の国の言語を話せることは、雇用の可能性の高さと正の相関性がある[4]。関連する要素をすべて勘案すれば、移民とその国に生まれた人々との間の雇用率の差の残りは、ほとんどの国で有意ではない傾向がある。
- 第二に、移民の子どもで国内で生まれた者は、自国内で生まれた者の子どもに比べて労働市場への参入がより弱い。彼らは多くの国でニートである割合がより高い（図4.15; OECD, 2012a）。「成人スキル調査」の予備分析が示唆するところによれば、移民の子どもで国内で生まれた者と自国内で生まれた者の子どもとの間には雇用実績において、教育レベルと読解力を考慮した後でもなお差異が残っている（OECD, 2014c）。

　これらの結果が示しているのは、移民の背景を持つ若者は労働市場に参入するということに関して、さらなる障壁に直面しているということである。これらの障壁には外国で生まれた者たちの、言語や外国の資格が認められないことが含まれる。移民の子どもで国内で生まれた者にとっては、雇用主との接触がないとか労働市場の知識が限定されているといったことで、移民の子どもで国内で生まれた者と自国内で生まれた者の子どもの間の労働市場の結果の差異を説明できる可能性もある。加えて、移民の背景を持つ若者に対する差別もその一因となっている可能性もあるが、こちらは評価するのが困難である。これに関する研究で、名前だけは移民の背景を示しているが、他のプロフィールは完全に同等の履歴書を送付したものがあったが、それらが明らかにしたところでは、この研究が実施された18のOECD諸国のすべてで、高いレベルの差別が行われている（OECD, 2013d）。

　それ以外にもさらなる障壁に直面している若者の集団がある。農村部あるいは都市部から離れた

図4.15 雇用されておらず教育も職業訓練も受けていない若者（ニート）の両親の移民背景
16-29歳、2012年

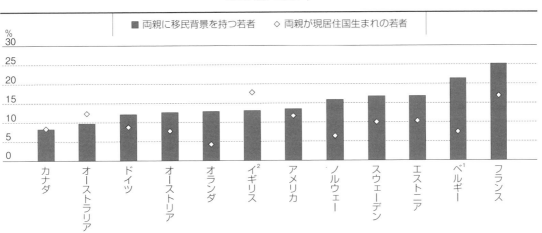

1. フランドル。
2. イングランド／北アイルランド。

資料：OECD事務局算定。データ源はSurvey of Adult Skills (PIAAC) (2012) (database)。

StatLink : http://dx.doi.org/10.1787/888933214749

図4.16 メンタルな問題を持つ若者の割合
メンタルな問題を持つ15-24歳の者の若者全体の人口に占める割合、1990年代半ばから2000年代後半

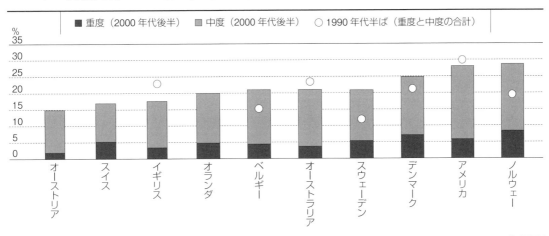

資料：OECD (2013e), Mental Health and Work: Norway, Mental Health and Work, OECD Publishing, http://dx.doi.org/10.1787/9789264178984-en.

StatLink : http://dx.doi.org/10.1787/888933214755

地域に住む若者は（発展途上国の経済圏におけるものだがOECD諸国においても、たとえばアイルランドでは）、都市部においてみられるのと同じレベルでの情報、助言、インフラ、そして機会を利用することはできないし、非公式の部門で働く可能性がより高い。低レベルの社会経済的な背景に出自を持つ若者もまた、仕事を得るのに必要不可欠になる可能性のある人間関係を構築する際に、困難に直面することがある（Kramarz and Nordström Skans, 2013）。

精神的な問題を抱える若者も、仕事を見つけてスキルを活性化させるのに、より大きな困難に直面している（OECD, 2012b）。そのうえ、こういった人々が得ることになりそうな種類の援助や給付金が、彼らが職業に就く意欲を減退させかねないのだが、これはそういった給付金を仕事から得る収入と合算できない場合には特に当てはまる。近年精神的な問題を抱えた若者の数はいくつかの国で増加しているのだが、これはこの問題がより認識されるようになったことも反映されたものかもしれない。

被った不利益が累積し、悪循環に陥ることは非常に多い。農村地域に住むスキルの低い若者は、仕事を探すために親の家を出る余裕がなく、やる気をなくしてしまい、精神的な不調を来すことにつながりかねず、そうなるとさらに雇用される可能性が低くなってしまう。都市によっては、余裕のない住宅市場と高い家賃のために、若者が学校から仕事への移行を成功裡に行う困難をさらに増してしまうが、そのようにすることが地理的な問題から住み替えをすることになり、そのために移行の時期が長引いてスキルが失われたり、もしかしたら精神的な不調を来すことになるリスクが高まるような場合には特にいえる。対照的に、金銭的な制約のない若者は、関連する職業経験を積んで終身の給与を伴う雇用の機会を得ることを期待して、いくつかの無給の仕事に連続して「インターン」として就く余裕がある。高いレベルの社会経済的な背景を持つ若者は、その社会関係資本（人間関係を含む）を頼ってそれにふさわしい仕事を見つけることができる。

若者の就業力に関するスキルスコアボード

若者は労働市場に十分受け入れられているか？

就業力を高めるためには、若者は卒業と同時に仕事を見つけてそのまま雇用され続ける必要がある。しかしながら若者は臨時・派遣雇用契約で働き、失業状態を続け、あるいは労働市場から完全に撤退することさえあるという特に高いリスクに直面している。これらのリスクは失業率が高く、労働需要が低い時期には一層強まる。スキルスコアボードでは若者の労働市場への統合と、働き盛りの労働者と比較した場合の若者の失業の危険性に対する脆弱さを測定するのに、四つの雇用指標を用いている（表4.1）。

ニートは労働市場にどの程度近いか？

ニートの状態に陥っている若者が労働市場あるいは教育制度へと再び加わるのを助けるのは時期に応じた方法で行うべきである。しかし、ニートの集団の中には他の集団と比べて、労働市場からずっと離脱するリスクが高いものがある。教育の達成水準や認知的スキルと、さらには失業や労働市場に加わった期間の長さが、ニートになったり留まったりする可能性に影響する。スキルスコアボードでは労働市場から離脱したままになるリスクの高いニートの割合を測定するのに、四つの雇用指標を用いている（表4.2）。

若者の労働市場への統合のトレンド 第4章

表4.1 若者の就業力に関するスキルスコアボード：若者は労働市場に十分受け入れられているか

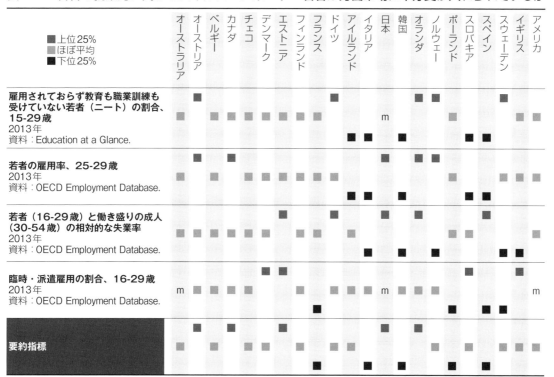

注：すべての指標は、より良い成果を上げた国が上位25%以上にランク付けされるように正規化されている。このため、「若者の雇用率」を除くすべての指標が逆数でランキングに入れられている。ニートの割合については、韓国のデータは2012年のものを使用し、日本のデータは15-24歳の年齢層のものしか入手できないので欠損値となっている。要約指標は、四つの指標の単純平均として算定した。
資料：OECD事務局算定。データ源は以下のとおり。
OECD (2015), *Education at a Glance Interim Report: Update of Employment and Educational Attainment Indicators*, OECD, Paris, www.oecd.org/edu/EAG-Interim-report.pdf.
OECD Employment and Labour Market Statistics (database), http://dx.doi.org/10.1787/lfs-lms-data-en.

第4章 若者の労働市場への統合のトレンド

表 4.2 若者の就業力に関するスキルスコアボード：ニートは労働市場にどの程度近いか

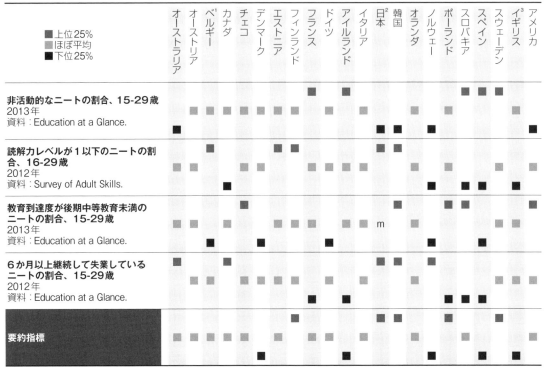

1. ベルギーの「成人スキル調査」におけるすべての指標は、フランドルについてのものである。
2. 日本のデータについては、成人スキル調査のものである「読み書きレベルがレベル1以下のニートの割合」に基づく指標を除き、15歳から24歳の年齢層のニートを指す。
3. イギリスの「成人スキル調査」におけるすべての指標は、イングランドと北アイルランドのものである。

注：すべての指標は、より良い成果を上げた国が上位25％以上にランク付けされるように正規化されている。このため、すべての指標が逆数でランキングに入れられている。韓国のデータはすべて2012年のものである。『図表でみる教育（Education at a Glance）』に基づいて計算されている指標については、日本のデータの対象年齢層は15-24歳である。日本については後期中等教育未満のニートの割合の値が欠損値となっているが、これはその教育段階のデータが報告されていないためである。要約指標は、四つの指標の単純平均として算定した。

資料：OECD事務局算定。データ源は以下のとおり。
OECD（2014a）, *Education at a Glance 2014: OECD Indicators*, OECD Publishing, *http://dx.doi.org/10.1787/eag-2014-en*.
OECD（2015）, *Education at a Glance Interim Report: Update of Employment and Educational Attainment Indicators*, OECD, Paris, *www.oecd.org/edu/EAG-Interim-report.pdf*.
Survey of Adult Skills（PIAAC）（2012）（database）.

注

1. オーストラリアのカジュアル職は事前通告なしに失業手当もなしに解雇されることがある。その勤務時間についても、週ごともしくは日ごとに変わることがある。
2. 「国際成人力調査（PIAAC）」の認知的スキルは、労働者が仕事を始める前に獲得した一般的な能力の目安として用いることができ、職業訓練の影響は受けない。これがどのような雇用契約なのかが、雇用主が資金を出して行う職業訓練へ及ぼす影響の因果関係を特定するのに役立つ。
3. 同様の結果は数的思考力にもみられるが、ここでは示されていない。
4. この理由は読み書き能力は言語のスキルを考慮に入れるからかもしれない。

参考文献・資料

Autor, D.H. and S.N. Houseman (2010), "Do temporary-help jobs improve labor market outcomes for low-skilled workers? Evidence from Work First", *American Economic Journal: Applied Economics*, Vol. 2, No. 3.

Bassanini, A. and A. Garnero (2012), "Dismissal Protection and Worker Flows in OECD Countries: Evidence from Cross-Country/Cross-Industry Data", *IZA Discussion Papers*, No. 6535.

Bonfanti, S. and T. Xenogiani (2014), "Migrants' skills: Use, mismatch and labour market outcomes – A first exploration of the International Survey of Adult Skills (PIAAC)", in OECD and European Union, *Matching Economic Migration with Labour Market Needs*, OECD Publishing, Paris, *http://dx.doi.org/10.1787/9789264216501-11-en*.

Carcillo, S., R. Fernandez, S. Königs and A. Minea (2015), "NEET Youth in the Aftermath of the Crisis: Challenges and Policies", *OECD Social, Employment and Migration Working Papers*, No. 164, *http://dx.doi.org/10.1787/5js6363503f6-en*.

Casquel, E. and A. Cunyat (2008), "Temporary contracts, employment protection and skill: A simple model", *Economics Letters*, Vol. 100, No. 3, pp. 333-336.

Doiron, D. and T. Gørgens (2008), "State dependence in youth labor market experiences, and the evaluation of policy interventions", *Journal of Econometrics*, Vol. 145.

Fougère, D., F. Kramarz and J. Pouget (2009), "Youth unemployment and crime in France", *Journal of the European Economic Association*, 7 (5): pp. 909-938.

Goldsmith, A., J. Veum and W. Darity (1997), "Unemployment, joblessness, psychological well-being and self-esteem: Theory and evidence", *The Journal of Socio-Economics*, Vol. 26, No. 2.

Kramarz, F. and O. Nordström Skans (2013), "When strong ties are strong: networks and youth labor market entry", *CEPR Discussion Papers*, No. 9620.

Nordström Skans, O. (2004), "Scarring effects of the first labour market experience: A sibling based analysis", *IFAU Working Paper Series*, 2004: 14, IFAU, Uppsala.

OECD (2015), *Education at a Glance Interim Report: Update of Employment and Educational Attainment Indicators*, OECD, Paris, *www.oecd.org/edu/EAG-Interim-report.pdf*.

OECD (2014a), *Education at a Glance 2014: OECD Indicators*, OECD Publishing, Paris, *http://dx.doi*.

org/10.1787/eag-2014-en.（『図表でみる教育 OECD インディケータ（2014 年版）』経済協力開発機構（OECD）編著、徳永優子・稲田智子・定延由紀・矢倉美登里訳、明石書店、2014 年）

OECD (2014b), *OECD Employment Outlook 2014*, OECD Publishing, Paris, *http://dx.doi.org/10.1787/empl_outlook-2014-en.*

OECD (2014c), "Labour market integration of immigrants and their children: Developing, activating and using skills", in OECD, *International Migration Outlook 2014*, OECD Publishing, Paris, *http://dx.doi.org/10.1787/migr_outlook-2014-5-en.*

OECD (2013a), *OECD Skills Outlook 2013: First Results from the Survey of Adult Skills*, OECD Publishing, Paris, *http://dx.doi.org/10.1787/9789264204256-en.*（『OECD 成人スキル白書：第 1 回国際成人力調査（PIAAC）報告書〈OECD スキル・アウトルック 2013 年版〉』経済協力開発機構（OECD）編著、矢倉美登里・稲田智子・来田誠一郎訳、明石書店、2014 年）

OECD (2013b), *The 2012 Labour Market Reform in Spain: A Preliminary Assessment*, OECD Publishing, Paris, *http://dx.doi.org/10.1787/9789264213586-en.*

OECD (2013c), *OECD Employment Outlook 2013*, OECD Publishing, Paris, *http://dx.doi.org/10.1787/empl_outlook-2013-en.*

OECD (2013d), "Discrimination against immigrants – measurement, incidence and policy instruments", in *International Migration Outlook 2013*, OECD Publishing, Paris, *http://dx.doi.org/10.1787/migr_outlook-2013-7-en.*

OECD (2013e), *Mental Health and Work: Norway*, Mental Health and Work, OECD Publishing, Paris, *http://dx.doi.org/10.1787/9789264178984-en.*

OECD (2012a), *Settling In: OECD Indicators of Immigrant Integration 2012*, OECD Publishing, Paris, *http://dx.doi.org/10.1787/9789264171534-en.*

OECD (2012b), *Sick on the Job?: Myths and Realities about Mental Health and Work*, Mental Health and Work, OECD Publishing, Paris, *http://dx.doi.org/10.1787/9789264124523-en.*（『メンタルヘルスと仕事：誤解と真実：労働市場は心の病気にどう向き合うべきか』OECD 編著、岡部史信・田中香織訳、明石書店、2013 年）

OECD/ECLAC (2012), *Latin American Economic Outlook 2013: SME Policies for Structural Change*, OECD Publishing, Paris, *http://dx.doi.org/10.1787/leo-2013-en.*

OECD (2010), *Off a Good Start? Jobs for Youth*, OECD Publishing, Paris, *http://dx.doi.org/10.1787/9789264096127-en.*（『世界の若者と雇用：学校から職業への移行を支援する〈OECD 若年者雇用レビュー：統合報告書〉』OECD 編著、濱口桂一郎監訳、中島ゆり訳、明石書店、2011 年）

OECD (2006), *OECD Employment Outlook 2006: Boosting Jobs and Incomes*, OECD Publishing, Paris, *http://dx.doi.org/10.1787/empl_outlook-2006-en.*（『世界の労働市場改革 OECD 新雇用戦略：雇用の拡大と質の向上、所得の増大をめざして』OECD 編著、樋口美雄監訳、戎居皆和訳、明石書店、2007 年）

OECD Employment and Labour Market Statistics (database), *http://dx.doi.org/10.1787/lfs-lms-data-en.*

Oreopoulos, P., T. Von Wachter and A. Heisz (2006), "The short- and long-term career effects of graduating in a recession: hysteresis and heterogeneity in the market for college graduates", *National Bureau of Economic Research Working Papers*, No. 12159.

Pissarides, C.A.(1992), "Loss of skill during unemployment and the persistence of employment shocks", *Quarterly Journal of Economics*, Vol. 107, No. 4.

Quintini, G. and S. Martin (2014), "Same but different: School-to-work transitions in emerging and advanced economies", *OECD Social, Employment and Migration Working Papers*, No. 154, OECD Publishing, Paris, *http://dx.doi.org/10.1787/5jzbb2t1rcwc-en*.

Quintini, G., J.P. Martin and S. Martin (2007), "The changing nature of the school-to-work: Transition process in OECD countries", *IZA Discussion Papers*, No. 2582.

Schmillen, A. and M. Umkehrer (2013), "The scars of youth: effects of early-career unemployment on future unemployment experience", *IAB Discussion Paper*, No. 6/2013, Institute for Employment Research, Nuremburg.

第 5 章

若者の労働市場への統合に向けた政策

　すべての若者が必ず適切なスキルを身につけて学校教育を終えるようにし、(第3章で述べたように) 教育システムと労働市場をより密接に結びつけることは必要不可欠なことではあるが、学業の世界と仕事の世界の隔たりをなくすには十分ではない。本章では、労働市場の各組織と具体的な政策が、どのようにして若者の雇用への移行を容易にすることができるか、どのようにしてニートの人々が教育に戻ったり仕事を見つけたりするのを支援できるのかについて議論する。

若者は雇用され、安定した雇用への途についたら、学校から仕事への移行が成功した、とみなすことができる。ニートの若者は比較的高い割合で、比較的高いレベルの教育を修了し、認知的スキルも高いことにも反映されているように、教育とスキルは労働市場へ成功裡に移行するのを保証するものではない。しかし、学業と仕事を組み合わせた、よりよい教育制度と漸進的でしっかりと計画された学校から仕事への移行策は、若者が労働市場にうまく適合していくのを助ける（第3章参照）。それに加えて、その他多くの要素が、若者が安定した雇用へと移行するのを助けることができる。好調なマクロ経済環境と高い労働需要は、学校から仕事への移行を容易にする。若者をターゲットにした具体的な政策だけでなく、しっかりとした労働市場と社会制度を組み合わせることが、学校から仕事への移行をスムーズにするだけでなく、ニートの集団に属する人々が新たに職を探し始めたり、教育や訓練を再び受けるようになるのを助けるために必要である。

包括的戦略の開発

「全政府を挙げた」アプローチ

多くの国が、たとえば社会保障給付や税金の優遇措置を、仕事を探す義務の条件にすることによって、労働市場や社会制度を強化する努力を相当に行ってきた。多くの国はまた、さまざまな機関を統合したり、よりうまく求職をチェックしたりプログラムの効率を評価したりするためのツールを開発したりすることによって、公的な雇用サービスの効率を改善してきた。より近年においてはいくつかの国が、臨時・派遣雇用の発展を狙いとした過去における不完全な改革の結果生じた、労働市場の二重性を制限する雇用保護法制（EPL）の改革に着手した。

しかし、これらの改革はしばしばまだ達成されておらず、若者を労働市場へ統合する政策は、労働市場で求められるスキルという文脈の中で、個人のニーズに十分にカスタマイズされていない。学校から仕事への移行を容易にし、ニートの人々を労働市場へ参入するのを助けるためには、すべての利害関係者間での強力な共同作業と、特定のニーズにしっかりと焦点を当てた包括的なアプローチが求められる。その見返りとして、これらの政策は短期的にも長期的にも若年雇用を増やし、人生の後半での失業のリスクを下げる可能性がある。

ニートから脱しようと活動していない人々に接するには、利害関係者と政策とが密接に協力していく必要がある。たとえばある年齢集団に属する若者に対して教育や仕事への復帰を提供するという国の義務を導入すること（この政策はいくつかの国ですでに開発されているものである）は、教育、労働市場、社会組織が、国と地域の両方のレベルで互いに協力し合うのを促す。同じ場所ですべての援助や雇用サービスにアクセスできる「シングルゲートウェイ」や「ワンストップ」というシステムは、求職者にとって便利であり、サービスの重複を減らすことに役立つが、強力な共同作業を保証するものではない（OECD, 2013a）。しかし、もし若者と組織の両方に雇用のしやすさに対する行動を起こす義務があれば、組織間の共同作業を成長させることができる。

こうした流れの中で、OECD 諸国は 2013 年に「若者のための行動計画」の一環として、包括的な施策をとることで合意した（第1章参照）。この行動計画の目標は、現在の若者の高失業率という状況に取り組むこと、そして関連するスキルを身につけることや雇用障壁を取り除くことにより長期的に若者のための成果を改善することの両方である。計画の立ち上げに続き、OECD は国や地域において一連の包括的な施策を履行するために、各国とともに行動しているところである。

「ヨーロッパ若年者保証」

ヨーロッパでは、数か国が「ヨーロッパ若年者保証（The European Youth Guarantee）」を実行するための計画を提出、ないしは実際の政策を実行してきたが、これは「OECD 若者のための行動計画（OECD Action Plan for Youth）」の一部をヨーロッパの文脈で実行するための一つの方法だとみなすことができる（OECD, 2013b）。若年者保証の主な原則は、オーストリア、フィンランド、スウェーデンにおける経験から得られたもので、それには各組織の間の緊密な協力を伴う統合戦略を開発すること、早期の介入と就労化、そして相互に負う義務が含まれている（コラム 5.1）。特に各国が取り組んできたのが、25 歳未満の若者が退学後あるいは失業後 4 か月以内に、良質な雇用、さらなる教育、あるいは職業の見習いや訓練の提供を、確実に受けられるようにすることである。「成人スキル調査」によれば、2012 年には平均で若者の 7% がニートであり、イタリアやスロバキアでは少なくとも 12 か月教育や職業訓練に参加していない割合は 15% にも上った。これは各国が若年者保証の要件を満たすために、どのような努力が必要かを示したものである。

コラム 5.1 学校から仕事への移行を容易にするための包括的な戦略の採用：「ヨーロッパ若年者保証」の事例

欧州委員会の勧告によれば、若年者保証は、雇用サービスに登録しているか否かを問わず、25 歳未満のすべての若者に、学校卒業後あるいは失業後 4 か月以内に、具体的な良いオファーが受けられるように保証する。良いオファーとは、個人の希望や状況に応じた、求人や見習い、訓練、継続的な教育である。

若年者保証が成功するためには、いくつかの原則を満たす必要がある（European Commission, 2013a）。

- **統合戦略**：若年者保証は既存の、そしてしばしば互いに調整されていない施策の総体であってはならない。公共、民間、ボランティアという三つのセクターが協力して、それぞれの若者のニーズを理解して満たすような、全体的かつ個別的なアプローチをとり、若者が教育を修了し労働市場に参入することを支援するという構造改革を伴う必要がある。
- **強い協調**：公的機関、雇用サービス、キャリア指導提供者、教育訓練期間、若者サポートサービス、企業、雇用主、労働組合を含めてすべての主要な利害関係者が、互いに協力すべきである。特に、公共雇用サービスに登録していない、活動していない若者をも対象とするには、

特に重要となる。
- **早期の介入と就労化**：たとえば、OECDは、アイルランドにおける若年者保証の第1段階は、失業後3か月で開始することを推奨している（OECD, 2014a）。
- **相互義務**：若者には、雇用、継続的教育、見習いや訓練の、質の高いオファーが提供されるべきである。このオファーは労働市場への強い足がかりとなるために、各個人に合わせ、若者一人ひとりのニーズに合ったものにすべきである。反対に若者は、提供される機会に対して責任を持つ必要がある。

2014年、EU各国は若年者保証の国内実施計画を策定した。若者の雇用問題の面で最大の困難に直面していると考えられる国は、EU基金の対象となる。OECD諸国では、ベルギー、チェコ、フランス、ギリシャ、ハンガリー、イタリア、ポーランド、ポルトガル、スロバキア、スロベニア、スペイン、スウェーデン、イギリスが含まれる。

若年者保証の制度の実施と効果を追跡調査するために、欧州委員会は指標枠組みを開発した。

資料：
Employment Committee (2014), "Indicator Framework for Monitoring the Youth Guarantee", INDIC/10/16092014/EN-rev, Employment Committee (EMCO), European Commission.
European Commission (2013a), "Practical support for the design and implementation of Youth Guarantee schemes: Synthesis of key messages", Brussels.
OECD (2014a), "OECD Youth Action Plan: Options for an Irish Youth Guarantee", www.oecd.org/ireland/YouthActionPlan-IrishYouthGuarantee.pdf.

若年者保証の計画では、主として2点で若者の雇用を改善することが期待されるが、それは1）若者が各個人の成長計画やニーズ評価を通して、職業への移行に際してより情報に基づいた意思決定ができるように支援し、2）若者特有の特性に焦点を当てた公共雇用サービス（PES）にインセンティブを与えることで、若者に提供されるサービスの速さと質を改善させる、ということである。素早い行動によって、社会からの離脱が始まったり、傷跡効果が表出したりすることを防止することが期待される。

しかし、若年者保証をすでに実践している国々の実証研究からは、確実に効果を上げるには、まずは計画が重要であるということが明らかになっている。スウェーデンの若年者保証についての利用可能な統計的推計によれば、雇用において短期的には小さな正の効果があったが、長期的には統計的に有意な効果がみられなかった（Carling and Larsson, 2002）。スウェーデンの若年者保証によってプログラムへの参加が増加し、短期的には仕事を見つける若者の数が増えたが、長期的にはより多くの若者をプログラムに「縛りつけて」しまい、仕事を探す努力が減少することになった。そのため、すべての若者を対象にするという目標と取り組みによる社会的損失が生じるリスクとのトレードオフ、さらに悪いことには教育から仕事への移行が、もし自分でやっていたらもっとうまくできていたかもしれないのに、一部の若者をプログラムへ縛りつけてしまうというリスク、こういったことに対処することがきわめて重大なことである。若年者保証の目標のうち最も達成が困難

なものが、何の活動もしていないニートを含む、すべての若者に手を差し伸べるというものである。若年者保証は単に、以前から存在していたプログラムをすべて包括するだけのプログラムではありえない。それは、若者のスキルを活性化させることに焦点をはっきりと当てた、労働市場と若者向けの社会政策の形と方向性を変える機会として用いるべきである。

スキル評価に基づく指導、カウンセリング、目標達成のシステム

「OECD 若者のための行動計画」でも、「ヨーロッパ若年者保証」でも、さらにはどの積極的労働市場政策（ALMP）のシステムでも、現在保有しているスキルと労働市場で需要があるスキルをしっかりと評価するとともに、各個人に助言や援助を与える効率の良い支援システムが求められる。学習指導とキャリア指導は、若者を支援するためにいくつかある手段のうち必要不可欠な部分である。それらは学習や仕事を経験することを通して若者が成長する支えとなり、それによってドロップアウトする人の数を減らすことにもなりうる（第3章参照）。キャリア指導は、プログラムを若者が直面する特定のニーズや課題に合わせるようにするのに役立ち、広く若者が自分が雇用される可能性を高めるのにも役立つ（Borbély-Pecze and Hutchinson, 2013）。

理想的な枠組みにおいては、スキルはキャリア指導やターゲットを決める仕組みの中核でなければならない。まずは、スキルが欠けておりそれを獲得するために適切な教育プログラムに参加することによって恩恵を受けそうな若者と、スキルをすでに持っておりそれを活用するように促したり助けたりすればよく（そしておそらくはそれをさらに発展させる）、比較的早期に雇用へと移れるような者とを区別することは重要である。「成人スキル調査」によれば、対象となったすべての国において、若いニートの人々は雇用されている若者よりも認知的スキルが低い（図5.1）。国ごとの平均では、若干の個人差が隠されてはいるものの、読解力と問題解決能力における差は極端に高いというわけではない（韓国と日本ではゼロに近い）。ニートの人々は、雇用のために必要な他のスキルもいくつか不足しているのかもしれない。

すでに早期介入も含む効率的なキャリア指導システムを導入している国もあるが、一方でこういったシステムを開始しようと試みている国もある（コラム5.2）。これらの国では、若年者保証などの新しいスキームは、まずは特定のグループを対象として導入し、徐々に他のグループへと拡張していこうとしているのだが、その一例がアイルランドの計画である。求職者用プロファイルツールは、このプロセスで効力を発揮するかもしれないが、オーストラリアのような国々の経験が示すとおり、そのツールが広範囲そして相当排他的に使われるときには、その妥当性には議論がある（OECD, 2013a）。このタイプのツールは、ケースワーカーによる分析を補完するためやサポートするために使うことができる。たとえばフィンランドでは、プロファイルツールは長期失業のリスクを点数として把握できるようになっており、カウンセラーはその点数により求職者をいくつかのカテゴリーに分けるために利用することができるが、その利用は義務ではない。2010年にノルウェーでは、ツールは求職者の「作業能力」を測定することを目的に実施された。

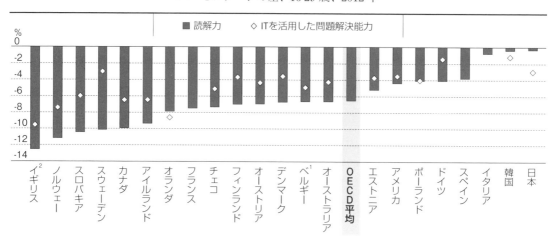

図 5.1 若年ニートと若年就業者の読解力と問題解決能力の差
パーセンテージの差、16-29 歳、2012 年

1. フランドル。
2. イングランド／北アイルランド。
注：若年就業者とは、(調査時点で) 働いており、教育機関にて教育を受けていない者を指す。
資料：OECD 事務局算定。データ源は Survey of Adult Skills (PIAAC) (2012) (database)。

StatLink：http://dx.doi.org/10.1787/888933214773

コラム 5.2　若年者保証の一環として、すべての若者を支援対象とし、早期介入を発展させること：各国の事例

　各国はそれぞれの実施計画に従い、すべての若者を支援対象とし、彼らを若年者保証の枠に組み込むための、さまざまな戦略を採用している。

　デンマークには就労化政策について長い伝統があり、すでに若年者保証の基準を満たしている。若者指導センターが若者を指導する役割を担い、15 歳から 24 歳までの後期中等教育を修了していない若者を綿密にケアすることが求められている。これらのセンターは、若者が将来の教育ないし雇用にどの程度準備ができているか（レディネス）という観点から若者のスキルを評価した経験が豊かだ。労働市場への距離に応じて若者を三つのカテゴリー（教育を受けていない若者、教育を受けている若者、通常の教育を開始し修了する前提条件を備えていない若者）に分類するためには、個別の聞き取り調査によるスキル評価が用いられる。この三つのカテゴリーに合わせて、特定のプログラムが作成されている。現金給付や教育補助金はグループごとに特定の義務を果たす条件でこれらのグループに割り当てられているが、若者はそれに対応する義務を果たさなければ社会的支援を受けることはできない。

　オーストリアとドイツも若年者保証の完全実施に非常に近く、若者へのキャリア指導を実施するためにエントリーする場所が一つで済むようなシステムが存在する（オーストリアは、公共雇用サービス、ドイツでは「チーム U25」）。若者と当局との最初の接点は、個人面接などのキャリ

ア指導サービスから始まる。さらにオーストリアでは義務教育終了時点で、その後の教育に関する学生の選択の質を改善し、大学での退学率を抑える指導の開発がなされてきた。

イタリアは若年者保証の枠組みの実施からは比較的遠い位置にあったのだが、実施の方向へ向かうある一定の措置は行ってきた（Italian Ministry of Employment and Social Affairs, 2013）。一つの課題は、公共雇用サービスに登録していない、活動していないニートの人々も対象とすることである。もう一つの課題は、特に評価システムを改善することによって、地域レベルで失業者に対して提供するサービスの質を向上させ、調和させることである。仕事と学業を両方行えるシステムの開発などの、若者の就業力を高めるための個人に合わせた、質の高い利用しやすい政策の開発には、政府が大いに関与している。しかし、公共雇用サービスには十分な資金がないことと、活動していないニートの人々がスキームに参加することの利点が不透明であることは、このスキームの実行を成功させるために克服すべき課題である（European Commission, 2014a）。最近設立された「e ポータル」では、人々がオンラインで直接登録し、全国登録システムに接続することができ、これにより仕事の必要要件の証明やオファーの伝達を自動で行うことが容易になった。

スペインの若年者保証は、公共雇用サービスに登録しているかどうかに関係なく、システムに応募する 25 歳以下のすべてのニートの人々を対象としている。特別な必要性のある若者は優先される。ほとんどのニートの人々が公共雇用サービスに登録しているので、彼らに接触するのは容易であるはずである。政府は、学校を卒業したが労働市場に組み込まれていない若者をターゲットに多様な施策（100 施策）に着手している（Spain Ministry of Employment and Social Security, 2013）。国は実際に仕事をすることで学習する部分のある職業教育・訓練プログラムの開発をしようとしている。これらに関わっている職業教育・訓練施設の数は、2014 年には増加している。しかし、中央政府と自治区との協調の欠如によって、若年者保証の実施が危ぶまれることにもなりかねない（European Commission, 2014b）。そのうえ、初期の取り組みを対象とした調査結果によれば、賃金を払わない雇用への助成金や若年労働者を雇うことへの社会保障リベートなど、短期的な対策が広く行われている。主な課題は依然として、質の高い教育や訓練、労働市場プログラムの開発や、適切な者に適切な援助策を割り当てる、といったことである。

アイルランドでは、若年者保証の実践における主な課題は、失業時期や不活発化する時期のより早い段階で介入し、活動していないニートの人々に接触し、プログラムの質を高めることである（European Commission, 2014c）。若年者保証は、18 歳未満のすでに学校を離れている若者で、少なくとも 4 か月間失業している人々にまず焦点を当てている。そして、徐々にすべての若年失業者にまで拡大することになっているが、まずは長期間の若年失業者から始まる（OECD, 2014a）。このシステムは、若者が地元の公共雇用サービス事務所（Intreo）で、社会福祉か失業者援助を申し込んだ時点でスタートする。登録時にはプロファイリングシステムを使って、その若者の人物像が描き出される。リスクがあると特定された者には 2 週間以内に、比

較的リスクが少ない者はまだ仕事を見つけていない場合に4か月から6か月後に、個別の聞き取り調査が行われる。そこで個人に合わせた進行計画が共同で決められることになる。

資料：
European Commission (2014a), "Assessment of the 2014 National Reform Programme and Stability Programme for Italy", *Commission Staff Working Document*, No. 416.
European Commission (2014b), "Assessment of the 2014 National Reform Programme and Stability Programme for Spain", SWD (2014) 410 final.
European Commission (2014c), "Assessment of the 2014 National Reform Programme and Stability Programme for Ireland", *Commission Staff Working Document*, No. 408.
Italian Ministry of Employment and Social Affairs (2013), "Italy Youth Guarantee Implementantion Plan".
National Youth Guarantee Implementation Plans, *http://ec.europa.eu/social/main.jsp?catId=1090&langId=en*.
OECD (2014a), "OECD Youth Action Plan: Options for an Irish Youth Guarantee", *www.oecd.org/ireland/YouthActionPlan-IrishYouthGuarantee.pdf*.
Spain Ministry of Employment and Social Security (2013), "Spanish Youth Guarantee Implementation Plan", *www.empleo.gob.es/ficheros/garantiajuvenil/documentos/plannacionalgarantiajuvenil_en.pdf*.

地域関係機関の役割

　地方レベルにおいては、特にスキルが低く恵まれない若者を対象とした、雇用を後押しするためのさまざまな取り組みが開発されてきた（OECD, 2010; コラム5.3）。地域の利害関係者同士の協力関係を築くのは難しいものになりかねないが、いくつかの取り組みは成功を収めてきた（Froy, Giguère and Hofer, 2009）。特に課題となるのが、上手くいった取り組みを必要な人ほぼ全員に行き渡らせることと、それらを持続可能にすることである。これらの理由から、地域の取り組みが各地域間で調整され、国や主要な機関と切り離されないようにするとともに、地域の状況に合わせるために必要な柔軟性が与えられるようにするために、バランスをとらなければならない（OECD, 2013c）。

コラム5.3　低スキルの若者や恵まれない若者の雇用を後押しする地域の行動：地域レベルの事例

港で新しい仕事へ新しい流入を（New Inflow into New Jobs in the Harbour）（オランダ）

　2009年にオランダ政府は、「オランダにおける若年失業と戦う全国3年行動計画」に乗り出した。この計画を通じて、自治体その他の地方公共団体は、学校の中退や若年者の失業に対処するための地域行動計画の作成の責任を負った。地方当局には、現地の状況に合わせた教育や見習いプログラムを開発するための柔軟性がかなり与えられた。2009年より前に設立された「港で新しい仕事へ新しい流入を」プロジェクトは、ロッテルダムのラインモンド地域のための、地域行動計画によってサポートされた好例であった。

ロッテルダムの港では約9万人を雇用しているが、その圧倒的大多数が高齢の労働者である。ロッテルダム港湾局、海運交通大学（Shipping and Transport College）、地域の雇用サービスデスク（regional employers service desk, DAAD）は一致団結して、このプログラムによって若者の高い失業率に対処しながら港の労働力の活性化をすることとなった。このプログラムは、現在40週間のオペレーションアシスタントになるための「学業と仕事」のデュアルプログラム（週4日働き、週1日は海運交通大学に通う）を提供しており、その後にはさらに専門的なトレーニングを受ける。このプログラムでは、読み書きや簡単な数学、問題解決のスキルだけではなく、コミュニケーションや聞き取りといった、社会的・情動的なスキルの啓発も含まれている。候補者は4か月間にわたり見習い賃金を受け取り、その後最短でも12か月間の契約のオファーを受ける。年間100名の採用者のうち75%はコースを修了し、そのうちの80%がフォローアップコースに進み、オールラウンドオペレーターとしての訓練を受ける。

市長の見習いキャンペーン（The Mayor's Apprenticeship Campaign）（イギリス、ロンドン）

ロンドン市当局は、公共部門のリーダーシップ、公共調達、明確なビジネスの事例に基づいた企業対企業の売上を用いた結合アプローチにより見習い制度を後押しする、「市長の見習いキャンペーン」を設けた。これらの活動では、以下の利害関係者の連携が求められてきた。ロンドン開発庁、大ロンドン庁、ロンドン議会、多数のスキル会議、若者学習庁、スキル資金庁、全国見習い制度事業、経営者団体である。

このキャンペーンの結果、2009年から2010年に2万人だった見習い者の数が2010年から2011年には4万人になり、ロンドンの見習いの数が1年で倍増と、相当に増加することとなった。またその質においても、改善されないまでも維持されているという証拠もある。完了率が3人に1人から3人に2人へと上昇したのだが、これはイングランドにおける最速の成長率で、そして最も伸びたのは国際標準教育分類（ISCED）レベル2よりもむしろレベル3であった（調査データが示すところでは、このレベルで最大のリターンがある）。さらにキャンペーンの結果、見習いの枠組みの範囲がより拡大することになり、ロンドンの経済に最も強い影響力を持つ金融などの、「非伝統的な」部門にも見習いが広がっている。

キャリアクラスターモデル（The Career Cluster Model）（アメリカ）

アメリカの地方政府や地域の機関は、経済発展に産業クラスターのアプローチをますます採用するようになっており、同様のアプローチが、労働力開発分野で浮上している。労働力関連機関と経済発展関連機関との間の協力関係がより一般的になるにつれて、鍵となる産業に向けたスキル形成の経路を図式化して構築するのに教育機関や労働力関連機関が果たす役割は、経済開発の実務家にとってさらに決定的に重要なものとなる。

たとえばメリーランド州では、「学校から職業への移行機会法」の下、1995年にキャリアセ

クター／キャリアクラスターに取り組み始めた。10の異なるセクターの企業幹部が約350人集まり、どのように金銭を稼いでいるのか、成功するためには何が必要なのかといった重要な事柄を、教育政策立案者に提言した。元来のプロジェクトには、連邦学校から職業へ資金の2,500万米ドルの予算が計上され、アプローチは非常にボトムアップで進められた。各郡内にはクラスター諮問委員会（Cluster Advisory Board, CAB）があり、さまざまに異なる産業クラスターに焦点を当てている。たとえばモンゴメリー郡にはアメリカで3番目に大きいバイオテクノロジークラスターが所在し、バイオサイエンス、健康科学と医療クラスターに特化したクラスター諮問委員会がある。学校運営責任者、カウンセラー、そして教員は、高校から大学での2年生ないし4年生、大学院、見習いプログラム、そして職場へと伸びていくプログラムを開発するために、キャリアクラスターシステムを使用している。クラスターの枠組みはもともと高校や若者向けに開発されたのだが、今では労働力投資委員会その他の大人に提供される他のプログラムにおいても採用されている。

若者のための仕事体験プログラム（Work Experience Programme for Young People, WIJ）（ベルギー、フランドル地方）

このプログラムの目的は、実際の仕事経験を通じて脆弱な若者が雇用へと移行するのをサポートすることで、若者の失業に取り組み、就業力を高めることである。このプログラムはフランドル地方の公共雇用サービスによって2013年に導入されたのだが、6か月以上失業している大都市の若者を対象としている。プログラムは、カウンセリングを伴う個別アプローチと職業経験の提供によって構成されている。参加者の数は徐々に増加してきたが、プログラムの効果を評価するには時期尚早である。

資料：
Hamilton, V. (2012), "Career pathway and cluster skill development: Promising models from the United States", *OECD Local Economic and Employment Development (LEED) Working Papers*, No. 2012/14, OECD Publishing, Paris, http://dx.doi.org/10.1787/5k94g1s6f7td-en.
OECD (2013c), "Local strategies for youth employment", www.oecd.org/employment/leed/Local%20Strategies%20for%20Youth%20Employment%20FINAL%20FINAL.pdf.

学校から仕事への移行をスムーズにする

労働市場の状況

若者は労働市場への新たな参入者であり外部者であるが、労働市場は、内部者を守ることを目的としているため、労働需要を構造的に弱める制度的な合意によって影響を受ける可能性がある。反対に雇用主は、長期の法的責任が少ない場合には、若者をより雇いたがる。しかしトレードオフは存在し、学業から仕事への移行を容易にする政策は、他の集団が仕事を失うリスクを生じさせたり、

不平等を拡大させたりしかねない。これらのトレードオフが求めるのは、しっかりしていながらも、過度に柔軟でなく、一般に開かれた、若者を対象にした、よく計画された特定の政策を持つ枠組みである。

雇用保護法制

試用期間中は、若者に自分のスキルを示させることができるうえに、一般には退職金算定の期間に含まれないので、雇用主にとっては非常に限られたリスクしかない。一部の国では、2013年の経済危機の前には4か月であった試用期間が5か月になるなど、経済危機の間に試用期間が伸びた（図5.2）。しかしながら、試用期間は雇用主が不正な方法で使用することがありうるので、期間を伸ばすことには限界がある。

多くの若者が臨時・派遣雇用の契約で労働市場に入るので、重要なことはこれらの一時的な仕事が「飛び石」として機能し、より安定した雇用に移ることと、無職になるリスクがより高い、不安定な状況に陥る罠にかからないようにすることである。

ある特定の集団の労働者を、その雇用を奨励するために雇用保護法制（EPL）の対象から除外する政策は、すでにいくつかの国で存在している（Venn, 2009）。この除外のうち最も一般的なタイプは、見習い労働者、訓練プログラムを受けている労働者、そして積極的な労働市場の訓練プログラムへの参加者である（たとえば、オーストラリア、カナダ、イタリア、ノルウェー、ポーランド、スペイン）。期限の定めのない契約に対する厳格な雇用保護法制を持つ国は、労働市場への参入に問題を抱える若者のために、規制の緩和を検討することもできるだろう。さらに、集団解雇の際に新しい社員から先に解雇されるルールや勤続年数を優先する解雇の慣習は、若者にとって有害である。

より一般的には、二重性のリスクに対処するために、OECDでは、企業が有期契約を正社員に転換する際に高いコストがかかることになる、正社員と有期社員との間にある雇用保護法制の非対称性を減らしていくことを勧めている。政策立案者はこの非対称性によるコストに、徐々に注目するようになってきた（OECD, 2014a）。OECD諸国においては、近年、正社員と有期社員との雇用保護法制の非対称性を減らすために、さまざまな政策案が試されてきた。伝統的に比較的高いレベルの保護を行っている国においては、契約形態ごとにばらばらの契約満了時の手当や雇用主側の責任を、統一した率または手順に収束させるように段階を踏んできた（コラム5.4）。OECD諸国は、これらの改革は小休止をしている徴候があるが、まだいくつかの国では、この領域で継続的な努力が必要である（OECD, 2015）。これらの改革は正社員の解雇増につながる可能性もあるので、求職の必要条件を厳密に適応したものを条件とし、しっかりとした計画がなされた就労化策と統合した、十分な失業手当の給付とセットで行うべきである。

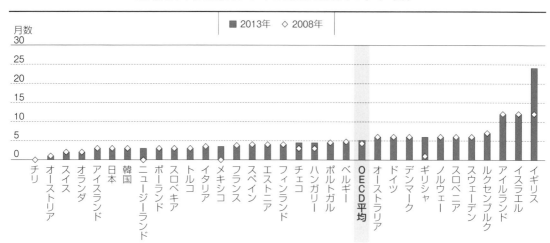

図 5.2 OECD 諸国における試用期間
雇用契約や労働協約における満期試用期間の平均（月）

資料：OECD (2014b), "Employment Protection Legislation", *OECD Employment and Labour Market Statistics* (database), http://dx.doi.org/10.1787/lfs-epl-data-en.

StatLink：http://dx.doi.org/10.1787/888933214784

人件費

　高い人件費も若者を雇用する際の障壁を作り出す可能性がある。最低賃金は、若者の雇用と教育に対してさまざまな影響がある。雇用のために必要な最低レベルの生産性を引き上げ、それにより最低レベルのスキルしかない労働者を閉め出すことになるかもしれないが、一方で活動をしていない若者が自分のスキルを労働市場に供給しようとするインセンティブを提供する。最低賃金はまた、教育レベルの低い若者が労働市場に必要とされる境界線のレベルのスキルに到達するために継続して教育を受けるインセンティブを提供するが、これはまた狭い賃金分布につながり、高等教育への復帰を妨げることになる。統計的な証拠が示すところでは、最低賃金があまりに高く設定されると、若者の雇用にはマイナスの影響があることがあり、特に賃金以外の高い労働コストと組み合わされる場合には影響がある（Kramarz and Philippon, 2001; Neumark and Wascher, 2004; Neumark, Ian Salas and Wascher, 2013）。ただし、雇用への影響がみられなかった研究もいくつかあった。OECD 諸国の約半数においては、特に若者についての規定を設けている。最低賃金が労働協約で決められている国（たとえば北欧諸国）では、しばしば年齢によって区別されている。

　税金や社会保険料も人件費を増大させる。2013 年の OECD 諸国平均では、税金と社会保険料は低賃金の仕事（平均賃金の 67%）の人件費において 30% 以上を占めた。低いスキルや若者の雇用へのマイナスの影響を抑えるために、いくつかの国では、低賃金の仕事の場合（たとえば、ベルギー、フランス、スウェーデン）や若者に対して（ベルギー、スペイン、スウェーデン）、社会保険料をカットしている。これらのカットは、労働者を訓練したり、見習いや若い長期失業者を雇ったりするという条件を企業に与えることもできる（OECD, 2014c）。統計的な証拠はこれらの政策が労働

市場の周縁にいるグループの雇用を高める可能性があることを示唆しているが、この政策にはコストがかかり、若者の失業率が最も高い国は、財政上の最大の制限に直面している国でもある。全体としては、税制をよりスキルに応じたものにする余地がある一方で、税収の潜在的損失は、スキルや成長に対する影響がより少ない他の税金の増税によって補う必要が生じるだろう。

コラム5.4　より健全な雇用保護法制に向けての動き：各国の事例

　一つの論点は、改革が臨時・派遣の雇用契約をより簡単に利用できるようにすることにより、安定した雇用への労働者のより迅速な統合が容易になるのかである。この論点に焦点を当てた数少ない研究の一つである、スペインで1984年に行われた有期契約の自由化に基づいた研究は、臨時・派遣雇用を通じて労働市場にアクセスすることを容易にすることは若者の労働市場における将来性の助けにはならないことを示唆している（Garcia-Perez, Marinescu and Vall-Castello, 2014; OECD, 2014d）。

　実は若者の労働市場への有期契約の規制の効果は単独ではみられないが、通常の契約に対する雇用保護法制（EPL）の厳しさの度合い次第である（OECD, 2013d）。正社員に対して高い保護法制を設けている国は、「二重の」労働市場が出現することになりかねない。保護された正社員という内部者の存在のもとでは、有期契約者（多くの場合、若者やその他弱者のグループ）が雇用調整を主に負担することになるだろう（Saint-Paul, 1996）。

　いくつかの国は最近、正社員と臨時・派遣雇用者との間の雇用保護法制の非対称性を減らすために行動をとってきた。2013年のスロベニアの改革では、契約形態に関係なく退職手当の基準を均等化したが、同時に公正な解雇の定義を大幅に拡大させた。ギリシャでは2010年と2012年の改革において、正社員に対しての解雇予告期間と退職手当の大幅な削減を行った。2012年6月、イタリアでは正社員契約下における復職条項の使用を制限し、解雇手続きを緩和した。フランスでは、効果の大きさは現時点で推定することは困難であるが、2013年の労働条例の改革において、正社員契約の法律を緩和した。ポルトガルでも、在職期間に応じて予告期間を短縮し、退職手当を減少させ、解雇の手続きを緩和する、という一連の改革を導入した。

　スペインは労働市場において二重性が広がっている国であるが、それを減らすための措置を講じてきた。2011年には最初の改革で、臨時・派遣雇用の退職手当を増加させ、その改革が承認された後に結ばれた臨時・派遣契約については、すべての雇用主、すべての種類の離職に、退職手当補助金制度を拡張させた。2012年には大きな改革がなされ、解雇について地域レベルや産業部門レベルにおいて確立された協約より、企業レベルでの労使間協約のほうが優先されることになった。この改革はまた、公正な経済的解雇の定義を再形成し、不当解雇に対する金銭的補償を減額し、集団的余剰人員整理のための行政許可の要件を廃止し、さらには中小企業において試用期間がさらに1年延長される新たなフルタイムの正社員契約が導入された。

資料：
Garcia-Perez, J.I., I. Marinescu and J. Vall-Castello (2014), "Can fixed-term contracts put low-skilled youth on a better career path?", paper presented at the Elsa Seminar Series, March 2014, OECD, Paris.
OECD (2014d), *OECD Employment Outlook 2014*, OECD Publishing, Paris, *http://dx.doi.org/10.1787/empl_outlook-2014-en*.
OECD (2013a), *OECD Employment Outlook 2013*, OECD Publishing, Paris, *http://dx.doi.org/10.1787/empl_outlook-2013-en*.
Saint-Paul, G. (1996), *Dual Labor Markets*, MIT Press, Cambridge.
OECD (2013d), *The 2012 Labour Market Reform in Spain: A Preliminary Assessment*, OECD Publishing, Paris, *http://dx.doi.org/10.1787/9789264213586-en*.

第5章

公教育外での職業経験

　教育プログラムの中で仕事の世界に触れることは、学校から仕事への移行を容易にしうるというコンセンサスや証拠は増えてきているものの、卒業後に行われるインターンシップの及ぼす影響についてわかっていることははるかに少ない。インターンシップとは、一般に授業期間や学年と学年の間、あるいは学業修了時に行う短期の就業期間を指し、通常は学習内容を伴う。これらのインターンシップはかなり一般的になってきている。2013年に行われた「ユーロバロメーター調査（Eurobarometer survey）」によれば、ヨーロッパ諸国全体の平均で、若者の33％が卒業後に一つまたはいくつかのインターンシップを終えていると報告している（European Commission, 2013b）。「成人スキル調査」でも、かなりの割合の学生が組織だった職業教育・訓練外の仕事や、それぞれの学業の分野に関した分野で職業訓練に従事していることが示されている（第2章）。

　教育を受けた後に続けて行うインターンシップは、雇用主と若者の両方にメリットをもたらすが（Neumark, 2009）、このモデルには乱用のリスクがある。雇用主側で言えば、インターンシップは、特に教育プログラムとリンクしていない場合には一般に規制が弱いため、比較的低コストでほとんど労働経験のない労働者のスキルを評価する機会となる。若者側は、雇用主がますます仕事経験を重要視しているため、経験を積み、就業力を高めるためには、喜んでインターンシップに参加する。上記で述べた「ユーロバロメーター調査」によれば、目的や学習内容条項や条件に関する位置づけを記したインターンシップ契約は常にあるわけではなく、それがある場合でも、それは明らかに雇用契約ではない（European Commission, 2013b）。職業訓練とは対照的に、インターンシップではいつでも報酬を得られるわけではなく、報酬がある場合でも最低賃金よりもはるかに低いことがありうる（表5.1）。特に転居を伴うようなインターンシップの場合のように、コストを負担することができない場合には、若者の間での不平等を悪化させることになる。さらに、社会的パートナーの関与は、他の仕事を通じた学習のように広範囲ではなく、場合よっては存在しない。

　それにもかかわらず、「ユーロバロメーター調査」は、少なくともヨーロッパ諸国では、ほとんどのインターンがこの種の職業体験は仕事を見つけるために有用であるということを示している。彼らはインターンシップ中に経験者からの助言の恩恵を受け、30％近くの者が訓練修了時に雇用契約を提示された（表5.1）。これらの結果は、卒業後のインターンシップが学校から仕事への移行を

表 5.1 教育後のインターンシップの役割
割合（%）、2013 年

	教育後にインターンシップに参加した割合		回答者の割合		回答者の割合	
	一つのインターンシップ	二つ以上のインターンシップ	インターンシップに対する金銭的な報酬を受け取った	仕事をどう進めるか説明したメンターに頼ることができた	トレーニングが正規の仕事を探すことに役立った（役立つ）と思える	インターンシップの最後に雇用契約の提示を受けた
オーストリア	18	21	64	93	66	22
ベルギー	15	8	38	94	83	28
チェコ	21	4	70	86	71	18
デンマーク	10	5	69	93	81	22
エストニア	7	4	62	95	75	40
フィンランド	10	7	70	90	80	33
フランス	9	10	42	89	66	27
ドイツ	18	20	39	95	65	25
ギリシャ	34	8	38	80	78	25
ハンガリー	14	8	45	90	80	36
アイルランド	44	9	75	93	85	33
イタリア	35	7	53	89	70	25
ラトビア	11	10	67	90	78	56
ルクセンブルク	14	7	44	92	80	28
オランダ	5	7	32	91	77	32
ポーランド	31	5	30	88	55	25
ポルトガル	43	13	58	96	83	25
スロバキア	23	15	64	88	80	34
スロベニア	64	4	69	95	79	56
スペイン	56	11	29	79	83	33
スウェーデン	17	10	61	94	73	33
イギリス	19	9	68	94	78	28
EU28か国	22	11	46	91	71	27

資料：European Commission (2013b), "The Experience of Traineeships in the EU", *Flash Eurobarometer*, No. 378.
StatLink：http://dx.doi.org/10.1787/888933214765

容易にする可能性があることを示唆しているが、正規の社員の低コストの入れ替え策とならないように規制する必要は確実にある。たとえばフランスでは、インターンシップの最低報酬や受け入れの最長期間や社会保障の対象とすることについての規制をする措置がとられてきた。しかし、これらの規制のうちのいくつか、たとえば受け入れの最長期間などは、結局は施行することが難しいということになるかもしれない。インターンシップと他の仕事の間の人件費や雇用保護法制の制約に関する差を小さくすることは、インターンシップを悪用しようとする雇用主のインセンティブを下げることになるだろう。理論的にはこれらの差は、企業が若者のスキルを開発し、労働市場のニーズに合うように適合させる際のコストとして正当化されるべきである。

また一部の学生は、一般には金銭的な理由によって、学業期間中に研究している分野とは関係のない仕事に就いて働く。これらの職業は、特定のスキルを身につけたり、企業との接点を持つ機会になることもありうる。しかし、学業成績には悪い影響をもたらす可能性もある。教育上の

成績ということからみた結果としてはっきりとは言えないが、いくつかの研究では、パートタイム労働をすることが、少なくとも一定の労働時間働く場合にはマイナスの影響が認められた（Montmarquette, Viennot-Briot and Dagenais, 2007; Beffy, Fougère and Maurel, 2009; Tyler, 2003）。別の研究では、有意な影響は認められなかった（Buscha et al., 2008）。高校の最終学年に、夏休みの仕事やインターンシップを通じて雇用主と接点を持つことは、労働市場への参入を容易にしうる（Hensvik and Nordström Skans, 2013）。しかし、雇用保護法制や課税によって企業が若い労働者を雇う代わりに学生を雇用するように促された場合、置き換え効果が生じることがあるが、これは、たとえばスロベニアで長い間起きていたことである（OECD, 2011）。全体的にこれらの知見が示唆するのは、仕事と学習を組み合わせることは、仕事の経験が教育プログラムに組み込まれているとか学習内容を含んでいる場合には奨励すべきだ、ということである。

ニートの人々を教育や労働市場に（再）参入させる支援

さらなる教育の必要性

労働市場で必要とされる、あるいは継続して教育を受けるために必要なスキルを身につけないまま教育を離れる若者がいる。これらの若者は職業教育・訓練に参加することができるし、たとえばスウェーデンのような一部の国では金融危機の間も職業教育・訓練の機会を増やしている。しかし、この戦略には限界がある。第一に、教育システムでうまく行かなかった若者に対しては、これまでと異なる方法をとらなければ再度失敗してしまうかもしれない。第二に、職業教育・訓練（VET）への参加の要件を下げたりスキルの低い若者をこういったプログラムへ入れることで、他の学生にとっての職業教育・訓練の魅力が低下する傾向がある。ドイツや最近ではデンマークなどの一部の国では、若者が職業教育・訓練へ入るためのスキルを身につけるのを助ける移行システムを導入している。

もう一つの選択肢は、スキルを強化する必要があるが、公教育外のほうがこの目的をうまく達成しそうな若者のために、特定の学校やプログラムを開発することである。これらのプログラムでは、一般にスキルの獲得、特に社会的・情動的スキルの欠落部分を補おうとするが、同時に仕事ベースの学習や求職のサポートも行っている。各国や地域でこのようなプログラムの例はさまざまあるが、そのうちのいくつかは機能を果たしているようである（コラム5.5）。主な課題は、これらのプログラムの利点とコストを評価し、費用対効果の割合がこれらを継続したり拡張したりするのに見合っているのかどうかを決定するということである。

成人学習プログラムも（若者だけを特定の対象にしていなくても）、若者のスキルを向上させるのに役立つことがある。これらのプログラムについては、二つの主要な問題がある。第一には、認知的スキルがすでに高い成人が最も参加し、スキルレベルが低い参加者は最も少ないということである（OECD, 2013e）。第二に、成人学習プログラムの質や効率は良い場合も悪い場合もあるとい

うことである（OECD, 2005）。そのため、これからの努力はまず、スキルの低い成人が成人学習プログラムに参加できるようにすることに集中させるべきである。また、成人学習プログラムの質や効率も、その成果をモニタリングや評価をし、同時に既存のプログラムを整理して合理化することによって、改善することができる。

コラム 5.5　職業教育（セカンドチャンス）プログラム：各国の事例

EU の職業教育学校（セカンドチャンススクール）

「職業教育（セカンドチャンス）」学校は、労働市場に入るために、あるいは教育を再び受けるために必要なスキルを欠く、18 歳から 25 歳の若者を労働市場に統合することを目的としている（European Commission, 2001）。これらの学校の特色は、地域や国の状況によって異なるが、多くの共通した特徴もある（Second Chance, 2012）。

- 地方行政機関、社会サービス、その他の機関および民間企業の間の強い協力。
- 個々の生徒の必要性、要望、能力に焦点を当てた、生徒の能動的な学習を促すための指導およびカウンセリングのアプローチ。
- 基本的なスキル（数学スキル、読み書きスキル、社会的スキルなど）の開発と企業内での、および企業による実践的なトレーニングの組み合わせを可能にする、柔軟な履修単位制度。
- ICT と新しいテクノロジーにおけるスキルの習得、およびそれを通じたスキル習得における中心的な役割。

フランスの職業教育学校（セカンドチャンススクール）

職業教育学校（セカンドチャンススクール）は、多くの EU 諸国で設立されているが、特にフランスには多く、学生数は導入以来 10 倍になっている。フランスの職業教育学校は、105 の地域に広がっている。フランスの職業教育学校に関する評価は、ほとんどなされておらず、これらの学校の若者の仕事の見つけやすさに対する長期的な効果に関してはまだわかっていないが、一般的に前途有望だと考えられている。過去 3 年間では、若者のうち 58% が、教育か労働市場のいずれかへと移行していった。その内訳は 20% が職業訓練、17% が通常の就職、12% が見習い、9% が補助金による雇用であった（Réseau E2C France, 2014）。およそ 22% は、個人別の移行計画に署名する前に脱落した。

この比較的成功だと言える取り組みは、個人に合致させたアプローチを用い、読み書きや数学、ICT スキル、労働市場に特化したスキルと、雇用主との強い結びつきを組み合わせて実施するという、質の高い教育に起因する。職業経験は、その仕事のために必要なスキルが並列に教育されながら、徐々に得られていくものである。これらの学校は、良い評判を得るのに成功し、それがまた学生と雇用主の両方を引きつけることになっている。そのうえ、雇用主および学校は、フランス政府の見習い制度に関する資金の恩恵を受けている。まず、見習いを雇う企業は減税の恩恵

を受ける。次に、企業が学校を受益者として識別すると、その学校は見習い税からの歳入という恩恵を受けることができる。

アイルランドのユースリーチプログラム

アイルランドでは、早期に学校を離れた者に通常の教育システム外で教育や訓練に機会を提供する際立った取り組みがなされており、その一つが「ユースリーチ（Youthreach）」で、これは教育・技能省（Department of Education and Skills）と、仕事・企業・イノベーション省（Department of Jobs, Enterprise and Innovation）から資金を受けている共同プログラムである。ユースリーチプログラムは、16歳から20歳の早期に学校を離れた者に、社会に完全に参加し、さらに教育、訓練、雇用へと進むのに必要な知識、スキル、自信を提供することを目的としている（Irish Department of Education and Science, 2008）。このプログラムは、ユースリーチセンターや地域の訓練センターを通じて提供されている。

アイルランド教育省による内部評価調査によれば、このプログラムは比較的効率的であり、ほとんどの部分では現在あるインプットから最大の結果を得られている。これは特に、学習者サポート、収容設備、全国的な協調と支援、プログラムのサポートと開発におけるインプット部分に関して当てはまっている。評価の対象となったセンターのほぼすべてのスタッフが、個々の学習者、そのバックグラウンド、その両親や家族を知るために費やす時間や労力は、学習者に提供されるサポートにおいて主要な役割を果たしている。このプログラムは、学習者の個人的および社会的な発達の必要性に応え、また対象となる集団を募集するという点で効率的に機能しているようである。センターで提供されていたプログラムに修了時まで参加した学習者は、前向きに学習を経験し、自尊心と自負心が改善し、個人的および社会的な発達が向上した、と述べている。またいくつかのセンターでは、学習者の出席と時間厳守を促進する狙いを絞った取り組みが、成功裡に行われた。

しかし、このプログラムの進行段階の最後までより多くの学習者を引き止めておく努力は、依然として必要であるように思われる。また学習者がセンターからさらに次の適切な教育、訓練あるいは雇用にうまく進んでいけるように、認証取得者の数とともにその認証を取得する際のレベルという点でも、まだ改善の余地がある。各センターはまた、中央政府機関や関連する中等教育カリキュラムの支援とは非常に限定的な接点およびコミュニケーションしか持っていないようである。コミュニケーションは、評価の対象となっているセンターのうちのいくつかと、その地元の中等教育機関や企業との間にも欠けている。そして最後に、センターを修了した後の学習者の進捗状況を追跡するシステムについて、引き続き開発する必要がある。

アメリカの青少年教育・職業支援（ジョブ・コープス）

青少年教育・職業支援（ジョブ・コープス）とは、1964年にアメリカで導入された無料の教育・訓練プログラムで、恵まれない若者がキャリアについて学び、高卒資格を得て、仕事を見つ

けて維持するのを補助している。このプログラムには、職業教育・訓練、教科教育、その他の広い範囲のサービスが含まれ、それにはカウンセリング、ソーシャルスキルの訓練、そして保健教育も含まれる。ほとんどの参加者は、訓練中はセンターに居住する。

青少年教育・職業支援（ジョブ・コープス）のプログラムの有効性は定期的な評価を受けているが、それにはランダム割当方式による評価も含まれている（Schochet, Burghardt and McConnell, 2008）。このプログラムは学業成績やスキルに対してプラスの効果があり、犯罪活動を減少させている。賃金への影響は、年齢の高い対象者よりも若い対象者に対するほうが大きいようである。

カナダのブレードランナーズプログラム

「ブレードランナーズ（BladeRunners）」プログラムは、雇用に対して複数の障壁を持つ若者（15歳から30歳）が、建設その他の産業におけるキャリアを積むのを助力する、ブリティッシュコロンビア州（カナダ）全体に広がる地域雇用プログラムの一例である（OECD, 2013c）。仕事・観光・イノベーション省（The Ministry of Jobs, Tourism and Innovation）が、このプログラムの主要スポンサーであり、現在、州全土の32の場所で19のさまざまな地域サービス提供組織によって運営されている。ブレードランナーズプログラムは、参加者の若者に3週間の訓練コースを提供しているが、それには認知的スキルと社会的・情動的スキルの両方のスキルの教育が含まれており、その後プログラム修了者に対しては直接、就職の手助けをしている。このプログラムはまた、参加者や卒業生向けに就職後一定の困難な時期に、週7日24時間の拡大サポートサービスを提供している。プログラムの最終的な目標は、長期的に労働に留まる力をつけるスキルや職業経験を積むこと、そして若者が社会とコミュニティへ溶け込んでいくのをサポートすることである。ブレードランナーズプログラムは、雇用に複数の障壁を持つ若者にとっての効果的な雇用訓練モデルであるとみなされている。このプログラムは修了後の就職率が総計で77%という成果を誇り、この成果でいくつかの賞や認証を受け、公共と民間のさまざまな援助団体から資金を提供されている。

資料：
European Commission (2001), "Second chance schools: Results of a European pilot project", Brussels.
Irish Department of Education and Science (2008), "Youthreach and Senior Traveller Training Centre Programmes funded by the Department for Education and Science: A Value for Money Review".
OECD (2013c), "Local strategies for youth employment", www.oecd.org/employment/leed/Local%20Strategies%20for%20Youth%20Employment%20FINAL%20FINAL.pdf.
Réseau E2C France (2014), "L'Activité en 2013", Châlons-en-Champagne.
Schochet, P.Z., J. Burghardt and S. McConnell (2008), "Does Job Corps work? Impact findings from the National Job Corps Study", *American Economic Review*, Vol. 98, No. 5.
Second Chance (2012), "Second chance schooling in Europe", 2nd Chance, London, www.2ndchancelondon.org.uk.

積極的労働市場政策

参加者が出来る限り早く仕事に就けるように目標を定めた「仕事優先」戦略は、今のところ雇用に好影響を与えているようである（OECD, 2013a）。これらの戦略には通常、個別の「仕事復帰」計画の合意、就職支援、定期的な求職活動のモニタリングが含まれている。たとえば、ノルウェーやスイスといった一貫して低い失業率を享受してきた国々では、求職活動や助成金を支給されていない仕事に就けるようにすることに強く焦点を当てている（OECD, 2013c）。これらの国々では、公共雇用サービスや運営に比較的多額の資金をつぎ込む一方、その他の積極的労働市場政策（ALMP）にはあまり力を入れていない。統計的な論文なども同様の結果を示している。集中的に求職活動を支援し、ケースワーカーと頻繁に面談することにより、失業期間が短くなっているのだが、この好影響は特に若者に顕著である（Forslund and Nordström Skans, 2006; Behaghel, Crépon and Gurgand, 2012; Rosholm, Svarer and Vikström, 2013）。デンマークやスウェーデンのような国々では、積極的労働市場政策への参加に関して比較的強い義務があるが、積極的労働市場政策による労働市場成果に対するプラスの効果の要因は、プログラム自身によるものというよりもプログラムに参加しなければならないかもしれないという恐れからのものである、ということさえ示されている（Forslund and Nordström Skans, 2006; Rosholm and Svarer, 2008）。

このように「仕事優先」戦略にはいくつか長所があるのだが、ニートの若者の多くはそもそも仕事を探していない（図5.3）。そのうえ、「成人スキル調査」によれば、求職活動をしていないニートのグループの中では、読解力が低い人の割合が高いことを示している。この理由は、その人たちが教育システムに入り直そうとしているということかもしれない。しかしこのことはまた、各国が公共雇用サービスの取り組みを強化する余地は、最低のスキルしかない若者に手を差し伸べることと、若者が求職することへのインセンティブを増すことの両方にある、ということも示唆している。また、「成人スキル調査」は、職業に就いていない若者は年上の求職者と比べると、就職の面接の直前の1か月間に公共雇用サービスとの接点を持つ傾向が低いことも示している（図5.4）。

若者のスキルの活性化に焦点を当てれば、労働市場の成果を上げることができるが、一部の若者にはその就業力を高めるために、トレーニングか補助金を使った仕事経験（または、どちらとも）が必要である。多くの国々で、特定の失業者グループを対象としたプログラムが成功を収めている。しかし、大規模で費用対効果の高いプログラムを作ることは難しいことも立証されており、それは一つに置換効果によるものである。さらに、失業者がプログラムに参加するときには一般に仕事を探してはおらず（いわゆるロックイン効果）、自らの就業力の高さを証明するために比較的早く仕事に就く必要がある若者には、特に有害であることがありうる。これらの理由から、一部の国では短期研修やインターンシップなどの期間の短いプログラムに移行したが、それらは「ロックイン効果」を制限することができるが、スキルを伸ばすには十分ではないかもしれない。

失業率が高く、需要が低迷している時期には、失業中の若者は失業状態が長期に渡り、自分の

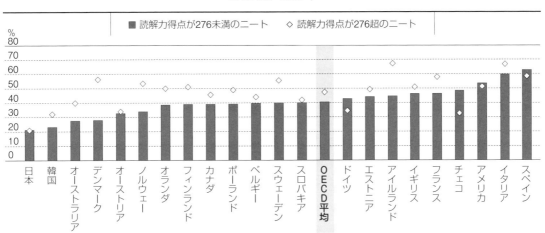

図 5.3 若年ニートの求職の割合（読解力レベル別）
16-29 歳、2012 年

注：上図は、調査前 4 週間に仕事を探したニートの割合を示している。
資料：OECD 事務局算定。データ源は Survey of Adult Skills (PIAAC) (2012) (database)。

StatLink：http://dx.doi.org/10.1787/888933214790

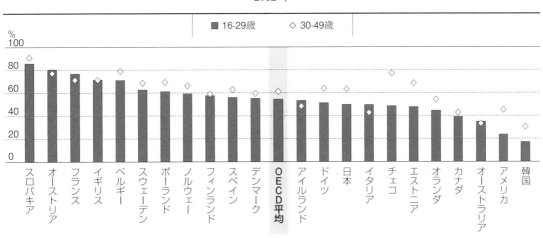

図 5.4 調査前 4 週間に公共雇用サービスで仕事を探した失業者の割合（年齢層別）
2012 年

資料：OECD 事務局算定。データ源は Survey of Adult Skills (PIAAC) (2012) (database)。

StatLink：http://dx.doi.org/10.1787/888933214806

スキルが徐々に失われて行くのを目撃するリスクがより高まる。景気の循環が厳しい下降傾向になっているときに構造変化が伴うと、一部のスキルの市場価値が大幅に毀損することもありうる（Forslund, Fredriksson and Vikström, 2011）。したがって、金融危機下において若者が活発に活動し、スキルを労働市場とよりうまくつなぐのを助ける、求職を条件とすることと組み合わせた、しっかりと的を絞った短期の職業訓練や試雇、インターンシップを開発することもできる。「成人

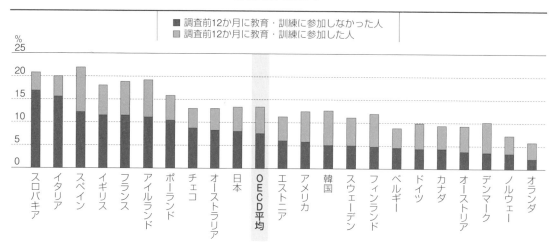

図 5.5 雇用されておらず教育も受けていない若者の割合
（調査前 12 か月間の教育・訓練への参加状況別）
16-29 歳、2012 年

資料：OECD 事務局算定。データ源は Survey of Adult Skills (PIAAC) (2012) (database)。
StatLink：http://dx.doi.org/10.1787/888933214816

スキル調査」は、一部の国では調査の時点で、かなり大きな割合で、雇用されておらず教育も受けていない若者が、調査の前の 12 か月間においても教育にも訓練にも参加していなかったことを示している（図 5.5）。ここで浮かび上がるのが、いくつかの国で訓練の場所が増加したものの、金融危機下における若者向けの訓練が十分であったのかという問題である。「成人スキル調査」におけるスキルを使う環境下での問題解決スキルに関する証拠もまた、若年失業者のスキルの開発を奨励することは、彼らの就業力を高めるだろう、ということを示唆している。

移民の背景を持つ若者は、スキルの活性化について、特有の問題に直面している。彼らが特定の就労化策による利益を得られるかどうかは、これらの困難を追い払う要素にかかっている。

- 教育レベルが低く、現居住国生まれの移民の子どものような恵まれない背景を持つ若者たちは、教育レベルの低さに由来する困難に直面する。第 3 章で議論したように、教育制度をより包摂的にするような政策は、彼らの就業力を高めるのに役立つだろう。健全な労働市場の枠組みの条件だけではなく、効率の良い労働市場政策もまた貢献するであろう。インターンシップや他の仕事の経験もこのグループが仕事の世界に接点を持つのに役立つ可能性がある。
- 外国生まれの若者、特に学歴が高い者の場合には、彼らの資格を公式に認める、あるいは認知度を高める政策が、彼らが仕事を見つけたりスキルを使うのに役立つであろう（第 7 章参照）。
- 差別を防止するために、多くの国では反差別法を導入している。これらの法律は、少なくとも差別が問題であると公式に認識するために重要であるが、法廷に持ち込まれる事例が比較的少ないことから、その効果は限定的である。移民としての背景を持つ若者を雇うことを企業にとって魅力的に

するための政策（たとえば、雇用助成金によって）は、最初の障壁を克服する助けとなりうる。
- 最後に、いくつもの問題点、たとえば、低い認知的スキルや低い教育レベル、言葉の壁、自信の欠如などを重ねて抱えている、移民としての背景を持つ若者を対象とする特別プログラムを立案した国もいくつかある。このようなプログラムの一例が、オランダにおける「キング財団Hi5」である。このプログラムは、不活発で受け身になっている若い移民を前向きな向上心と就職に転換しようとしている。このプログラムは、個人の求職者や組織を、彼ら自身の社会的環境から出てきたロールモデルや、オランダ企業の代表者と接点を持てるようにしている（Froy and Pyne, 2011）。

教育制度の質を向上させ、中退率の低下へ向けて奮闘することが新興経済圏での優先順位ではあるが、労働市場政策もまた求職活動において若者をサポートすることができる。いくつかの国では、これらの政策は十分に整っていない（Quintini and Martin, 2014）。これが当てはまるのは、たとえばブラジルである（OECD, 2014e）。公共雇用サービスは、魅力を欠いており、若者が仕事を探すためにはごくわずかに使われているにすぎない。その結果として多くの求職者は、社会的なつながりや個人的な知己を通して仕事を見つけており、機会の不平等を悪化させている。

社会的保護システム

社会的保護システムは、若者にとっての足がかりの役目を果たし、長期に渡って使わないままになっているスキルを活性化させる能力を毀損させる貧困から、若者が抜け出す原動力となりうる。ニートの人々は、他の若者よりも貧困に陥るリスクが高い（Carcillo et al., 2015）。OECD諸国では、実家を出ている、あるいは家族と住んでいないニートのうちおよそ50％が、いかなる社会福祉も得ていない。多くの国々では労働者が失業保険の給付を得るためには、それまでに加入している必要があるという事情を考えれば、若者は失業給付の対象となる可能性が低い。若者が労働市場における経験を持っていない場合、若者が社会扶助にアクセスできるような国であれば、それに頼る必要があることになるだろう。社会扶助給付金は標準的な労働者の純所得よりも低くなる傾向があるが、そういった給付金は一般に厳しい資産調査が行われているために、（国により大きなばらつきはあるものの）低賃金の仕事に移行した場合には平均実効税率がかなり高くなる可能性があり、仕事に向かわせるインセンティブを減少させることになるかもしれない。加えてこれらの給付金には多くの場合、教育や労働市場に関連した必要要件は含まれていない。最後に、社会福祉の中には社会扶助のように、スティグマ効果があったり、仕事を見つける機会を減少させてしまったりするものがありかねない。

相互義務のシステムは、若者の貧困リスクを減少させることと、若者が仕事を見つけたり労働市場に向けて準備する行動を起こしたりするインセンティブを確実に持てるようにするといった、いくつかの目的を調和させるのに役立つ可能性がある。貧困のリスクを抑えるためには、若い低所得

のニートには社会福祉の権利を与える一方で、こういった福祉に義務を付帯するようにすべきである。理想的にはこういった義務は、その若者が労働市場へどの程度の距離にいるのかによるべきである。それらの義務には、仕事を探している、教育を受けてスキルを更新しつつある、労働市場や教育へ向けて準備をする行動をとっている、といったものが含まれるだろう。組織側にも、若者が教育によって自分のスキルを更新したり仕事を見つけたりすることを助けることに、おおいに関わりを持ち、高品質のサービスを提供すべきである。また各組織間においても、すべての機関が国や地方の両方において、相互義務のシステムを一貫して適用するために、強い協力関係がなければならない。全体として、強い協力関係が各組織間にあるこういった相互義務システムがあれば、各国が非活動的なニートのうちのより多くの部分に接触し、支援することが可能になるだろう。

若者の家族の状況やその他の要素に、公共雇用サービスに登録する義務を伴うような、若者にとって単独の社会の中での移動のシステムに移行すると、仕事を始めることのインセンティブがより明確になるだろう。しかしながら、いくつかの利点を備えたシステムでは、財政的な支援を提供しながらも、若者が労働市場へ統合するインセンティブを高める努力を行うことができる。住宅手当は、より広い範囲での求職の義務と組み合わせた場合、若者のスキルを活性化する助けになりうる。一部の国では、失業給付を受ける資格のない失業者に対して社会扶助の枠外で行われる特定の、そしてしばしば一時的なプログラムを、場合によっては教育や訓練と組み合わせて提供してきた。これらのプログラムは、社会扶助よりも資産による制限が低くスティグマ効果もより低いものになりうるが、その個人が労働市場からどの程度の距離にあるのかや、直面している課題の種類に応じて、求職活動や教育その他の種類の義務を含むようにすべきである。さまざまな国が福祉から仕事への移行を促進することを狙いとして、働いている最中の給付金を導入している。定期的なモニタリングと給付の承認によって、そうでなかった場合には所得補助給付金を受け取ることになる結果生じる金銭的な行動抑制要因を相殺する助けになりうる。

政策のキーポイント

　教育とスキルは、学校から仕事への移行を促進するが、その後の仕事がうまくいくかを保証するものではない。確実に移行に成功し、ニートの人々が労働市場にうまく入れるように支援するためには、労働市場と教育、国と地域の行政機関同士の強い協力関係、および社会的なパートナーの参加が求められる。

学校から仕事への移行の円滑化
- 低スキルの若者の雇用を促進するために、適切な労働市場制度を開発することや、スキルに合わせた税制を策定すること。
- 雇用保護法制において、臨時・派遣雇用と正社員との間の条件の差を縮める努力を続けること。
- 企業にとっての柔軟性と義務とを組み合わせた枠組みの中で、教育期間終了後のインターンシップを奨励すること。インターンシップは、学習内容を含み、期間、報酬、その他の条件を規制すべきである。
- おそらくは、地域レベルで、学校から仕事への移行に関する困難に直面するリスクを抱える学生を対象にしたプログラムを開発すること。ただし結果は慎重に評価すべきである。

ニートの人々が教育に（再）参加したり、労働市場に参入したりするのを援助する
- 若者と行政機関との間に相互義務の制度を導入すること。社会的給付金を得るためには、公共雇用サービスへの登録をするとか、さらに教育を受けることも含む、労働市場に向けた準備をするための行動を起こしたり支援を得たりするといった条件を必要とすること。
- 効率的な就職支援や研修、追跡調査や金銭的なインセンティブによって雇用を奨励する、仕事優先戦略を採用すること。トレーニングプログラムと仕事補助金の場所としては、低スキルの若者や労働市場において特有の壁に直面している人を対象とすべきである。
- 若者の労働市場への移行を支援するために、包括的で質の高いキャリア指導やカウンセリングのシステムを構築すること。個人のスキルの評価と、労働市場において求められるスキルに基づいて、これらのシステムを作ること。

参考文献・資料

Beffy, M., D. Fougère and A. Maurel (2009), "L'impact du travail salarié des étudiants sur la réussite et la poursuite des études universitaires", *Économie et Statistique*, No. 422, Paris.

Behaghel L., B. Crépon and M. Gurgand (2012), "Private and public provision of counselling to jobseekers: Evidence from a large controlled experiment", *IZA Discussion Papers*, No. 6518.

Borbély-Pecze, T.B. and J. Hutchinson (2013), "The youth guarantee and lifelong guidance", *European Lifelong Guidance Policy Network Concept Note*, No. 4.

Buscha F., A. Maurel, L. Page and S. Speckesser (2008), "The effect of high school employment on educational attainment: A conditional difference-in-differences approach", *IZA Discussion Papers*, N° 3696.

Carcillo, S., R. Fernandez, S. Königs and A. Minea (2015), "NEET Youth in the Aftermath of the Crisis: Challenges and Policies", *OECD Social, Employment and Migration Working Papers*, OECD Publishing, Paris, No. 164, *http://dx.doi.org/10.1787/5js6363503f6-en*.

Carling, K. and L. Larsson (2002), "Does early intervention help the unemployed youth?", *IFAU Working Paper*, No. 2002:10.

Employment Committee (2014), "Indicator Framework for Monitoring the Youth Guarantee", INDIC/10/16092014/EN-rev, Employment Committee (EMCO), European Commission.

European Commission (2014a), "Assessment of the 2014 National Reform Programme and Stability Programme for Italy", *Commission Staff Working Document*, No. 416, Brussels.

European Commission (2014b), "Assessment of the 2014 National Reform Programme and Stability Programme for Spain", *Commission Staff Working Document*, SWD (2014) 410 final, Brussels.

European Commission (2014c), "Assessment of the 2014 National Reform Programme and Stability Programme for Ireland", *Commission Staff Working Document*, No. 408, Brussels.

European Commission (2013a), "Practical Support for the Design and Implementation of Youth Guarantee Schemes: Synthesis of Key Messages", Brussels.

European Commission (2013b), "The experience of traineeships in the EU", *Flash Eurobarometer*, No. 378, Brussels.

European Commission (2001), "Second chance schools: Results of a European pilot project", Brussels.

Forslund, A., P. Fredriksson and J. Vikström (2011), "What active labor market policy works in a recession?", *Nordic Economic Policy Review*, No. 1.

Forslund, A. and O. Nordström Skans (2006), "Swedish youth labour market policies revisited", *IFAU Working Paper*, No. 6.

Froy, F. and L. Pyne (2011), "Ensuring labour market success for ethnic minority and immigrant youth", *OECD Local Economic and Employment Development (LEED) Working Papers*, No. 2011/09, OECD Publishing, Paris, *http://dx.doi.org/10.1787/5kg8g2l0547b-en*.

Froy, F., S. Giguère and A. Hofer (eds.) (2009), *Designing Local Skills Strategies*, Local Economic and Employment Development (LEED), OECD Publishing, Paris, *http://dx.doi.org/10.1787/9789264066649-en*.

Garcia-Perez, J.I., I. Marinescu and J. Vall-Castello (2014), "Can fixed-term contracts put low-skilled youth on a better career path?", paper presented at the Elsa Seminar Series, March 2014, OECD, Paris.

Hamilton, V.(2012), "Career pathway and cluster skill development: Promising models from the United States", *OECD Local Economic and Employment Development (LEED) Working Papers*, No. 2012/14, OECD Publishing, Paris, *http://dx.doi.org/10.1787/5k94g1s6f7td-en*.

Hensvik, L. and O. Nordström Skans(2013), "Networks and youth labor market entry", *IFAU Working Paper*, No. 23.

Irish Department of Education and Science(2008), "Youthreach and Senior Traveller Training Centre Programmes funded by the Department for Education and Science: Value for Money Review".

Italian Ministry of Employment and Social Affairs (2013), "Italy Youth Guarantee Implementation Plan", *www.garanziagiovani.gov.it/Documentazione/Documents/Italian-Youth-Guarantee-Implementation-Plan.pdf*.

Kramarz, F. and T. Philippon (2001), "The impact of differential payroll tax subsidies on minimum wage employment", *Journal of Public Economics*, Vol. 82.

Montmarquette, C., N. Viennot-Briot and M. Dagenais (2007), "Dropout, school performance, and working while in school", *The Review of Economics and Statistics*, Vol. 89, No. 4.

Neumark, D.(2009), "Alternative labor market policies to increase economic self-sufficiency: Mandating higher wages, subsidizing employment, and increasing productivity", *National Bureau of Economic Research Working Paper Series*, No. 14807, Cambridge.

Neumark, D. and W. Wascher (2004), "Minimum wages, labour market institutions, and youth employment: A cross-national analysis", *Industrial and Labour Relations Review*, Vol. 57, No. 2.

Neumark, D., J.M. Ian Salas and W. Wascher (2013), "Revisiting the minimum wage-employment debate: Throwing out the baby with the bathwater?", *National Bureau of Economic Research Working Paper Series*, No. 18681, Cambridge.

OECD (2015), *Economic Policy Reforms 2015: Going for Growth*, OECD Publishing, Paris, *http://dx.doi.org/10.1787/growth-2015-en*.

OECD (2014a), "OECD Youth Action Plan: Options for an Irish Youth Guarantee", *www.oecd.org/ireland/YouthActionPlan-IrishYouthGuarantee.pdf*.

OECD (2014b), "Employment Protection Legislation", *OECD Employment and Labour Market Statistics* (database), *http://dx.doi.org/10.1787/lfs-epl-data-en*.

OECD (2014c), "Designing skill-friendly tax policies", *OECD Skills Strategy Spotlight*, No. 6, *http://skills.oecd.org/developskills/documents/designing-skill-friendly-tax-policies.html*.

OECD (2014d), *OECD Employment Outlook 2014*, OECD Publishing, Paris, *http://dx.doi.org/10.1787/empl_outlook-2014-en*.

OECD (2014e), *Investing in Youth: Brazil*, OECD Publishing, Paris, *http://dx.doi.org/10.1787/9789264208988-en*.

OECD (2013a), *OECD Employment Outlook 2013*, OECD Publishing, Paris, *http://dx.doi.org/*

10.1787/empl_outlook-2013-en.

OECD（2013b）, "The OECD Action Plan for Youth: Giving Youth a Better Start in the Labour Market", *www.oecd.org/employment/Action-plan-youth.pdf* and *www.oecd.org/employment/action-plan-youth.htm*.

OECD (2013c), "Local strategies for youth employment", *www.oecd.org/employment/leed/Local%20Strategies%20for%20Youth%20Employment%20FINAL%20FINAL.pdf*.

OECD (2013d), *The 2012 Labour Market Reform in Spain: A Preliminary Assessment*, OECD Publishing, Paris, *http://dx.doi.org/10.1787/9789264213586-en*.

OECD (2013e), *OECD Skills Outlook 2013: First Results from the Survey of Adult Skills*, OECD Publishing, Paris, *http://dx.doi.org/10.1787/9789264204256-en*.（『OECD 成人スキル白書：第1回国際成人力調査（PIAAC）報告書〈OECD スキル・アウトルック 2013 年版〉』経済協力開発機構（OECD）編著、矢倉美登里・稲田智子・来田誠一郎訳、明石書店、2014 年）

OECD（2012）, *Closing the Gender Gap: Act Now*, OECD Publishing, Paris, *http://dx.doi.org/10.1787/9789264179370-en*.（『OECD ジェンダー白書：今こそ男女格差解消に向けた取り組みを！』OECD 編著、濱田久美子訳、明石書店、2014 年）

OECD（2011）, *OECD Economic Surveys: Slovenia 2011*, OECD Publishing, Paris, *http://dx.doi.org/10.1787/eco_surveys-svn-2011-en*.

OECD（2010）, *Off to a Good Start? Jobs for Youth*, OECD Publishing, Paris, *http://dx.doi.org/10.1787/9789264096127-en*.（『世界の若者と雇用：学校から職業への移行を支援する〈OECD 若年者雇用レビュー：統合報告書〉』OECD 編著、濱口桂一郎監訳、中島ゆり訳、明石書店、2011 年）

OECD（2005）, *Promoting Adult Learning*, OECD Publishing, Paris, *http://dx.doi.org/10.1787/9789264010932-en*.（『世界の生涯学習：成人学習の促進に向けて』OECD 編著、立田慶裕監訳、長岡智寿子・岩崎久美子・宮田緑・青山貴子訳、明石書店、2010 年）

Quintini, G. and S. Martin (2014), "Same but different: School-to-work transitions in emerging and advanced economies", *OECD Social, Employment and Migration Working Papers*, No. 154, OECD Publishing, Paris, *http://dx.doi.org/10.1787/5jzbb2t1rcwc-en*.

Réseau E2C France (2014), « L'Activité en 2013 », Châlons-en-Champagne.

Rosholm, M. and M. Svarer (2008), "Estimating the threat effect of active labour market programmes", *Scandinavian Journal of Economics*, Vol. 110.

Rosholm, M, M. Svarer and J. Vikström (2013), "The effectiveness of active labor market policies: Evidence from a social experiment using non-parametric bounds", *Labour Economics*, Vol. 24.

Saint-Paul, G. (1996), *Dual Labor Markets*, MIT Press, Cambridge.

Schochet, P.Z., J. Burghardt and S. McConnell (2008), "Does Job Corps work? Impact findings from the National Job Corps Study", *American Economic Review*, Vol. 98, No. 5.

Second Chance (2012), "Second chance schooling in Europe", 2nd Chance, London, *www.2ndchancelondon.org.uk*.

Spain Ministry of Employment and Social Security (2013), "Spanish Youth Guarantee Implementation Plan", *www.empleo.gob.es/ficheros/garantiajuvenil/documentos/plannacionalgarantiajuvenil_* *en.pdf.*

Tyler, J.H.(2003), "Using state child labor laws to identify the effect of school-year work on high school achievement", *Journal of Labor Economics*, Vol. 21, No. 2.

Venn, D.(2009), "Legislation, collective bargaining and enforcement: Updating the OECD employment protection indicators", *OECD Social, Employment and Migration Working Papers*, No. 89, OECD Publishing, Paris, *http://dx.doi.org/10.1787/223334316804*.

第 6 章

仕事での若者のスキル使用のトレンド

　若者が就職で社会に出るとき、就業力（employability）を高めるために、彼らのスキルを使いまた磨く必要がある。教育機関を出たばかりの多くの若者は、いくつかの分野では最新のスキルを身につけている可能性が高い。同時に、彼らのスキルは雇用主のニーズには必ずしも沿っていないかもしれず、そのスキルを十分に活用するには時間がかかるであろう。学生の中には、学校で習得したスキルが労働市場でまったく必要とされないとわかる者もいる。本章ではどのように若者のスキルが職場で使われるかを検討する。

第6章　仕事での若者のスキル使用のトレンド

ハイライト

- 「成人スキル調査」によると、若者は同様の職業でも、働き盛りの労働者と比べると使用するスキルが少ない。これはICTを含むすべてのタイプのスキルに関わるものである。イタリアの54％から韓国の25％までの幅はあるものの、若者のうち相当の割合の者が職場でのコンピュータの使用経験がない。
- スキルの低い若年労働者は、問題解決能力や自己計画スキルのような、仕事をしながら一般に身につけられるようないくつかのスキルについて、スキルの高い同僚ほどは頻繁には使わない。
- 若い労働者は働き盛りの労働者よりもスキルが高い傾向がある一方で、単純作業に従事する若者の割合は働き盛り労働者の割合と似通っており、数的思考力の低い若者では35％近くから、数的思考力の高いものでは5％未満までの幅がある。単純作業を伴う職業に就いている若者は他の若い労働者に比べて、成人教育や訓練を受けられる可能性が2倍以上低い。
- 働き盛りの労働者に比べて、若者は読解力に関しては資格もスキルも過剰である可能性が高いが、スキルのミスマッチが発生する確率は経験を経るとともに低下する。経済危機の結果として、いくつかの国ではミスマッチが増加したという証拠はあるが、そういった増加が構造的なものであるという証拠は限られている。
- 一部の若者にとっては、起業することによって彼らのスキルを効果的に使用する機会を得ることができる。多くの若者は起業と自営業に興味があるものの、若者の自営比率は低い。

　若者は自分の就業力を維持発展させるために、スキルを使わなければならない。スキルを十分に使用しない若者は、時間とともにスキルを失う可能性が高く、今度はそれが将来の雇用と安定に悪影響を及ぼしかねない。さらに、若者のスキルを上手に活用することによって、生産性、イノベーション、そして経済成長を促進することができる。

　若者のスキルが効果的に使われていないのではないかという理由はさまざまである。雇用主が従業員のスキルのタイプやレベルを見極めるには時間を要する可能性がある。若者が自分のスキルと最も合致する職業を見つけるのにも時間を要するかもしれない。効果的なスキルの使用の欠如は、労働者と雇用主が自分自身について学ぶにつれて、時間とともに減少するものである。しかし、時間を経過しても存続するならば、若者の雇用機会と経済にとっては好ましくない結果につながるだろう。

職場での若者のスキル使用

全般的なトレンド

　若者は自分のスキルを使うことによって、そのスキルを具体的な状況に適応させ、スキルをさら

に発展させ、キャリアを成功させる可能性が高まる。一方で労働経験のない若者にとって、彼らのスキルと完全に一致する仕事を見つけることは非常に困難なことであり、彼らのスキルをあまり使わない仕事に就いている傾向がある。さらに、ある時点ですべてのスキルをそれほど使用しないことは、若者が将来、仕事に新たな価値を加えることができ、キャリアを進歩させることもできることを意味する。使用されない知識の蓄積があることによって、経済が将来発展していくことに役立つ可能性がある。結局、若者のスキルを効果的に利用することは重要であるが、ある時期にどの点においてもすべてのスキルを使うことは効果的ではないかもしれないのだ。

効果的にスキルを使い、労働者のスキルと仕事をうまく組み合わせられるようになる重要性は議論で重視されるようになったが、この二つの側面を測定する手段は今でも限りがある。「成人スキル調査」はこれらの点を解明する手がかりとなりうる。「成人スキル調査」では、自己申告による評価方式によって、認知的スキルの仕事での使用（読解力、筆記力、数的思考力、ICTスキル、問題解決能力）、社会的・情動的スキル（仕事の裁量スキル、影響を与えるスキル、協働スキル、自己計画スキル）、職業に特化したスキル（仕事を通じた学習スキル、器用さ、身体的なスキル）を測定している（OECD, 2013）。「成人スキル調査」ではまた、労働者が職業とマッチしているかどうかを、数多くの側面で評価している。

「成人スキル調査」によると、どの程度スキルを使用するかは、そのスキルの領域や国によって異なるが、平均すると若者は働き盛りの成人よりも、認知的スキルの使用が少ない（図6.1）。この結果は、認知的スキルが同レベルの若者と働き盛りの成人の労働者を比較した場合であっても同様である。調査参加国においては、職場でのICTの使用においても、働き盛りの成人よりも若者のほうが低い。社会的・情動的スキル、職業特有のスキルに関しては、状況はさまざまである。若者は働き盛りの労働者よりも、仕事の裁量スキルや影響を与えるスキル、自己計画スキルをあまり使用しないのに対して、協働スキルを使用して上司や同僚から新しい物事を学んだり、仕事を通じて学んだり、新製品や新しいサービスの情報を最新の状態に保つことはより頻繁に行う（OECD, 2013）。

若者グループ間で比較したとき、認知的スキルの低い若者は高いスキルを持つ者と比較して、スキルを使用することが少ないようである。また、高いスキルを持った若年労働者は中程度のスキルを持つ若者よりも、職場で決定に影響を及ぼすのと同様に、問題解決能力や自己計画スキルを使用する可能性が高い（図6.2）。しかし、スキルの高い若者は他の労働者との協働作業はより少ないようである。これらの結果が示唆するのは、社会人生活の初期段階においてさえ、スキルの高い若者は責任ある仕事を任されてスキルを使用する自由裁量があるのに対し、スキルが中程度の若者にはこれはそれほど当てはまらず、そのためによりスキルの低い若年労働者の就業力が損なわれることになりかねない。しかし、労働組織文化や労働市場制度の違いによって一部説明できるような国による違いも存在する。

若者は臨時・派遣の仕事のような、典型的に低いスキルの使用へとつながる職業で、そのキャリ

第6章　仕事での若者のスキル使用のトレンド

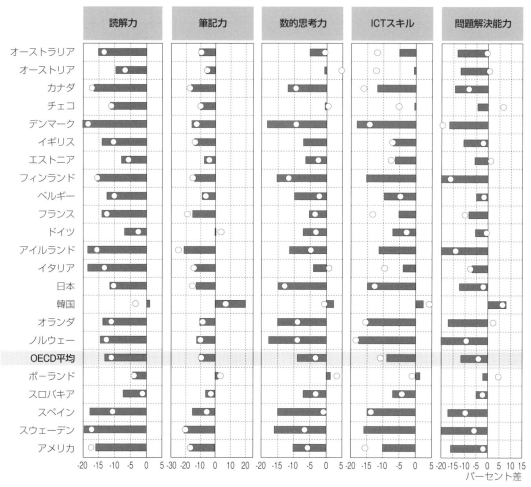

図 6.1　職場における認知的スキルの使用（年齢層別）
働き盛りの労働者によるスキルの平均使用率に対する若年労働者によるスキルの平均使用率の差、2012 年

注：結果は読解力と数的思考力の到達度、雇用契約形態で調整されている。若年労働者は 16-29 歳、働き盛りの労働者は 30-54 歳。
資料：OECD 事務局算定。データ源は *Survey of Adult Skills (PIAAC) (2012)* (database)。

StatLink：http://dx.doi.org/10.1787/888933214829

アをスタートさせる。たとえ同じスキルを持つとしても、期間の定めのない契約で働く若年労働者よりも、臨時・派遣契約での仕事に従事している若者は、彼らのスキルを集中的には使用することが少ない（第4章参照）。しかし、若者がスキルを十分に使用していない理由は、若者間に臨時・派遣契約が多いというだけでは説明がつかない。若者と働き盛りの労働者のスキルを使用する度合いを同じ種類の契約同士で比較すると、その場合でも若者はスキルの使用が少ないという傾向がある（OECD, 2013）。

仕事での若者のスキル使用のトレンド　第 6 章

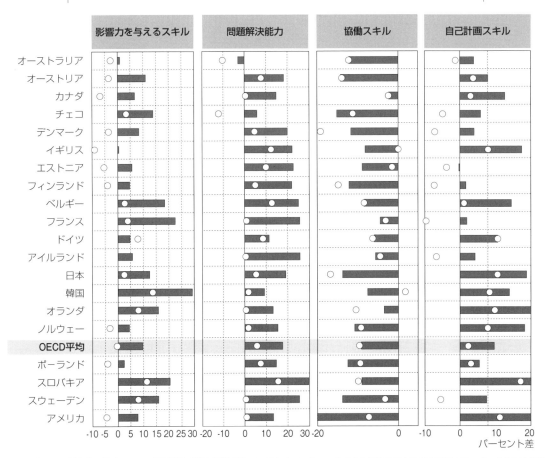

図 6.2　職場におけるスキルの使用（スキルレベル別）
16-29 歳、2012 年

注：調整された推定値は教育レベル、雇用契約形態と職業ダミーに対するコントロールを含む通常の最小二乗回帰による。高いスキルの労働者はレベル 4/5 の数的思考力習熟度、中程度のスキルの労働者はレベル 2／3 の数的思考力習熟度の推定値。
資料：OECD 事務局算定。データ源は *Survey of Adult Skills*（PIAAC）（2012）（database）。

StatLink：http://dx.doi.org/10.1787/888933214832

デジタルスキル

今日のほとんどの仕事ではある程度のデジタルスキルと ICT スキルが必要である。デジタルアーティストやデジタルデザイナー、デジタルマーケティング、アプリケーション開発、そしてオートメーション工学といった新しい職業、ないしは職種が出現し、需要が高まっている。同時に既存の職業や職種でも、ますますデジタルスキルが求められている。読解力と数的思考力と同様、問題解決スキルのような伝統的な認知的スキルはデジタルスキルと ICT スキルを組み合わせて使われており、そのためそういったスキルをすべて統合して最大限活用することができることが、労

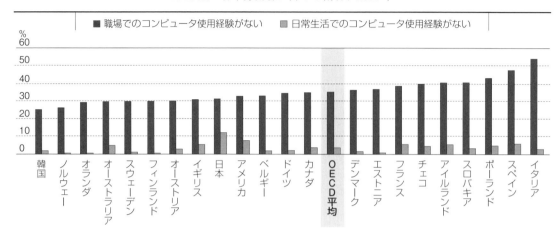

図 6.3 コンピュータの使用経験がない若者
16-29 歳の若年労働者に占める割合、2012 年

資料：OECD 事務局算定。データ源は Survey of Adult Skills (PIAAC) (2012) (database)。
StatLink：http://dx.doi.org/10.1787/888933214840

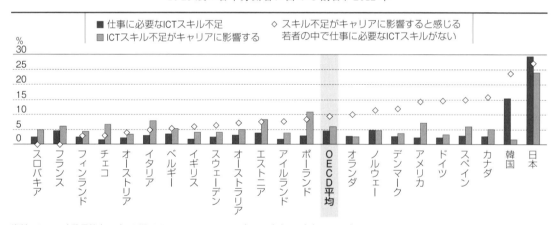

図 6.4 若年労働者の回答に基づく ICT スキル不足
16-29 歳の若年労働者に占める割合、2012 年

資料：OECD 事務局算定。データ源は Survey of Adult Skills (PIAAC) (2012) (database)。
StatLink：http://dx.doi.org/10.1787/888933214851

働者にとって重要となっている。

　デジタルスキルはまた、仕事を探し、職業訓練や教育や求人情報を含む仕事に関連する情報を収集し、そして仕事に応募するためにも必要である。仕事の適合性と採用は、ますますデジタルを用いた方法に依存度を増している。若者が適切なデジタルスキルを持たないならば、学校から職場への円滑な移行は難しいだろう。

　若者は上の世代よりも一般に、この領域のスキルをうまく使用するので（OECD, 2013）、高いICT スキルが求められる仕事により適している可能性が高い。しかしその他のスキルと同様に、若

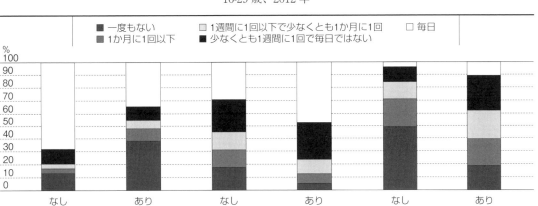

図 6.5 職場でのスキルの使用（職場でのコンピュータ使用経験別）
16-29歳、2012年

資料：OECD 事務局算定。データ源は Survey of Adult Skills (PIAAC) (2012) (database)。
StatLink：http://dx.doi.org/10.1787/888933214861

者は働き盛りの労働者と比べて ICT スキルを家庭ではより多く使用するものの、仕事では使用する頻度がより低い（図 6.1 参照）。若者はかなり多くの割合で職場でのコンピュータの使用経験がないのに対して、日常生活でコンピュータの使用経験のない若者の割合ははるかに低い（図 6.3）。職場でのコンピュータの使用経験がない割合はイタリアの 54% から韓国の 25% までさまざまである。

この少数のデジタルスキルを持たない若者は、明らかに不利な立場にある。現時点で雇用主がそのスキルを必要とするかどうかにかかわらず、ICT スキルを持つことは雇用主に対して、若者の未来の潜在能力を示すものとなりうる。「成人スキル調査」によると、平均して約 5% の若者は自分には仕事上必要な ICT スキルが不足していると考えており、6% の若者は ICT スキルの不足は彼らのキャリアに影響を及ぼすと考えている（図 6.4）。

職場でのコンピュータ使用経験を持たないことは、他のスキルの使用頻度の低さと相関関係がある（図 6.5）。職場でのコンピュータ使用経験を持たない若者は、管理職に就く可能性が低い（職場でのコンピュータ使用経験を有する若年労働者の 24% と比較して 10%）。このような若者は往々にして長時間の肉体労働を行い（79%）、手や指を使うが（72%）、複雑な問題解決に従事するのはまれである（84%）。

さまざまな因子によって、なぜ若者が職場で自分の持つ ICT スキルを使用することが少ない傾向があるのか説明することができる。

● 若者は、必要とされるスキルがより低い職業に就く可能性が高い。
● 若者は、デジタル経済によってもたらされた機会を十分活用していないかもしれない。新たな企業の多くが ICT 関連分野で起業されており、新 ICT 事業は製造業やサービス業の新事業よりも存

続率が高い（ITU, 2014; OECD, 2014a）。しかし、ICT 分野の起業家はより若くなり、そのペースも速くなっているが、若者はそのような機会を十分に活用できないかもしれない。その理由は ICT スキルの不足ではなく、起業経験、ビジネスネットワークとノウハウ、財務管理スキルや資金調達機会の不足である（以下参照）。

- 若者は、仕事で必要な特定の ICT スキルや関連するデジタルスキルを身につけていないのかもしれない。職場で使用される一連の ICT スキルは自宅で使用するスキルと異なるかもしれないし、若い成人が自宅で携わるコンピュータ活動は職場で必要とされるものとは同一ではない（OECD, 2013）。若者は自分の日々の支出の記録をとるのに表計算ソフトを使うかもしれないが、会計の計算に表計算ソフトを使うにはさらに訓練を受ける必要があるかもしれない。
- ICT スキルとデジタルスキルは比較的新しいことから、特に専門分野でこういったスキルがあるかどうかを識別する十分な仕組みがまだない。

ICT スキルはすぐに時代遅れになり、これらを習得するには再教育の必要があるため、ICT スキルの使用量が低いことは問題である。仕事で ICT を使ったり伸ばしたりしないと、若者は技術的な変化の影響を直接的に受けることになる。「成人スキル調査」によると、他の認知的スキルと同様に ICT の使用は、雇用と賃金のような労働市場指標と、統計的に有意な正の相関関係がある（OECD, forthcoming [a]）。

単純作業

仕事の中には本質的に、スキルの養成や効果的な使用に、それほど役に立たないものもある。このことは、主にコンピュータや低スキルの労働者でも遂行することができるくらいに明確に規定された活動によって構成される、いわゆる「単純作業」の場合に当てはまる。主としてアメリカの事情に関する文献では、1980 年代以降、単純作業に重点が置かれている仕事が消滅していることが示されている（Autor, Levy and Murnane, 2003; Autor and Price, 2013）。単純作業を行う職業の需要は減少し続けることが予想されており、この仕事の労働者は失業の危険性がより高くなっていくことも予想される。

「成人スキル調査」では、「仕事の手順や仕事のやり方を変える」ことができない仕事、すなわち一種の単純作業を行う労働者を特定している。「成人スキル調査」ではさらに、「仕事を行うことによって学ぶことを必要としない」仕事または「新しい製品やサービスに遅れないようについていく」必要のない仕事も特定しているが、それも仕事がある種の単純作業と、仕事を行うことで学ぶことがほとんど、あるいはまったくないことを示すもう一つの指標である。これらの仕事に就いている若者の割合は国によって大きく異なる（図 6.6）。

当然のことながら、これらのタイプの仕事に就く労働者の割合は、スキルのレベルが上昇するにつれて減少する（図 6.6）。しかし、若年労働者が働き盛りの労働者よりも高いスキルを持つ傾向が

図 6.6 単純な仕事や新たに学ぶことのない仕事に従事する労働者の割合
各年齢層別の全就業者に占める割合、2012 年

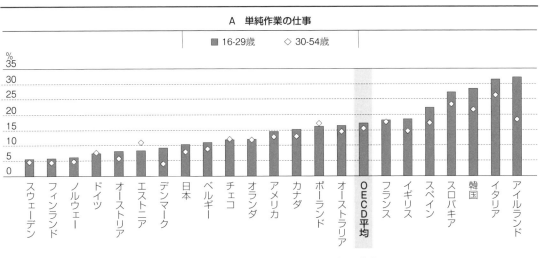

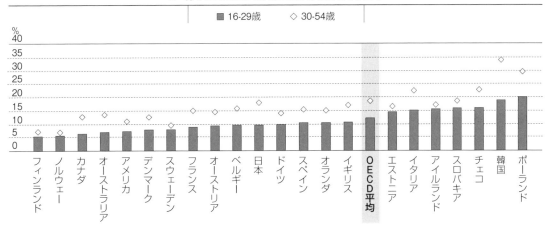

注：単純作業の仕事に従事する労働者は「あなたはどの程度まであなたの仕事の結果を選びもしくは変えるか？」という質問に対して、「少しもない」または「ごくまれ」と答えた人たちである。行うことによって学ぶことがほとんどない仕事に従事する労働者は「あなたは行う仕事から、行うことによって学ぶことを必要とする仕事はどれくらいの頻度ありますか？」という質問に「まったく」か「1 か月に 1 回程度」と答えた人たちである。
資料：OECD 事務局算定。データ源は Survey of Adult Skills (PIAAC) (2012) (database)。

StatLink：http://dx.doi.org/10.1787/888933214878

ある（第 1 章参照）一方、単純作業を含む仕事に就く若年労働者の割合が働き盛りの労働者の割合よりも高い国もある（図 6.7 グラフ A）。若年労働者は働き盛りの労働者に比べて、特に数的思考力が低い場合、学習する機会がないような職業に就いている頻度は低い（図 6.7 グラフ B）。

さらに「成人スキル調査」の示すところでは、単純作業を行う職業に就いている若年労働者は、スキルアッププログラムを必要としている可能性が高いにもかかわらず、成人教育や訓練に参加する可能性は低い（図 6.8）。

第 6 章　仕事での若者のスキル使用のトレンド

図6.7　単純な仕事や新たに学ぶことのない仕事に従事する労働者の割合（数的思考力のレベル別）
2012 年

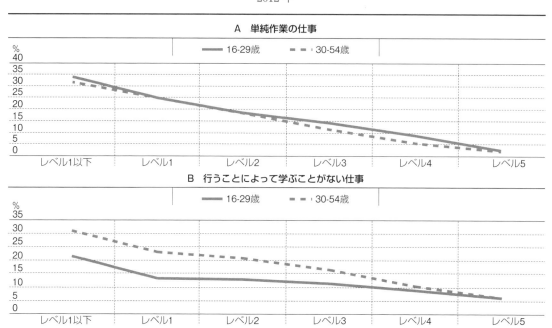

注：単純作業の仕事に従事する労働者は「あなたはどの程度まであなたの仕事の結果を選びもしくは変えるか？」という質問に対して、「少しもない」または「ごくまれ」と答えた人たちである。行うことによって学ぶことがほとんどない仕事に従事する労働者は「あなたは行う仕事から、行うことによって学ぶことを必要とする仕事はどれくらいの頻度ありますか？」という質問に「まったく」か「1 か月に 1 回程度」と答えた人である。

資料：OECD 事務局算定。データ源は Survey of Adult Skills（PIAAC）（2012）（database）。

StatLink：http://dx.doi.org/10.1787/888933214883

図6.8　フォーマル・ノンフォーマルな成人教育・訓練への参加の可能性と単純作業遂行の関連
16-29 歳、2012 年

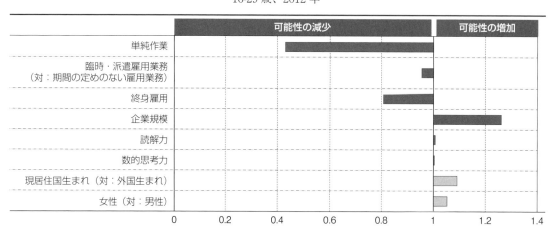

注：すべての国のロジット回帰の結果。統計的に有意な値は濃色で示されている。
資料：OECD 事務局算定。データ源は Survey of Adult Skills（PIAAC）（2012）（database）。

StatLink：http://dx.doi.org/10.1787/888933214898

仕事のミスマッチ

　若年労働者を最善とは言えない方法で仕事に割り当てていく、いわゆる「ミスマッチ」の問題は、仕事でスキルを使用することがより少なくなる一因となっている。働き盛りの労働者に比べてあまり使用されていないスキルと同様に、ある形態のミスマッチはキャリアの初めに共通している。学校で獲得するスキルは必ずしも職業で必要とされるものとぴったりと一致するわけではない。したがって、最初の2、3年がスキル適合の過程だとみなされているのかもしれない。若者は仕事を探しながら結局自分に合わない仕事をしていて、労働市場で苦闘しているようにみえるかもしれない。この過程の間に、使用されないスキルは市場価値を低下させ、使用されたスキルは価値が上昇し、そして新しいスキルが獲得される。Imai, Stacey and Warman（2011）の研究によって、このスキル適合の過程が立証された。この研究は、カナダの移民のスキルミスマッチを調べたもので、個人のスキルは徐々に企業の技術によって必要とされる最適のスキルセットに収束し、時間とともにスキルミスマッチは消滅する傾向にある、と結論づけている。しかし、もしミスマッチによってスキルを使用することがずっと低いままなら、たとえば教育システムで身につけたスキルが労働市場との関連性を欠くのなら、ミスマッチは問題を含んでいる（第3章参照）。

　ミスマッチの問題にはさまざまな側面がある。少なくとも三つのタイプのミスマッチが特定できる（OECD, 2013, 2014b）。

- **資格ミスマッチ**：若者が有する正式な資格が仕事の必要性に対応しない場合。
- **学習分野ミスマッチ**：個人が学習してきた分野外の専門領域で雇用された場合。この型のミスマッチは、必要以上の学歴がある場合と仕事特有のスキルが使われないときに問題となりうる。そうなると、その人は収入や雇用機会に関して、不利な扱いを受ける可能性が高まる。しかし、なかには自分の学習分野以外の仕事に大変よく溶け込む若者もいる。彼らは労働需要と新しい仕事の状況に容易に適応することができる。
- **スキルミスマッチ**：労働者のスキルと仕事にうまく対処するのに必要なスキルの間のギャップがある場合。一つの職業のためには広範囲のスキルが必要であり、労働者はいくつかのスキルはあるが他のスキルは不足している、ということもあるかもしれないので、スキルミスマッチを評価するのは複雑である。「成人スキル調査」では、読解力、数的思考力、ITを活用した問題解決能力におけるミスマッチに関する情報が得られる。

　資格ミスマッチとスキルミスマッチは、関連があるが同一ではない。同一の資格を持つ人々でも異なるスキルを持つ（OECD, 2013）。仕事に必要と思われるレベルの正式な資格を持たない人の中には、仕事を行うために必要なスキルが実際には不足していないという人もいるし、その逆もまた

第6章　仕事での若者のスキル使用のトレンド

図 6.9　ミスマッチ（ミスマッチタイプ別・年齢層別）
各年齢層別の全就業者における割合、2012年

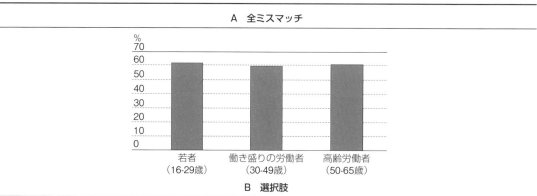

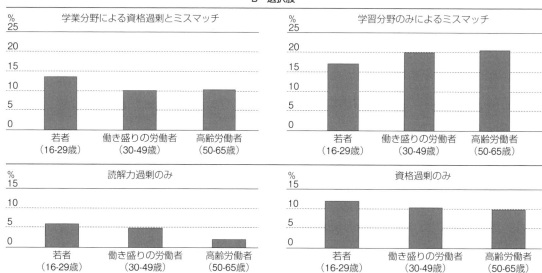

注：労働者は、仕事に必要なものよりも高い資格もしくは低い資格をもつならば、「資格による」ミスマッチとして分類される。もし仕事よりも卓越したまたは低い読解力もつならば、「読解力」に関してミスマッチとして分類される。もし学業分野に関係ない職で働いているならば「学業分野」によるミスマッチとして分類される。

資料：OECD (2014b), *OECD Employment Outlook 2014*, OECD Publishing, Paris, http://dx.doi.org/10.1787/empl_outlook-2014-en.
StatLink：http://dx.doi.org/10.1787/888933214904

同様である。たとえば、医療分野では免許制をとっているため資格ミスマッチは比較的少ないものの、医師と看護師の両方で相当なスキルの不均一性が存在する（OECD, forthcoming [b]）。

　働き盛りの労働者と比較して、若者は読解力において資格を持ちすぎ、スキルも持ちすぎのように思われる（図6.9）。若者はまた、資格過剰の原因である学習分野のミスマッチを経験する可能性も高い。一方、若者は自分の学習分野以外の分野ではあるが、資格のレベルは適正であるような分野で働く可能性はより低い。統計的な証拠はまた、スキルミスマッチが発生する割合は経験とともに減少し、スキルへの回帰は経験とともに増すことも示している（OECD, 2014b）。これら三つの側面を統合するとき、ミスマッチの発生率は年齢層による差がほとんどないことが分析によって示

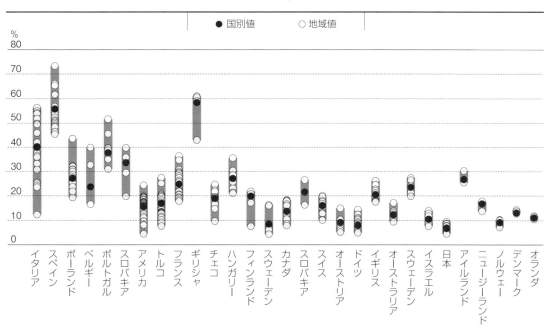

図6.10 若者の失業率の地域差
2013年

注：若者の失業率は、15-24歳の労働力人口に占める失業者の割合である。各地域の値は小区分地域を表す。
資料：*OECD Regional Statistics and Indicators* (database).

StatLink：http://dx.doi.org/10.1787/888933214910

されている（OECD, 2014b）。

　ミスマッチが最近増加しているのであれば、この増加は一時的なのか持続的現象なのかという疑問が、注目を集める。しかし、この問題についての証拠はほとんどないが、それは一つに長期にわたる仕事のミスマッチのデータ不足による。若者は労働力の需要が低かったために自分の教育やスキル以下の仕事を選んだかもしれず、それが資格過剰とスキル過剰の若年労働者数の一時的な増加につながる可能性もある。さらに、経済危機が構造変化を引き起こしており、それが構造的ミスマッチを悪化させているのかもしれない（Arpaia, Kiss and Turrini, 2014; CEDEFOP, 2014; ILO, 2013）。たとえば、住宅バブルがはじけた結果として、いくつかの国では建設業が縮小した。さらに外国の需要が弱くなったことにより、国々が輸出パターンを変えることになった。特に企業は単純作業に基づいた業務の外注化を進めてきており、単純作業を行う職業の歴史的な減退をさらに悪化させることになった（Jaimovich and Siu, 2012）。教育システムが十分な対応をしてこなかったのであれば、これらの変化がスキルミスマッチを増進させたのかもしれない。この分野で経験を積んできた若者は、これらのスキルがもはや必要とされない状況に自分が置かれていることに気づいている。

　教育システムがニーズの変化に対応し、組織が労働者に労働市場に入っていくために移転可能な

スキルを身につけさせ、政府と企業が労働者を再訓練すれば、将来的にはさまざまなタイプのミスマッチは時間とともに徐々に減少するだろう。OECD 主要国といくつかの新興経済国では、過去20年と比較すると今後10年のほうが、産業構造の変化は小さくなると予想されている（Braconier, Nicoletti and Westmore, 2014）。しかし、日本と主要な新興経済国では、その変化は大きくなることが予想される。

　ある地域の労働市場から別の地域への地理的な移動が限定されると、若者に自分のスキルレベル以下の仕事や、学習した分野以外の仕事に就くように仕向けることになるかもしれない。これが構造的ミスマッチのもう一つの原因である。若者の失業が一つの国の中で地域によって非常に多様であることが、この問題を例証している（図6.10）。この多様さは、地理的なものや産業分野に特有の衝撃や、製品の特殊化の歴史から生じる。その結果、いくつかの地域では付加価値の低い生産をするのが特徴となり、低コストの競争の激しいマーケットで働く労働者が多く住むこととなる。そのような地域では「スキル過剰」の状況が生じ、そこでは訓練を十分積んだ若者が能力に見合った仕事を見つけることができず、そのため要求のそれほど厳しくない仕事を受け入れるか失業したままとなる（OECD, 2014c 参照）。地理的な移動性の高いところでは、そのような地域からの若者は、ほかの地域で彼らのスキルと釣り合ったより良い質の仕事を見つけるために、移住することがある。

スキルの不十分な使用と仕事のミスマッチの影響

　全体的にこれらの結果が示しているのは、一時的要因と構造的要因の両方が原因で、若年労働者は彼らのスキルを十分に用いていないか、ミスマッチになっているということである。臨時・派遣の仕事から安定した仕事に移ることによって、若年労働者は彼らのスキルの使用を改善することが予想される。同様に、雇用主がその被用者のスキルのレベルやタイプを確かめてそれを十分に活用し、被用者が自分のスキルとマッチする仕事を見つけるのには時間を要することがありうる。そのうえ、国によっては職業に関する階層制度の性質が存在することで、若い被用者がそのスキルを十分使うような、より責任ある地位に移るにも時間を要することもありうる。高いスキルを持つ若者は比較的技術レベルの低い産業では彼らのスキルをすぐには使わないかもしれないが、高いスキルを持つ労働力が手に入る可能性があることで、企業はその生産プロセスを改良する潜在力があることになる。しかし若年労働者が臨時・派遣の仕事や、彼らの持つスキルと仕事に必要とされるスキルとの間に大きなギャップを持つ仕事から抜け出せないならば、スキルの不十分な使用が広く行き渡ったり、永続的なものになったりしかねない。

　スキルのミスマッチと利用不足が構造的な問題からくるもので、永続的なものであるならば、個人にも社会にも悪影響を及ぼしうる。持続的ならば、十分スキルを活用しないことで、当初の教育での投資が無駄になるだけではなく、その投資の収益を回収する機会を失うことになる。当面、個人と公共の両方で財政的なコストがかかるだけでなく、スキルの利用が少ないことで長期的な影響

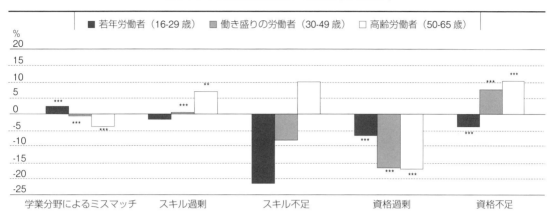

図6.11　賃金とミスマッチ（ミスマッチタイプ別・年齢層別）
ミスマッチによる賃金割合[1]の変化率、2012年

1. 国別の第1及び第99パーセンタイルで調節された賃金と給与所得のためのボーナスを含めた総時給の対数。
注：「***」「**」「*」は、それぞれ1％、5％および10％レベルで統計的有意差を表す。ミスマッチの3タイプの賃金のログの単一OLS回帰は、性別、学歴のレベル、学業分野、読解力熟達スコア、企業規模、職業分類（1桁）、産業分類（1桁）、契約種別、セクター（公共、民間、非営利）、学生のためのダミー、常勤の仕事と国の固定効果のためのダミーに対するコントロールを含んで行われた。標準誤差は、測定誤差とサンプリング設計のために補正される。
資料：OECD (2014b), *OECD Employment Outlook 2014*, OECD Publishing, Paris, *http://dx.doi.org/10.1787/empl_outlook-2014-en*.
StatLink：http://dx.doi.org/10.1787/888933214920

を受けることになりかねない。すなわち、スキルを十分使わない若者は時間とともにスキルを失う可能性が高く、さらにはそれによって将来の雇用や福利に悪影響があり、さらにはその後の職業訓練に参加する度合いが低くなるという結果になりうる。

スキルミスマッチと資格ミスマッチは賃金にも影響を及ぼす可能性がある（図6.11）。資格過剰の若年労働者は、適した資格を持つ労働者よりも収入が少ない。スキル過剰が賃金に及ぼす影響は、特に若者では小さく、しばしば統計的に有意な差がない[1]。分野ミスマッチについては、このミスマッチのない若者と比較した場合に、これだけでは賃金の不利はないように思われる（OECD, 2014b）。しかし、これには資格過剰がしばしば伴うことになり、そうなると賃金面での不利につながる。

ミスマッチはまた、個人の仕事満足度にも悪影響を及ぼす可能性がある。統計的な証拠が示すところでは、同一レベルの資格を持つよく適合した労働者と比較して、個人の性格を考慮したときでさえ、資格過剰の場合には仕事の満足度が減少し、資格不足であることは満足度を増加させる。スキル過剰もまた、仕事に満足する可能性が著しく減少する（OECD, 2011a）。

ミスマッチは、その賃金と仕事満足度に対する悪影響のために、離職を促す可能性がある。スキル過剰の労働者と資格過剰の労働者は両方とも、社会人口学的特徴、職業の属性、月給といった要素を考慮した場合でも、職業に就きながら別の職業を探す可能性がより高いようにみえるが、実はスキル過剰の影響は資格過剰の影響よりもはるかに大きい（OECD, 2011a）。このことは、労働者

が同様の資格を持つよく適合した仕事を持つ労働者と比べても、同一の仕事に就くよく適合した仕事を持つ労働者と比べても当てはまる。

まとめると、これらの個人に対する否定的な影響はすべて、雇用主に対しても否定的な影響を及ぼす。職業に就いたままの職探しや高い離職率につながるミスマッチは、新規雇用のコストを増加させ、生産性を低下させる。同様にもし自分の職業に不満であれば、それが仕事において参加しようという意欲や、やる気に対して悪影響を及ぼす。その仕事に対してスキルの低い労働者は、おそらく仕事で過剰な努力をしなければならず、仕事の必要条件にマッチしたスキルを持つ労働者よりは生産性が低くなる可能性が高い。スキル使用が最適とは言えないことの影響によって、経済全体の生産性に対して否定的な結果をもたらすかもしれない。

起　業

起業（アントレプレナーシップ）とは自分の会社を立ち上げることだが、若者にとっては自分のスキルを使うというもう一つの選択肢、経済と社会にとっては新たな才能を持った人材の恩恵を受けるもう一つの選択肢を提供する可能性を持つ。しかし、若い起業家の経営する企業はより上の年代の起業家の企業よりも継続する割合は低い。ただし、若者の経営する企業は継続すると、より上の年代の起業家の企業よりも、平均すると成長する見込みが高い。3年継続した企業の中で、30歳以下の若者によって経営される企業は、付加成長率の平均が206%であり、40歳以上の起業家の企業の成長率（114%）の2倍近くである（Van Praag, 2003; OECD/European Union, 2012）。

起業はまた、経済全体に貢献することもできる。統計的な証拠が示すところでは、起業は雇用の

図6.12　自営業に対する若者の意見（ヨーロッパ諸国）

2012年

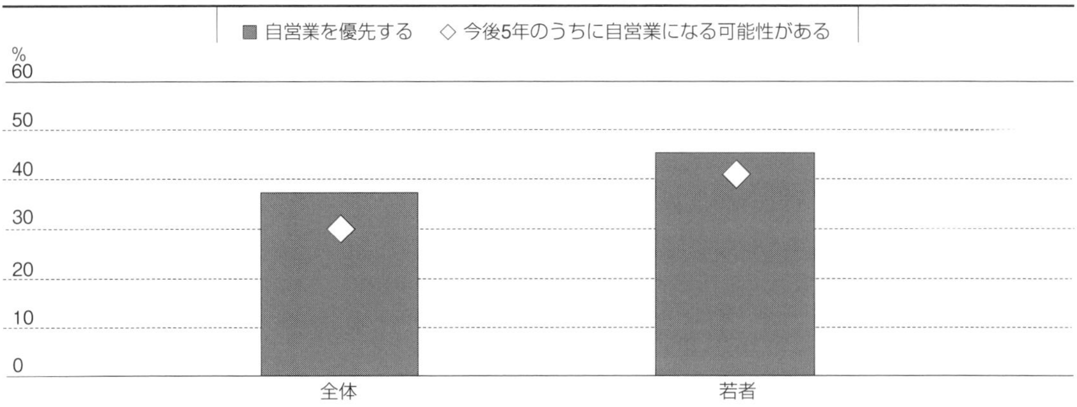

注：データは次の質問への肯定的回答を示す。「もしあなたが様々な種類の仕事間で選ぶのであれば、自営業を優先しますか？」と「あなたは自営業者になりたいかどうかにかかわらず、今後5年のうちにあなたが自営業者になる可能性はありますか？」。
資料：European Commission (2012), "Entrepreneurship in the EU and beyond", *Flash Eurobarometer*, No. 354.

StatLink：http://dx.doi.org/10.1787/888933214939

図6.13 自営業に興味がある個人の割合（ヨーロッパ諸国）
2012年

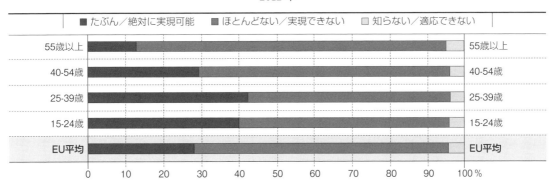

注：データは「もしあなたがさまざまな種類の仕事間で選ぶのであれば、自営業を優先しますか？」という質問への回答を示す。
資料：OECD/European Union (2012), *Policy Brief on Youth Entrepreneurship: Entrepreneurial Activities in Europe*, Publications Office of the European Union, Luxembourg.

StatLink：http://dx.doi.org/10.1787/888933214943

図6.14 若年労働者と働き盛りの労働者に占める自営業者の割合
各年齢層別の全就業者に占める割合、2013年

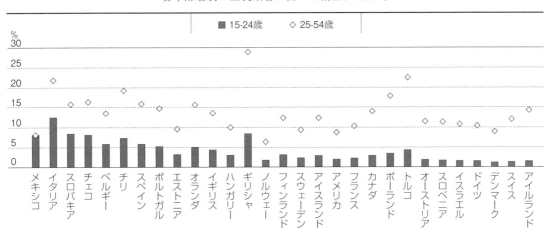

注：チリとイスラエルのデータは2011年のものである。各国は左から順に、若者と働き盛り労働者間の自営業の割合の差について小さい割合から大きな割合に並べられている。
資料：OECD事務局算定。データ源は各国の労働力調査（Labour Force Survey）。

StatLink：http://dx.doi.org/10.1787/888933214959

増加の一助となりうる（Haltiwanger, Jarmin and Miranda, 2010）。さらに若者が起業すれば、新しいアイディアを市場に送り込むルートを切り開くことによって、イノベーションと生産性の成長に拍車をかけることができる。若者の起業は、経済を新しい需要に向けて再編成するのにも役立つ。たとえば、ますます多くの若者による起業が、革新的な形式での資源共有と、社会的企業や環境保護活動の領域で稼働している（OECD, 2011b）。また、個人のレベルでは、自営で働く者の職業満足度は、平均的な被用者の自己満足度よりも高い傾向がある。

実は多くの若者が、起業や自営に興味を持っている。欧州委員会が発表したユーロバロメーター

調査によると、EUではおしなべて、平均的な成人に比べて若者のほうが自営に対してより好感を持ち、しかも実現可能であると考えている（図 6.12）[2]。EU での自営の可能性に対する態度は、年齢とともに低下する。年齢層で比較してみると、二つの若いグループは自営に対して最も高い関心を示しているようであり、今後 5 年間で自営をすることは「十分可能である」か「かなり可能である」と回答しており、40 歳から 54 歳の成人の数字よりもはるかに高く、55 歳以上の成人と比べるとさらに高い（図 6.13）。しかし、若者の実際の自営率は平均して、働き盛り世代よりもはるかに低い（図 6.14）。彼らは起業をするのに、より経験を積んだ成人よりも大きな障壁に直面しているようである。

若者の就業力に関するスキルスコアボード

職場はスキルの使用を奨励しているか？

職場でのスキルの使用はスキルをさらに磨くのに役立ち、若者が仕事をさらに得やすくする。特に、自分自身の仕事量を管理する職務の裁量がより与えられ、学習と協調性、問題解決の能力を育むような労働環境があれば、スキルを磨くとともに、労働者がより仕事を効率よく行うように促すことにもなる。さらに「成人スキル調査」によると、人はキャリアの初期には比較的急速にスキルを蓄積し、後年比較的ゆっくり失う。そこで若者のスキルの効果的使用と発達はその分さらに重要になる。この考え方を測定するためにスキルスコアボードは、職場でこれらのスキルを使用する若年労働者の割合を示す四つの指標を用いている（表 6.1）。

仕事での若者のスキル使用のトレンド　第6章

表 6.1　若者の就業力に関するスキルスコアボード：職場はスキルの使用を奨励しているか

凡例：
- ■ 上位25%
- ▨ ほぼ平均
- ■ 下位25%

指標	オーストラリア	オーストリア	ベルギー[1]	カナダ	チェコ	デンマーク	エストニア	フィンランド	フランス	ドイツ	アイルランド	イタリア	日本	韓国	オランダ	ノルウェー	ポーランド	スロバキア	スペイン	スウェーデン	イギリス[2]	アメリカ
職場で仕事の慎重さを持つ若者の割合、16-29歳[3] 2012年 資料：Survey of Adult Skills.	■	▨	▨	▨	▨	▨	■	▨	▨	■	▨	■	■	▨	▨	▨	▨	■	▨	▨	■	■
職場で行うことによって学ぶ若者の割合、16-29歳[4] 2012年 資料：Survey of Adult Skills.	■	▨	▨	▨	■	▨	▨	▨	■	■	■	▨	▨	▨	▨	▨	▨	▨	▨	▨	■	■
職場で問題解決能力を使用する若者の割合、16-29歳[5] 2012年 資料：Survey of Adult Skills.	■	▨	▨	▨	▨	■	■	▨	▨	▨	▨	▨	■	▨	▨	▨	▨	▨	▨	▨	▨	■
職場で協働スキルを使用する若者の割合、16-29歳[6] 2012年 資料：Survey of Adult Skills.	■	▨	▨	▨	■	▨	▨	▨	▨	▨	▨	▨	▨	▨	■	■	▨	▨	▨	▨	▨	▨
要約指標	■	▨	▨	▨	▨	▨	▨	▨	▨	▨	▨	▨	■	■	▨	▨	▨	▨	▨	▨	■	■

1. ベルギーの「成人スキル調査」におけるすべての指標は、フランドルについてのものである。
2. イギリスの「成人スキル調査」におけるすべての指標は、イングランドと北アイルランドのものである。
3. この指標は「成人スキル調査」の以下の二つの質問に基づいている。「あなたはどの程度以下のことを選択または変更することができますか？ 1) 仕事の手順、2) どのように仕事を行うか」（項目ID：D_Q11a, D_Q11b）。この指数は、これらの両方の質問に「ある程度」「高い程度」または「非常に高い程度」と回答した若年労働者の割合を示している。
4. この指標は「成人スキル調査」の以下の二つの質問に基づいている。「あなたの仕事はどのくらいの頻度で以下のことを含んでいますか？ 1) 自分の行う仕事から、やりながら学ぶ、2) 新しい製品やサービスについて最新の知識を保つ」（項目ID：D_Q13a, D_Q13b）。この指数は、これらの両方の質問に「週に1度以下だが月に1度以上」「少なくとも週1度だが毎日ではない」または「毎日」と回答した若年労働者の割合を示している。
5. 指標は「成人スキル調査」の以下の質問に基づいている。「よい解決策を見つけるのに少なくとも30分を要するような、より複雑な問題にいつも直面しているのはどのくらいの頻度？」（項目ID：F_Q05b）。この質問に「週に一度ほどもなく、少なくとも月に一度」「少なくとも週に一度で、毎日ではない」または「毎日」と回答した若年労働者の割合を示している。
6. 指標は「成人スキル調査」の以下の質問に基づいている。「あなたの仕事で、通常同僚との協力や共同で過ごすあなたの時間の割合は？」（項目ID：F_Q01b）。この質問に「時間の4分の1まで」「時間の半分まで」「時間の半分以上」または「すべての時間」と回答した若年労働者の割合を示している。

注：すべての指標は、より良い成果を上げた国が上位25%以上にランク付けされるように正規化されている。要約指標は、四つの指標の単純平均として算定した。

資料：OECD事務局算定。データ源は Survey of Adult Skills (PIAAC) (2012) (database)。

注

1. 資格ミスマッチとスキルミスマッチは両方とも、資格レベルと熟達スコアを考慮した後でも、賃金に明白な影響を及ぼしているかもしれない。これは似通った資格要件のある職業でも、スキルの要件が異なるかもしれないからである。このようなことが生じかねないのは、雇用主は資格を評価することはできるが、スキルを直接には測定することができないからである。さらに二つの指標によって示されたスキルのミスマッチの種類が異なっている。すなわち、スキルのミスマッチの調査票による指標は、数的思考力、読解力、問題解決能力に基づいているのに対し、資格ベースの指標によってとらえられるスキルミスマッチはより一般的だと解釈することができ、たとえばある仕事に特有のスキルのレベルに基づいているかもしれない。
2. これはアメリカと中国でのものよりも低い。両国ではそれぞれ36％と49％の人々が、今後5年間に自営をする可能性が「非常に高い」または「かなり高い」と考えている（OECD/EU, 2012）。

参考文献・資料

Arpaia, A., A. Kiss, and A. Turrini (2014), "Is unemployment structural or cyclical? Main features of job matching in the EU after the crisis", *European Economy - Economic Papers 527*, Directorate General Economic and Monetary Affairs (DG ECFIN), European Commission.

Autor, D.H. and B.M. Price (2013), "The changing task composition of the US labor market: An update of Autor, Levy and Murnane (2003)", *MIT Monograph, June*.

Autor, D.H., F. Levy and R. J. Murnane (2003), "The skill content of recent technological change: An empirical exploration", *The Quarterly Journal of Economics*, Vol. 118, No. 4, pp. 1279-1333.

Braconier, H., G. Nicoletti and B. Westmore (2014), "Policy challenges for the next 50 years", *OECD Economic Policy Papers*, No. 9, OECD Publishing, Paris, http://dx.doi.org/10.1787/5jz18gs5fckf-en.

CEDEFOP (2014), "Skill mismatch: more than meets the eye", *Briefing Notes No. 9087*, European Centre for the Development of Vocational Training (CEDEFOP).

European Commission (2012), "Entrepreneurship in the EU and beyond", *Flash Eurobarometer*, No. 354.

Haltiwanger, J.C. R.S. Jarmin and J. Miranda (2010), "Who Creates Jobs? Small vs. Large vs. Young," *NBER Working Papers*, No. 16300, National Bureau of Economic Research.

ILO (2013), *Global Employment Trends 2013: Recovering from a Second Jobs Dip*, International Labour Organization.

Imai, S., D. Stacey and C. Warman (2011), "From Engineer to Taxi Driver? Occupational Skills and the Economic Outcomes of Immigrants", *Working Papers 1275*, Queen's University, Department of Economics.

ITU (2014), *Digital opportunities: Innovative ICT solutions for youth employment*. International Telecommunication Union.

Jaimovich, N. and H.E. Siu (2012), "The trend is the cycle : Job polarization and jobless recoveries", *NBER Working Paper*, No. 18334. National Bureau of Economic Research.

OECD (forthcoming [a]), *Adults, Computers and Problem Solving:What's the Problem?*, OECD Publishing, Paris.

OECD (forthcoming [b]), *Health Workforce Policies in OECD Countries* (preliminary title), OECD Publishing, Paris.

OECD (2014a), *Measuring the Digital Economy : A New Perspective*, OECD Publishing, Paris, *http://dx.doi.org/10.1787/9789264221796-en*.

OECD (2014b), *OECD Employment Outlook 2014*, OECD Publishing, Paris, *http://dx.doi.org/10.1787/empl_outlook-2014-en*.

OECD (2014c), *Job Creation and Local Economic Development*, OECD Publishing, Paris, *http://dx.doi.org/10.1787/9789264215009-en*.

OECD (2013), *OECD Skills Outlook 2013: First Results from the Survey of Adult Skills*, OECD Publishing, Paris, *http://dx.doi.org/10.1787/9789264204256-en*.(『OECD 成人スキル白書：第 1 回国際成人力調査（PIAAC）報告書〈OECD スキル・アウトルック 2013 年版〉』経済協力開発機構（OECD）編著、矢倉美登里・稲田智子・来田誠一郎訳、明石書店、2014 年）

OECD (2011a), *OECD Employment Outlook 2011*, OECD Publishing, Paris, *http://dx.doi.org/10.1787/empl_outlook-2011-en*.

OECD (2011b), *Entrepreneurship at a Glance 2011*, OECD Publishing, Paris, *http://dx.doi.org/10.1787/9789264097711-en*.

OECD (2001), *Putting the Young in Business: Policy Challenges for Youth Entrepreneurship*, OECD Publishing, Paris, *http://dx.doi.org/10.1787/9789264188648-en*.

OECD/European Union (2012), *Policy Brief on Youth Entrepreneurship: Entrepreneurial Activities in Europe*, Publications Office of the European Union, Luxembourg.

Van Praag, M. (2003), "Business survival and success of young small business owners: An empirical analysis", *Small Business Economics*, Vol. 21, pp. 1-17.

第 7 章

若者のスキルを仕事に使用することに向けた政策

　本章では、スキルと雇用のマッチングを改善するための方策、若者がスキルをより有効に活用し、アントレプレナーシップの障壁を取り除くことを奨励するための方針について論じる。多くの異なる政策が従業員と雇用主の両面においてスキルと雇用のマッチングプロセスに影響を及ぼすため、地理的移動に対する障壁の除去、一貫した国内的・国際的な資格枠組みの設計、効果的な労働組織の推進を行い、若者のアントレプレナーシップの障壁を取り除くといった、多方面にわたる努力が必要である。

若者のスキルをより効果的に活用するためには、さまざまな努力と政策が役立つだろう。教育制度を労働市場にもっと顕著に結びつけ、若者に仕事の世界に向けより良い準備をさせておくことは、スキルの供給と需要の間の大きな不均衡の拡大を是正するだろう。しかし、こうした不均衡を解決するには、より労働市場のニーズに合わせて調整できる教育訓練システム、もしくは、より経済付加価値の高い生産に向け、経済構造を変更するというような大きな構造調整が必要となるため、時間がかかる。

労働市場の硬直性も、経験のない若者が自分のスキルを十分に活用できるように仕事することを困難にしている。良好な労働市場制度においては、雇用主が若者のスキルを見極め、報酬を与える能力が向上する。また、雇用主が時間の経過とともに労働者のスキルについて学ぶ可能性を高める（OECD, 2014a）。第4章で議論したように、若者は臨時・派遣契約もしくは有期契約で雇われる傾向にあり、これらの契約は期間の定めのない雇用よりもスキルの利用率を低下させる。良好な雇用保護法制においては、臨時・派遣契約の雇用からより効果的なスキルの使用に関連する期間の定めのない雇用への移行を容易にし、柔軟な賃金設定の取り決めにより、賃金を労働者の効果的なスキルに合わせやすくし、職務に対する満足度とのミスマッチにより起こりうる悪影響を軽減することが容易になる。

さらに、若者がスキルに合った仕事を見つけるのを助け、将来の変化するニーズに適応し、スキルを最大限に活用するために職場でスキルを発達させるための特別な政策が必要である。若者のスキルを養成し、それを就労に結びつけることは、公的な政策目標ではあるが、職場でスキルが効果的に使用されているかどうかの評価は少なく、問題に対処するには政策の役割についての合意も少ない。

スキルのミスマッチを減らし、若者のスキルをよりよく活用する

新しいテクノロジーのインパクト

新しいテクノロジーは、雇用主が従業員を募集する方法と求職者が就職を探す方法を変えた。インターネットはLinkedIn、Facebook、Googleなどのソーシャルメディアとして中心的な役割を果たし、申請者追跡システム（applicant tracking system）、モバイルリクルーティング（mobile recruiting）、ジョブボード（jobs boards）、キャリアページ（career pages）などの新しいツールが雇用主や求職者によってますます使用されている。これらの新たな求人チャネルは、企業が雇用機会とキャリアについてより幅広い潜在的な候補者を募集する機会を広げ、求職者においては就職や転職について、より情報に基づいた意思決定を行う機会をもたらしている。

企業では従業員を募集することを目的としたソーシャルメディアの活用が増加している。特定のツール（Recruiter）は、雇用主や求職者が洗練された検索を実行できるようにしている。検索機能により、雇用主は、長年の経験、職位、現在または過去の雇用主、または求職者が働いたことのあ

る会社の規模など、さまざまな特性に基づいて選定できる（主にLinkedIn）。ベルギーの調査によれば、雇用主は、面接の候補者に関する情報量を増やすためにLinkedInとFacebookの両方を使用しているが、実際には初回の候補者を選択するのは少数である（Caers and Castelyns, 2011）。この調査によると、雇用主は、Facebookの公表されているすべての情報をよく調べはしても、候補者への判断についてFacebookのプロフィールに重きは置かないと述べている。これは、2013年に約60％の企業がソーシャルメディアを採用ツールとして使用している、もしくは使用を計画していたが、わずか11％が採用の決定に対して批判的であったのに対し、有用であると信じていたのは30％以下であった（Society for Human Resource Management, 2013）。雇用主は主に候補者のキャリアの履歴と教育に関する情報を見ているが、特定のコミュニティや宗教団体への参加等を含めた候補者の写真や関心事をチェックしている。

インターネットは、労働市場のマッチングを改善しているという証拠がある。アメリカの労働市場に関する調査によれば、オンラインで仕事を探す失業者は、オンラインで検索しない人よりも約25％早く雇用されている（Kuhn and Mansour, 2014）。

しかし、インターネットが労働市場の成果に及ぼす全体的な影響は、依然として十分に理解されていない。若者はそれより高い年齢の者よりもインターネットを、特にソーシャルメディアを使って仕事を探す傾向がある。彼らはとりわけ、これらの新しいテクノロジーが仕事を見つけるチャンスとマッチングプロセスの効率に及ぼす影響にさらされている。しかし、そこにはプラスとマイナスの両方の影響がある。

- インターネットは、仕事や雇用主を探す際の取引コストを削減し、より効果的なマッチングプロセスを実現することができる。また、労働者が新しい雇用に適応し、将来の雇用主との交流を容易にする。さらに、雇用主にとって潜在的な候補者の検索を容易にし、オンラインで仕事を募集し、照会を求めることができる。インターネットはワンストップの雇用市場である。
- 若者は求人と企業そのものに関するますます多くの情報にアクセスしやすくなることで恩恵を受けるが、今度はそれがその仕事に対するより正確な理解へとつながる。その結果、若者のスキルと仕事上の必要条件とのマッチングを容易にすることができる。
- 新しいテクノロジーの使用は、地理的なミスマッチを減少させ、より大きな地理的規模で情報を利用できるようになったことを意味する。
- 採用プロセス中に新しいテクノロジーを使用することは、高等教育を受けた労働者のほうが他の資格のない労働者よりもオンラインで就職する可能性が高いため、若年労働者間の不平等を悪化させる可能性がある。候補者はますますモバイルアクセスを要求され、採用プロセスの一部は特に新興経済国においては、モバイル機器を介して行われる（Society for Human Resource Management, 2013）。これは、コンピュータやスマートフォンにほとんどアクセスすることができない若者にとって好ましい状況ではない。

- 候補者を探す際に、雇用主が豊富な情報にアクセスできるようになるにつれて、新しいテクノロジーは、受け身の求職者も雇用機会についてより知識があり、競合する組織にとってより視認性があることを意味する。さらにこれらは、仕事に完全に合った職歴を持っていない人が選択するのが難しくなる可能性がある。
- ソーシャルメディアを通して個人情報にアクセスすることで、雇用主は候補者をより簡便に区別することができる。調査によると、回答者の50%は、雇用主と採用担当者がソーシャルメディアサイトからの候補データをレビューすることが許可されていることを示している（Society for Human Resource Management, 2013）。このデータを使用して採用意思決定を行うのは20%にすぎないが、この情報へのアクセスと採用意思決定の際にこの情報にアクセスすることの間に線を引くことは困難である。

これらの懸案事項は、政策の方向性を示唆している。学校、雇用センター、その他の機関では、若者はソーシャルメディアの使用法や、LinkedInとFacebookのプロフィールを通じて提供する情報を最大限に活用する方法についてのアドバイスを受けることもできるだろう。保護者は、特定の情報を公開することが意図せぬ結果を招くことを子どもに警告する役割も担っている。多くの国では、従業員の選定時にそのような情報をどのように使用すべきかを規定する特定の法律がある。

オンラインツールから得られた情報は、インターネットへのアクセスが制限されているか、デジタルリテラシーの低い潜在的な労働者を排除することにより、公平性への望ましくない悪影響を減らすために、独立した専門アドバイザーの支援が必要となる場合がある（第3章参照）。公共雇用サービスは、これらのテクノロジーを通じた使用者と潜在的従業員との間の情報交換を促進することによって、マッチングプロセスの効率を向上させることができる（第5章参照）。

スキルと資格

新しいテクノロジーによる候補者のプロフィールへのアクセスが容易にはなったものの、雇用主が資格を完全に理解できない場合、募集プロセスは依然として複雑である。全国的に認知された資格と基準とは対照的に、地方レベルまたは制度レベルでの多数の資格情報は、通常、雇用主が特定の資格を持つ若者にどのようなスキルがあることを期待すべきかがわからないことを意味している。「成人スキル調査」では、同じ正式な資格を持つ人々でも、異なるレベルの認知的スキルを有することが示されている（OECD, 2013a）。年齢が高い人の場合、これは仕事の経験やスキルの使用が不足しているために失われたスキルと関係がある。最近の卒業生にとっては、これは受けてきた教育の質の異質性を反映している可能性が高く、卒業生は同じ正式資格を保持しているが、卒業後はスキルが異なる。

資格が重視されるのは、スキルの構成とレベルを示すからである。コンピテンシーベースの基準と資格は、ソーシャルパートナーと緊密に連携して開発され、労働市場の変化するニーズに応じて

更新されている。1) 若者がどのスキルがどの雇用に必要であるかを理解するのを補助する、2) 資格取得のためにどのような教育方法を選択したかにかかわらず、一定の資格を持つ卒業生に期待できるスキルについて、雇用主に信頼できる情報を提供する（OECD, 2010a）。若い卒業生のスキルを直接評価するため、あるいは労働市場が要求するスキルと正確にマッチする教育プログラムを開発するためのイニシアチブが開発されている（コラム 7.1）。

コラム 7.1　労働市場のニーズと若者のスキルをマッチさせるイニシアチブ：各国の事例

Aspiring Minds 社は 2007 年に設立されたインド企業で、「人材の育成を支援する」という目標を掲げている。出発点は、インド人卒業生のほぼ半数が英語の知識が不十分で認知的能力が低いため、どの分野においても雇用不能であるという企業の評価だった。Aspiring Minds 社は学生、求職者、教育機関と密接に連携し、就業力を評価し、雇用機会につなげることを支援している。

具体的には、若い大学卒業者の就業力を多面的に評価している。アセスメントテスト（Aspiring Minds Computer Adaptive Test, AMCAT）は、英語習熟度、論理・分析能力、数的スキル、管理スキル、社会的・情動的スキル（ビッグファイブ）、エンジニアリング、バンキング、ファイナンス、アカウンティング、さらに最近ではコンピュータプログラミングのスキルなどのさまざまな分野のスキルのような、テクニカルスキルを網羅している。

テストが雇用主のニーズに関連していることを確実にするために、業界レベルの労働者に対して実施され、職場での実績と相関があり、仕事での成功のためにどのようなテスト結果が必要かを予測している。テストは大学で行われているが、オンラインでも受験することができる。このテストは毎月 50,000 件実施されており、就業力に関する国内で最大の評価基準となっている。

イニシアチブのもう一つの目標は、候補者のための平等な競争の場を提供することである。募集プロセスがスキルの尺度に直接基づいている場合（つまり、特定の教育機関または大規模なオープンオンラインコースでこれらのスキルがどのように獲得されたか）、すべての候補者が求職するにあたり同等の機会を得ることができる。

Aspiring Minds 社はスキルと雇用のマッチングプロセスにさまざまな形で影響を与えてきた。

- 企業には、Aspiring Minds 社は、国内の候補者の事前評価から雇用のためのプラットフォームを提供している。評価の多次元的な側面は、雇用主が訓練されている場合に、仕事に必要なスキルを有する可能性がより高い、または容易に開発する候補者を特定することを可能にする。
- 学生には、特に大学入学後の初期段階に行われたテストで、全国平均、強みと弱み、特定分野における就業力、そして彼らの目標を達成するためのスキルの開発方法に関する情報が提供される。このテストでは、社会的・情動的スキルに関する情報も提供される。この情報は、個別の診断レポートによって伝達される。
- 教育機関には、Aspiring Minds 社が学生のテスト結果の成果に基づいて診断レポートを提

供している。レポートは、学生の就業力についてまとめてあり、行動のための領域を示唆している。したがって、教育機関にとっては教育の質を高めるための強力なツールとして機能することが可能である。同社はまた、教育の最終年度に最高のスキルを持つ学生を擁している機関に賞を与えている。

- 最後に、同社はメディアで幅広く議論されている「全国就業力報告書（National Employability Report）」を毎年発行し、政府が情報に基づいた意思決定を行うために使用することができる。

これまで、スキルと仕事のマッチングプロセスの質に対するイニシアチブの影響に関する独立した評価は存在しなかった。しかし、企業、教育機関、候補者からの需要の高まりは、彼らがすべてイニシアチブの恩恵を受けることを示唆している。Aspiring Minds 社が直面している課題の一つは、質を維持しながら、特に地方への適用範囲を拡大することである。地方の労働市場の候補者は、Aspiring Minds 社へのアクセスと知識の欠如という二重の不利益を被っている可能性がある。もう一つの問題は、イニシアチブが労働市場で現在必要とされているスキルの開発にあまりにも重点を置き、将来のニーズはあまり重視しない可能性がある、という点である。これらのことから、将来におけるスキルのニーズを予測する努力を行うことによって、利益を得ることができるであろう。

Ecole 42 は、コンピュータプログラミングスキルの需要と供給のギャップを埋めるために作られたフランスの学校である。フランスの電気通信技術産業のアントレプレナーが立ち上げ、個人的に資金を調達したイニシアチブの出発点は、質の高いプログラミングスキルを持つ若い卒業生がいないことにあった。学校は、革新的な教育的アプローチによってこれらのスキルを開発することを目指している。

この学校は、18 歳から 30 歳のすべての人に門戸を開いている。それまでの学位を必要とせずに、学生は優秀なプログラマーになるためのモチベーションやスキル、潜在能力を評価する深い選択プロセスに基づいて選考される。候補者がいくつかの IT プロジェクトを実施しなければならない「スイミングプール」として知られる 1 か月間の長い没入段階に特に重点が置かれている。指導にあたっては、労働市場で高度に要求される学生の創造性と革新的スキルとテクニカルスキルを育成することを目指している。学校には講義や教師はなく、代わりに教育チームが設置されている。学生の学習は、グループプロジェクトやチームの問題解決などの「ピアツーピア（peer-to-peer）」レビューの手法に基づいている。

プログラムは無料であるが、政府が認定した卒業証書を学校が提供していないため、学生は生活費を払うための助成金を得ることができない。卒業生の労働市場における成果を評価することはできないが、学校やメディアによれば、卒業前段階でさえいくつかの求人が寄せられるようである。

資料：
Aspiring Minds, *www.aspiringminds.in/*.

Wharton University (2014), "Assessing employability is disrupting India's higher education model", *http://knowledge.wharton.upenn.edu/article/assessing-employability-disrupting-indias-higher-education-model/*.

Ecole 42, *www.42.fr/*.

　資格はまた、国際的ではなくとも少なくとも国内では、通用性のあるなものでなければならない。多数の地域または機関に基づく資格は、雇用主や若者がスキルを伝えることを困難にし、資格のリスクは、国家認定基準に基づいていない場合、募集ツールとして無意味になる。最近、ハンガリー、アイルランド、スペイン、イギリスなどといったいくつかの国では、国家資格制度の導入や合理化がなされている。欧州資格枠組み（European Qualification Framework, EQF）は、多くのヨーロッパ諸国に対して、EU全体の枠組みに沿った国家的枠組みを確立するよう奨励している。欧州資格枠組みは8レベルのグリッドを提供し、それぞれが関連するスキル、知識、適格性の面で記述されており、すべてのヨーロッパ諸国は国家資格を適切なレベルに分類する必要がある。これにより、国内外の資格が比較され、国境を越えた移動が可能になる（OECD, 2010a）。国家資格を欧州資格枠組みに分類するプロセスは、資格階層における学問指向の資格と比較して、特に職業志向の資格の地位確立において一部の国では困難であった。

国外で取得したスキルやインフォーマルな資格の認証

　正式な資格を持っていない若者でも、厳しい仕事を遂行する適切なスキルを持っているかもしれないが、それを獲得することははるかに困難なことである。適性の低い者はまた、スキルの習熟度や職務特性を考慮しても、同じ職種では高い資格を持つ労働者に比べて低所得である。雇用主の中には、主に募集戦略として経験や個人的な経歴に頼っているものもあれば、正式な資格に重点を置いているものもあり、十分なスキルがあるにもかかわらず無資格の人々は不利な状況に置かれている。ノンフォーマル・インフォーマルラーニングの認証（Recognizing Non-formal and Informal Learning, RNFIL）によって獲得されたスキルの正式な認証と、これらのシステムに対する雇用主の意識向上は若者のスキル向上に役立つのである。

　移民は、特に労働市場においてはペナルティを課され、資格過剰のカテゴリーに入る傾向にある（第4章参照）。高等教育を受けた移民は、すべての国において実質的にその国の出身者よりも多くの資格を取得している。これは、中程度の資格を有する者にとってはそれほど顕著ではない（OECD, 2014b）。資格過剰は、移民の資格が受け入れ国で認められていないか、出身国で受けた教育の質が低く、資格に必要なスキルが備わっていないために起こる。国外で取得した資格を持つ資格過剰の移住者のうち、3分の1から2分の1が、ネイティブと比較して、相対的に所与の資格レベルに対してスキルレベルが低い（Bonfanti and Xenogiani 2014; OECD, 2008a, 2007a）。

　適切な雇用を見つけるために必要な語学能力や、プロフェッショナルネットワークが不足してい

る移民もいる。5人のうち1人以上の移民が、言語の問題が適切な雇用を見つけるための主な障壁であると報告されており、このグループでは教育レベルが低い移民が大半を占めている（OECD, 2014b）。さらに、移民（移民の子どもを含む）は、受け入れ国の労働市場や雇用慣行、雇用主との直接的または間接的な接触についての知識に関して、明らかに不利な立場にある。外国人労働市場を視野に入れた言語訓練や指導と連携したスキルの検証や外国資格の認定を目指すイニシアチブは、移民労働者の資格ミスマッチの発生率を低下させるだろう（コラム 7.2）。

コラム 7.2 認知的スキルと国外の資格：各国の事例

OECD の仕事は、労働者と雇用主の両方に対して、ノンフォーマル・インフォーマルラーニングの認証（RNFIL）の潜在的利益を実証している。適格性が低い状況では、認証はより大きな可視性を提供し、労働市場の人々のスキルに価値を付加する。また、失業した労働者のスキルを労働市場の他の部分で認証し使用できるようにすることによって、構造調整を促進することもできる。多くの OECD 諸国は RNFIL システムを確立しているが、認証プロセスはしばしば小規模で複雑であり、雇用主にとっての価値を低下させる（OECD, 2011a）。一部の国で進んでいる分野の一つは、国外で習得したスキルを認証することである。

オーストラリアでは、熟練した移民の過度の資格問題を克服するプログラムを確立している州もある。たとえばビクトリア州では、1996 年に設立された国外有資格専門家プログラムは、国外のスキルを習得した職業経験者に対して、彼らが学んできた分野に合致する就職の機会を増やすために、職業紹介の機会を提供している。対象となる者は、失業しているか、または低スキルの職に雇われていなければならない。プログラムは、就労スキルを養うための最初の 6 週間の訓練期間と、参加者のフィールドまたは密接に関連した職場における 4 週間から 6 週間の仕事経験で構成されている。仕事経験では一般に報酬は与えられていない。このプログラムにはメンタリング的な要素と、業界団体のネットワーキングセッションが含まれている。プログラムの修了後 6 か月間において、参加者の 60％以上が資格と経験に応じた分野で有給雇用に就いていた。

2004 年、デンマークは異なるアプローチで、雇用省（Ministry of Employment）と社会的パートナーによる共同プロジェクトとして、移民のスキルと資格の評価のための地域知識センターを設立した。アセスメントは一般に企業や職場の職場環境で、移民のスキルと労働市場のニーズを関連づける「コンピテンシーカード（competence card）」を使って行われる。また、移民のスキルに合った就職活動を支援している（OECD, 2007b）。

他の国では、プログラムは特定の職業における資格過剰に焦点を当てている。ポルトガルでは、二つの非政府組織（NGO）——「Gulbenkian Foundation」「Jesuit Refugee Service」——が、大学や各省庁（厚生省、内務省、外務省）と共同で低スキルの職業で働いていると認められた外国人研修医のためのプログラムを開発した。このプログラムでは、文章の翻訳、医学部でのブリッジ授業、包括的な準備教材、教育病院でのインターンシップ、職種別の語学訓練などが行わ

れた。参加者は最終評価試験に合格する必要がある。この試験的なプロジェクトを修了した参加者の約90％が医師として雇用された。継続的な統合を確実にするために、参加者はプログラム修了後の1年にわたって追跡調査され、現在ではこのプログラムは主流になっている。スウェーデンでは、法律、教育、保健、行政に関する外国の大学の学位を持つ移民のための補助コースを準備するため、多くの大学やカレッジを指定している。このプログラムは、国外で取得した資格をスウェーデンの労働市場に適応させる機会を提供するために導入され、高度に熟練した移民が就職分野で就職する支援を行っている。

　利用率の低いスキルによって特に影響を受けるグループは、高度に熟練しているかもしれないが、移住の主目的が雇用ではない難民のグループである。この問題に対処するために、オランダは、たとえば高い資格を持つ難民のためのいくつかの具体的な訓練プログラムを設立している（OECD, 2008a）。

資料：
OECD (2007b), *Jobs for Immigrants (Vol. 1): Labour Market Integration in Australia, Denmark, Germany and Sweden*, OECD Publishing, Paris, *http://dx.doi.org/10.1787/9789264033603-en*.
OECD (2008a), *Jobs for Immigrants (Vol. 2): Labour Market Integration in Belgium, France, the Netherlands and Portugal*, OECD Publishing, Paris, *http://dx.doi.org/10.1787/9789264055605-en*.
OECD (2011a), *OECD Employment Outlook 2011*, OECD Publishing, Paris, *http://dx.doi.org/10.1787/empl_outlook-2011-en*.

地理的なミスマッチ

　少なくともアメリカでは、求職者をより良い雇用機会のある地域に再配置することによって、失業率を低下させることができるというエビデンスを持っている（Şahin, Song, Topa and Violante, 2012; Manning and Petrongolo, 2011）。政策は、スキルと雇用のマッチングを最大限にするために、ある地方の労働市場から別の地方への移動を容易にする。たとえば、都市の中心部の仕事と郊外の手頃な価格の住宅につなぐ公共交通機関を提供することで、都市部のセンターや産業拠点と農村部を結ぶことができる（OECD, 2014c）。居住者の移動を妨げる住宅政策を取り除くことは、労働移動性と地方労働市場におけるスキルと雇用の配分に重要な影響を与える可能性がある（Caldera Sánchezand Andrews, 2011）。

　しかし、地理的移動性をさらに促進することは、特に地方においては「頭脳流出」と、低生産性、低技術の雇用に長年に渡って従事することに対して、重要なトレードオフにもなりうる（Froy, Giguère and Meghnagi, 2012; OECD, 2014d）。したがって、スキルの地理的移動を緩和する政策は、より生産性と需要を提供できるような地域活動を徐々にアップグレードする他の政策も伴わなければならない。

競業避止条項の効果

　競業避止条項が幅広く適用されている場合、または濫用されている場合、労働者の移動性と仕事

とスキルのマッチングプロセスが妨げられる可能性がある。その条項というものは、従業員が、退職後または契約終了後一定期間、競争力のある会社で働かないことに同意する条項である。これらの合意は、その企業しか持たない知識を保護することを目的としており、一般にテクニカルで高度なスキルを持つ少人数の労働者に適用されると考えられている。しかし、包括的な国際評価は存在しないが、若い低スキル労働者の競争を制限したり、単純労働者に対する雇用主の圧力を強化したりするために、競業避止条項が悪用されることがあるという証拠がある。競業避止条項の目的は、スキルの使用から労働者を分離することである。雇用主は、自身をスキルから分離することができないので、従業員が社外でその企業しか持たないスキルを適用する機会を拒否する（Becker, 1964）。したがって、それらのスキルは従業員を雇用主に縛りつけることになりかねない（Bishara, Martin and Thomas, 2015）。これは、マッチングプロセスの障壁となり、スキルの有効利用につながらない。いくつかの研究によると、雇用主は州や地域に強制的に「頭脳流出」を発生させ、非強制的に地理的スキルのミスマッチにつなげていることがわかっている（Marx and Fleming, 2012）。彼らはまた、従業員に強制的に自らの技術分野から分離した潜在的な訴訟を避け、いわゆる「キャリア迂回」につなげることもできるのである。

　入手可能なデータが欠如しているため、これらのルールの使用範囲の評価は限られている。アメリカで公開されている大部分のCEOの契約についての調査では、このルールのうち80％に競業避止条項が存在することが判明した（Bishara, Martin and Thomas, 2015）。アメリカの若い熟練労働者を対象とする別の研究では、約40％が競業避止条項の対象となっていることがわかった（Marx, 2011）。最近、メディアは、競業避止条項の使用が多くの職業（たとえば、ヘアスタイリスト、サマーキャンプカウンセラー、ヨガインストラクターなど）に広がっていると主張している[1]。デンマークの雇用主と従業員連盟は、学生が就職する場合、その後に同じセクターもしくはその会社のクライアントで雇用を求めることができない条項に関心を示している。

　通常、政府はこれらの条項に直接介入する方法を持っていない。それは、雇用主によって設定され、その結果は裁判所の判断に依存している。しかし、政府は特に若い労働者にとってこれらの条項の潜在的な悪影響を認識することが可能である。若者と低スキル労働者は、高スキル労働者よりも情報が得られないので、それらの条件に合意していることを認識していないかもしれない。さらに彼らはこれらの仕事で彼らがより報酬の高い仕事に移行するために必要な経験を得られるという理由だけで、エントリーレベルの仕事を受け入れるかもしれない。

　政府、雇用主および従業員組織は、これらの条項の動向の評価を実施し、優良事例に同意することができる。たとえば、競業避止契約に署名するという要件は、従業員が求人を受け入れた後で開示するのではなく、求人プロセスの早い段階でより透明にすることができる。競業避止条項の期間も短くすることができる（それはしばしば1年以上である）。これらの問題に関するより良い情報は、裁判所の決定にも役立つであろう。裁判所による競業避止条項の実施は、時間とともに発展する。たとえばアメリカでは、これらの条項は裁判所が過度の従業員競業避止契約の条項を変更して

契約を強制的に可能にすることができたため、1990年代には雇用主によって比較的容易に行われた（Garrison and Wendt, 2008）。2000年以降、多くのアメリカの裁判所は、労働者の移動性と企業間の競争を促進するために、これらの条項の範囲を限定してきた。

労働組織とマネジメントポリシー

労働組織とマネジメントポリシーは、効果的な方法により若者のスキルの使用を促進することができる。「成人スキル調査」によると、若者は影響を与えるスキルや自己計画スキルを、働き盛り（40歳から65歳）の労働者よりも頻繁には利用してないが、協働スキルを使い、職場の上司や同僚から新しい事柄を学び、働き盛りの労働者よりも頻繁に新しい製品やサービスを最新の状態に保つことができる（第6章参照）。「欧州労働条件調査（European Working Condition Survey）」では、若者は働き盛りの同僚と比較して職場における裁量のレベルが限られていると報告されている（Eurofound, 2013）。つまり、仕事、労働の方法とプロセス、労働または労働時間を決定する機会が少なくなっている。これらの発見は若い労働者が労働から学ぶ可能性が高いため、驚くべきことではない。しかし、若者がキャリアの初めに多くの責任を持たなくても、最近のテクノロジー、好奇心、創造的なスキルの知識など、若者固有のスキルを十分に活用することが重要である。

雇用主は、従業員のスキルをより有効に活用するためのさまざまな方針を持っている。これらの方策は、若年労働者に特有のものではないかもしれないが、若者は経験が不足しているため特に影響を受けるかもしれない。効果的な募集とマネジメントの方法は、しばしば高業績労働慣行（High Performance Work Practices）とも呼ばれているが、労働に合致し、イニシアチブ、イノベーション、個人的な開発の余地を生み出し、従業員を作業プロセスに参加させるための従業員のスキルを評価、割り当て、継続的に開発する方法である（Ichniowski and Shaw, 2009）。これにはスキルのプロファイル、職務移転、知識移転の積極的な促進、従業員の自立と参加に合致するスキル監査と職場再設計が含まれる。これらのタイプの組織は、従業員が自分のスキルをより有効に活用し、企業の業績を向上させるのに役立つのである（Ichniowski, Prennushi and Shaw, 1997）。それらは、スキルの使用と従業員の職務満足およびモチベーションを改善することがわかった（Skills Australia, 2012; OECD, 2014a）。これらの政策の導入が品質や従業員の幸福を向上させる方法として認識されている場合に特に当てはまるものであるが、コストを削減し、従業員に対する支配力を増進する方法として認識されている場合はそうではない（Nishii, Lepak and Schneider, 2008）。

「欧州労働条件調査」は、国レベルにおける労働組織の実践の発展に寄与している（図7.1）。それぞれの国は、スキルの効果的な利用に資することができる労働組織を均等に開発しているわけではない。さらに、一部の国（デンマーク、ノルウェー、スウェーデン）では、若年労働者のほうが、スキルの使用と開発に完全には役立たない労働組織の慣行に直面している傾向がある。

さまざまな要因が、高業績労働慣行の発達を阻害する可能性がある（Cox, Rickard and Tamkin, 2012）。これらの要因には、競争の欠如、変化への消極的態度、中間管理職が責任を委ねたり、従

第 7 章　若者のスキルを仕事に使用することに向けた政策

図 7.1　若年労働者の労働組織に対する認識（ヨーロッパ諸国）
前向きに回答した若者の割合

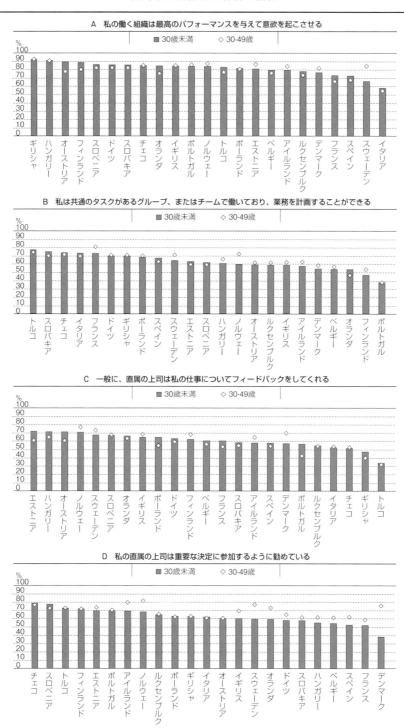

資料：第 5 回欧州労働条件調査（Fifth European Working Conditions Survey）。

StatLink：http://dx.doi.org/10.1787/888933214968

業員が責任を負ったりすることに対する躊躇、管理職がこれらの事柄を実行に移すスキルの欠如が含まれる。財政コストは（トレーニングの点で）別の障壁になる可能性がある。さらに、これらの慣行は、大規模な社内労働市場を持つ大企業に導入するほうが容易かもしれない。大企業は、従業員のスキルマッチングを調整するためのトレーニングに携わる能力がより高く、スキルのミスマッチの発生率が低いのが一般的である。社内労働市場が大きくなるため、レイオフや新規募集を行うことも可能となる（OECD, 2013a）。

若者に関連する具体的な問題の一つは、革新的なテクノロジー、現代のテクノロジーに関する知識と好奇心をいかにして、比較的低いレベルの職務に就いている間に最大限に活用するかである。このような人材をより有効に活用するための革新的なマネジメント手法を開発した企業もある（コラム 7.3）。これらのアプローチは、従業員の満足度やモチベーションを雇用主のアウトカム、すなわちイノベーション、生産性、収益性、職員の保持力、職場における安全性の向上などを目的として、職場での人間関係の質、個人の発達と自己意識に焦点を当てている。

コラム 7.3　若者のスキルを有効に活用するための労働組織の実践：各国と企業の事例

労働における効果的実践の発展を支援することは、政策として雇用の促進や労働条件の改善などといった他の目標よりも公共政策としての視点が不足していた。特に若者については、政府の主な関心事は、一般に彼らが最初の仕事を見つけることを助けることだからである。

しかし、多くの国はこれらの慣行について企業に情報を提供することによって効果的な労働慣行の発展を促進しようとしている。オーストラリアでは、企業や労働者、地域社会の利益のために生産性を高めるためのさまざまな措置の一環として、政府はスキルの有効利用の可能性について意識を高めようとしている。政府は、雇用主に優れた事例を特定し普及させるための、研究に基づいた情報を提供している（Skills Australia, 2012）。1991 年、イギリス政府は企業が従業員から最大限に享受できるよう支援するインベスター・イン・ピープル（Investors in People）というプログラムを設立した。このプログラムは、企業に人的資源のツールと基準を提供している。さらに、企業がこれらのプログラムを開発するのに役立ち、高い経営成績が認められている。

フランスは、スキルの伝達を確保することを目的として、年長者とペアになった若者を助成するプログラム——いわゆる「世代契約（generaion contract）」——を導入した。この契約は、労働組織の実践に影響を与える方法である。若者は年長の従業員と一緒に働くことになっており、年長の従業員は、トレーナーおよびメンターとして活動している。従業員数 300 人未満の企業では、無期限の契約で雇用されている 26 歳以下の若者、不定期契約で雇用されていない若者、57 歳以上の退職年齢まで働く年長者のために、3 年間の財政支援が行われる。

多くの企業は、構造や手続きというよりは、個人を中心とした革新的なマネジメント手法を試行し、従業員が自分の仕事を管理するうえで自立発展と自立のための十分な余裕を与えている。

一つの例は、「サーチ・インサイド・ユアセルフ（Search Inside Yourself）」と題された、エモーショナル・インテリジェンス・プログラム（emotional intelligence programme）である。このプログラムは、注意訓練、自己認識と自制、そして有用な精神面での習慣の創造を教示する。2012年には、Search In Yourself Leadership Institute が設立され、より広範な人たちを対象にプログラムが提供されている。

いくつかのIT企業が適用した別の革新的なマネジメント戦略は、従業員の創造性とイニシアチブを高めるための、いわゆる20％ルールである。この経営戦略により、従業員は法律に則り倫理的な範囲内で、勤務時間の20％を好きなことの追求に充てることができる。オーストラリアのソフトウェア会社である Atlassian 社は、このアイディアをさらに発展させ、企業のソフトウェア開発のためのオープンイベントであるハッカソンを数日間開催し、創造性とフリーイノベーションを促進した。Twitter 社、Facebook 社、Yahoo 社、LinkedIn 社、Google 社、eBay 社などの他の企業も同様の戦略を導入している。LinkedIn 社のクリエーターは、インキュベーターの下で自らのアイディアを開発するのに最大3か月かかることがある（Tate, 2012）。

同様の革新的なマネジメントアプローチの研究・評価、さらなる開発・指導を行ういくつかの機関が創設された。ニュージャージー州オークランドのマインドフル・リーダーシップ・インスティテュート（Mindful Leadership Institute）で開発された方法は、注意深さと自己認識の訓練がメンタルヘルスを向上させ、創造性や戦略的思考を高め、エラーを削減させ、パフォーマンスを向上させることを実証する神経科学研究の結果に基づいている。マネージャーと従業員のためのトレーニングは、次の四つの中心的テーマに焦点を当てている。すなわち集中して、明晰にみて、創造力を養い、思いやりを具体化するように精神の内なる力を鍛えるということである。アメリカ陸軍、空軍、赤十字社、インテル社、メイヨークリニックなどのさまざまな組織の指導者が、組織のトレーニングやホステッド・カスタマイズ・プログラム（hosted customized programme）に参加した。

革新的な管理アプローチの開発のもう一つの論点は、「人とその機関の相互依存的発展」に専念した企業、研究者、コンサルタントのグローバルコミュニティである組織学習学会である。この学会は、1990年代に組織学習の主研究機関であるマサチューセッツ工科大学のピーター・センゲ（Peter Senge）によって設立された。この学会の仕事は、企業を「学習する組織」に変え、従業員が共通の目的に向かい生産的に働く能力を強化することを目指すグループ問題解決の理論と方法である「第5の法則（The Fifth Discipline）」に基づいている。

このアプローチによれば、行動を形作り、反射的な会話、チーム学習、複雑なシステム思考のための能力を開発するという認識と前提を理解することは、仕事において成功する協力作業の基盤である。

資料：
Government of Australia, *www.awpa.gov.au/our-work/better-use-of-skills/Pages/Skills-Utilisation.aspx*.
Institute for Mindful Leadership, *http://instituteformindfulleadership.org/*.
Society for Organizational Learning, *www.solonline.org/?home*.
Tate, R. (2012), *The 20% Doctrine: How Tinkering, Goofing Off, and Breaking the Rules at Work Drive Success in Business*, HarperCollins, New York.
Tan, C.M. (2012), *Search Inside Yourself: The Unexpected Path to Achieving Success, Happiness (and World Peace)*, HarperCollins, New York.

　若者のスキルをよりよく活用するための努力において、公共政策が雇用主を支援するさまざまな方法がある（コラム7.3）。政府は、スキル・ブローカー・サービス（skills brokerage services）を提供することによって、あるいは費用を負担することによって、優れた人的資源マネジメントポリシーを直接的に促進することができる。これらの措置は、共有訓練の場合のように、規模の経済を達成するために地域集団に従事することを手助けするなど、中小企業を対象とすることができる。公共雇用においては、若い従業員を最大限に活用するための革新的な経営慣行の導入が可能である（第3章参照）。場合によっては、政府の規制が、品質基準の実施を確実にすることによって、スキル利用の改善の引き金となることがある。これは、スキルのより良い利用につながる健康および安全規制の場合に当てはまる可能性があるためである。製品の性能基準はまた、企業が要件を満たすために労働組織を改善することを導く可能性がある（Sung, Ashton and Raddon, 2009）。より一般的には、企業間の正常な競争に結びつく正常な製品市場規制は、スキルのより良い利用につながる労働組織の実践の発展を促進することもできる。

　最後に、労働慣行の効果は報酬制度に依存し、政府は賃金設定制度に影響を与える。チームワークを奨励する報酬制度は、同様の目標を持つ労働組織の実践の効果を高めることができるが、グループに基準を置いた給与制度は、努力を認めるための管理ツールではなく、成果を認める手段として認識される必要がある（Cox, Rickard Tamkin, 2012; OECD, 2010b）。高すぎる最低賃金は、企業がこの種の報奨制度を導入する余地を制限する。同様に、公共部門では、業績に報酬を与える賃金設定システムを持つことも重要である。

アントレプレナーシップの障壁を取り除く

アントレプレナーシップ教育

　アントレプレナーシップ、創造力、適応力があることは、今日の労働市場においては、特に先駆的取り組みを奨励し、イノベーションの余地を残している職場において、一般に価値のある資質である。しかし、多くの国では、若者には成功したアントレプレナーになるスキルが欠けている（OECD/ECLAC, 2012）。

アントレプレナーシップ教育は三つの側面から構成されている。まず、ビジネスを創造し、自営業が実行可能なキャリアオプションであるという意識を高め、役割モデルと情報サービスを通じてこの可能性に対する正しい姿勢を開発する。第二に、成功したビジネスを立ち上げ、運営するために必要な法律、管理、財務、技術に関する知識とスキルを教える。第三に、具体的・実践的な支援を提供し、しばしば事業創出と設立フェーズにおけるメンタリングやその他のサービスの形で行う。アントレプレナーシップ教育は、若者のスキルアップを目的としたものではなく、アントレプレナーのスキルや態度も、雇用主によって評価されるスキルや態度など、既存の企業で働く若者にとって有益である。

アントレプレナーシッププログラムの開発

初等教育では、アントレプレナーシップ教育の目標は、主に好奇心を刺激し、成人後の生活の選択肢としてアントレプレナーシップを認識し、アントレプレナーとしての行動に資する知識、スキル、態度の基盤を構築する。しばしば、地域のアントレプレナーが教室を訪問し、ビジネスを営んでいることについて学生に話すことによって行われる。他のプログラムでは、小規模企業の日常業務を見て学ぶために、学生を地元の企業に連れて行く（OECD/European Commission, 2012）。中等学校のアントレプレナーシップ教育は、積極的な学習と実生活を伴う活動を用いた特定のテクニカルスキルの提供に重点を置いている（European Commission, 2005; コラム7.4）。たとえば、学生は企業の現場で活動を体験することができるシミュレーションの設定を通じて、ビジネスプランニングと起業資金へのアクセスについて学ぶことができる（OECD/European Commission, 2012）。早期に実際のビジネスと革新的な技術を身につけることは、視野を広げ、伝統的に学校カリキュラムに含まれていない科目分野に彼らの関心を導くのにも役立つ。

コラム7.4　すべての教育段階における統合的なアントレプレナーシップ教育：各国の事例

1999年に設立されたドイツのSITI (Schüler-Institut fürTechnik und Angewandte Informatik) は、アントレプレナーシップ教育の分野におけるパイオニアであり、若い学生の技術革新とイノベーションの促進に貢献している。主に中等学校（10～18歳）からのものであるSITIの第一の目標は、革新的な分野におけるキャリア、特に自営業の機会を開発するために、技術指向分野における若者のスキル開発を支援することである。

SITIは、製造技術、応用ICT、自然科学、アントレプレナーシップの分野で、さまざまな課外学習を提供している。これらのプロジェクトは、体系的かつ長期的なアプローチに従うものである。いわゆる「アイディア・カンファレンス (ideas conference)」では、学生とコーチが共同で次の学年に取り組むべきプロジェクトを決定する。ICT、マルチメディア、ロボット工学、コ

ンピューター体型製造、物理学、天文学における基本的な定期的トレーニングコースは、テーマ別の包括的なプロジェクト作業の基礎を築いている。毎年、SITIの学生は、技術指向の企業や大学に代わって3～4件の挑戦的な研究開発（R&D）プロジェクト、国の研究開発競争プロジェクトの一環として6件の「若手研究」プロジェクトに取り組んでいる。それに加えて、学生はまた研究開発とアントレプレナーシップの分野でいくつかの大会にも参加している。SITIは、学校、大学、革新企業、技術、新興企業、企業団体、省庁など30以上の機関と定期的かつ緊密なネットワーク関係を維持している。

　2013年にSITI同窓生を対象に実施されたSITI調査では、約75％が技術、ICT、アントレプレナー関連の分野でキャリアパスを選択していたことがわかった。同窓生は、SITIが才能やキャリアの選択を検出し、形成・促進することに対して強く決定的な役割を果たしていることをほぼ一貫して指摘している。

　スコットランドのストラスクライド大学（University of Strathclyde）は、グラスゴーに拠点を置く技術大学である。1990年代に英国初の大学ビジネスインキュベーターを開設し、「有用な学習の場（place of useful learning）」を目指すビジョンの一環としてアントレプレナーシップ教育に取り組んできた。それ以来、アントレプレナーシップ教育、研究、知識交換のリーダーとして認知されている。この大学は、多くの企業が業界や業界の有力な地位を占めている同窓生との交流によって、相互利益を生涯にわたって維持している。「エンタープライズ・パートナーズ（Enterprise Partners）」では、選ばれた同窓生が比較的低いコストで学生や他の同窓生にスタートアップサービスの提供を手伝い、アントレプレナーシップ教育を適切に後押ししている。

　数十年の間、同大学では、卒業生についてのケーススタディが教職員によって執筆されたり、時には卒業生自身によるアントレプレナーシップの教授におけるゲストスピーカーと役割モデルを同窓生に頼ってきた。すべての学部のアントレプレナーシップ教育の選択科目を提供する教授ユニットである「Strathclyde Entrepreneurship Initiative」は、2000年に「Hunter Centre for Entrepreneurship」に改名され、トム・ハンター氏、卒業生、アントレプレナー、慈善家からの500万英ポンドの寄付により運営が継続されていた。「Strathclyde University Incubator」は、関連するビジネス経験を持つ卒業生や、エンジェル投資拠点（Gabriel Investments）と商業的可能性を持つ技術を開発する研究者を結びつけるアップスタートプログラムなど、同窓生を含む革新的なサービスを提供している。

　2003年、「ストラスクライド100（Strathclyde 100, S100）」が立ち上げられた。これは、成功した卒業生や友人を招待する専用ネットワークである。年に3～4回開催され、学生、スタッフ、同窓生が新しいビジネスアイディアを披露し、またフィードバックやアドバイスをする。S100は同窓会と開発事務所が率いており、技術移転事務所とハンターセンターのスタッフの支援を受けている。S100の運営委員会は、大学の教授が議長を務めている。現在、45人のS100メンバーが自らの時間内に他のストラスクライド大学の初期段階のアントレプレナーを指

導する自発的なエンタープライズパートナーとして働いている。同じ大学の卒業生であることは、独自の信頼感と利他主義を生み出し、多くのS100メンバーがS100で発表されたベンチャーに投資し、ボードに加わった。

アントレプレナーシップ教育は、ビジネスや慈善団体を通じて、より簡易に雇用主に関わることができるように開発することもできる。ヤングエンタープライズ（Young Enterprise）は、1960年代にイギリスで開発された大規模ビジネスおよびアントレプレナーシップ教育の慈善団体で、アメリカン・ジュニア・アチーブメント（American Junior Achievement）プログラムに基づいており、現在はいくつかのEU諸国に存在している。若者がビジネスを通じて学び、成功するようにすることを目指している。指導の原則は、教科書や伝統的なカリキュラムから学ぶことができない適性や態度を開発することである。

イギリスでは、ヤングエンタープライズは小学校から大学（4～25歳）まで数多くのプログラムを提供している。毎年3,500の異なる企業の約5,000人のボランティアの指導の下で、約250,000人の若者がビジネスと仕事について学ぶのを手伝っている。ヤングエンタープライズは、アントレプレナーシップの構築のみに集中するのではなく、チームワーク、実践的思考、革新的でビジネス的な行動など、他のスキルにも焦点を当てている。

中等教育や職業教育を対象とした企業プログラムでは、ビジネスボランティアの指導のもと、1年間に渡って実際の企業で経験を積む。アントレプレナーシップ・マスタークラス（Entrepreneurship Masterclass）は、半期のセミナーで学生を真のアントレプレナーのビジョン、経験、実績に参加させ、自分のビジネスをキャリアとして始めることを考えさせている。プレゼンテーションでは、アントレプレナーの学生をテーマにした活動とディスカッションにより、ビジネスを運営するために必要な個人的な資質の概要を知ることができる。インダストリアル・マスタークラス（Industry Masterclass）は、特定のタイプのビジネスの仕組みとそのキャリアを構築するために必要なスキル、どのような仕事が利用可能か、そしてそのセクターでビジネスを開始する方法についての洞察を学生に提供している。すべてのプログラムには、インタラクティブなワークショップセッションが含まれており、学生が思い描いた障壁に対する考え方やリハーサルを促したり、質問をしたり、教師や実践者からアドバイスを受けたりすることができる。

資料：
OECD（2003），*Entrepreneurship and Local Economic Development: Programme and Policy Recommendations*, Local Economic and Employment Development (LEED), OECD Publishing, Paris, *http://dx.doi.org/10.1787/9789264199798-en*.
Young Enterprise, *www.young-enterprise.org.uk*.
Students' Institute for Technology, *www.siti.de/*.

　高等教育は、アントレプレナーシップ教育プログラムにますます関与している（コラム7.4）。このレベルでの伝統的なアプローチは、大学でアントレプレナースクールを創設すること、または伝統的な教授法のなかでアントレプレナーシップを統合することであった。アントレプレナーシップ

は、理論的知識だけでなく、実際のスキルを開発することによって最善のサポートを受けることが明らかになっている。したがって、大学は自らの能力とリソースのギャップを埋め、学際的なプログラムを確立したり、実際のビジネスと提携したり、経験豊富な専門家と潜在的資金源を持つアントレプレナーの出会いを促進するために、外部からの援助を求めている（OECD, 2008b）。

アントレプレナーシップ訓練は、職業教育・訓練プログラムの中でも開発されている。しかし、現在の職業教育・訓練プログラムにおけるアントレプレナーシップ教育は、主に新しいビジネスの事業計画の策定に重点を置いているように思われる（OECD/European Commission, 2012）。これは重要なことであるが、実際のビジネス創造に焦点を当て、学生が現場での実地体験や成熟したビジネスを、自分の分野で実践できるようにすることも重要である。職業教育・訓練プログラムへのアントレプレナーシップ教育の統合は、カリキュラムの改訂、教員養成、評価と認定の新しい形態、そして最も重要なことは、アントレプレナーとのより効果的な関与まで、あらゆるレベルで拡大することができることである。

アントレプレナーシップのスキルと態度は、正式な教育制度外において、若者のためのキャリアガイダンスと積極的労働市場政策の文脈で開発することもできる。政府は、アントレプレナーシップを促進するために、コミュニティやビジネス組織と提携することができる。これらのプログラムは、通常、若者に中小企業の日常業務を直接みてもらうものである。また、EUやイギリスの「Young Enterprise Company」、オーストラリアの「Young Achievement」プログラムなどの「Erasmus for Young Entrepreneurs」プログラムなどのアントレプレナーシッププログラムは、新しいアントレプレナーが、他のアントレプレナーとの交流を通じて中小企業を経営している（OECD/European Commission, 2012）。これらのプログラムは、若者のアントレプレナーシップのスキルを発達させ、創業者の成功の可能性を高めていることを示している（CSES, 2011; Athayde, 2009; Peterman and Kennedy, 2003）。

アントレプレナーになるという選択は、家族の伝統や社会的背景によっても影響を受ける可能性がある。社会や潜在的な雇用主は、「失敗」をビジネスとして生み出す試みが失敗したと考えるか、それとも価値があると考えるかは、若者がアントレプレナーシップを諦めることを奨励したり、抑止したりする手段となりうる。成功したアントレプレナーとしての女性と男性の役割モデルは、しばしばアントレプレナーの意思を支えるうえで重要であり（Van Auken, Fry and Stephens, 2006）、新興企業の開発と維持に不可欠である（Bosma *et al.*, 2012）。経済的に不利な立場から成功した経路を創造したアントレプレナーの役割モデルの例は、アントレプレナーシップが不十分な特定のコミュニティや個人にとって重要なものとなりうる。たとえば、教育到達度の低い若者は、役割モデルを持つ可能性が低く、新しいビジネスを開発し維持する試みを妨げる可能性がある（Bosma *et al.*, 2012）。教育機関のなかには、学生のための役割モデルと、アントレプレナーシップの指導者としての役割を果たすために、同窓生ネットワークを非常に効果的に活用することができているものもある（コラム 7.5）。

コラム7.5　若いアントレプレナーに対する精神的支援：各国の事例

各国は、さまざまな分野における若いアントレプレナー育成のためのさまざまなタイプの支援を開発してきた（OECD/European Union, 2014）。

財政的支援

スタートアップサポート交付金には、一般に誰がサポート対象となるかを決定するための厳しい選考基準がある。それらは、応募者が事業計画によって審査されるコンペを通じて授与される。たとえば、ドイツのEXISTビジネススタートアップグラントは、大学の卒業生や学生がビジネスアイディアをビジネスプランに発展させ、製品やサービスに進化させることを支援する。アントレプレナーの生活費を補填するために、最長12か月間、1か月に800～25,000ユーロの助成金を受け取ることができる。さらに、資材や設備の補助金（ソロスタートの場合は10,000ユーロ、チームのスタートの場合は17,000ユーロ）、コーチングのための資金（5,000ユーロ）、必要な場合は1人当たり月額100ユーロの子ども手当も受け取ることができる。また大学は彼らにインフラへのアクセスを提供することもできる。

若者を対象とするマイクロファイナンスは比較的少ないが、ベルギーでは30歳未満の若者に低金利融資を提供する「自営業計画（The Plan for Self-Employment）」がその一例である。フランス政府と地域部局の協力により、「Sports and Social Cohesion」は18歳から30歳の若者のためのマイクロファイナンススキーム「DEFi jeunes」を設立した。国の資金援助と民間セクターのスポンサーを組み合わせて資金を調達したこのプログラムは、地域と国内の選考会を通じて若者を選抜し、2年間に6,000ユーロまで支援する。

民間／公営のアントレプレナーセンター

何年もの間、カナダ（ケベック州）の都市シャウィニガンは、大規模な電力設備と重工業を中心に発展してきた工業都市だった。しかしこの都市の多くの雇用主は、停滞する世界経済の構造変化の影響を強く受けた。この都市では、持続可能な経済基盤としてのアントレプレナーと中小企業経営の共同体を目指すアプローチを追求している。シャウィニガンは、教育委員会と協力して、2013年にアントレプレナーセンターを開設した。アントレプレナーセンターは、アントレプレナーの成長を可能にする他の支援策と同様に、スキル開発プログラムを提供する。将来のアントレプレナーは5年間に渡って支援されており、最初の18か月間はトレーニングとスタートアップに焦点が当てられている。次の18か月間は、センターで提供されるスペース内の管理と運営に専念する。最後の2年間は、新しい企業の運営と地域社会への移転を統合するために与えられる。テキスタイルファクトリーは、センターの収益を生み出す手段として、商業用およびオフィス用のスペースを市場レートで賃貸する（OECD, 2014e）。

イギリスのインパクトハブは、政府よりも民間のイニシアチブに基づいている点を除いて、同

様の目標と戦略を掲げている。それは共同作業や協働創造のための物理的な空間であり、若者は事業目的をスタートアップ企業に発展させるために、低料金でオフィスや部屋を借りることができる。最初のインパクトハブは 2005 年初めにロンドン中心部に開設された。現在、グローバルインパクトハブは、世界中の 54 か所に 7,000 人以上のメンバーを抱えるネットワークにまで拡大している。インパクトハブは三つの異なる要素で構成されている。第一に、肯定的な変化をもたらし、同業の仲間として行動し、ベンチャーを横断的に成長させるという根本的な意思を共有している、アントレプレナーの共同体である。第二に、イベント、イノベーションラボ、学習スペース、インキュベーション、プログラム、および対話を通じて、インスピレーションと学習の源泉として機能することができる。第三に、インパクトハブは、仕事や会議、学習するための柔軟なインフラを提供する物理的な空間である。

　多くの大学には学生や卒業生のためにインキュベーターがある。学生を既存の施設に結びつける例としては、ドイツのブランデンブルク市のテクノロジーセンターとビジネスインキュベーターが挙げられる。現在は 45 社の企業や組織があり、ビジネスのスタートアップでは税務コンサルティング、広告、銀行サービス、事務用機器などといったサービスを含む「スタートアップパッケージ」を利用することができる。ブランデンブルク応用科学大学の近くに住む学生は、インキュベーターで 6 ～ 12 か月間の賃借料を免除する「Studenten im TGZ」プログラムへのアクセスを支援されている。学生はビジネスプランの競争を通じて選抜される。

統合的なアプローチ

　オランダの「IkStartSmart」プログラムは、新規事業を行いたい、もしくは事業開始 5 年未満の、既存の事業を発展させたいと考えているヘルダーランド州の人々のための統合支援プログラムである。この州の企業は平均存続率を下回り、新興企業の支援を目指す政策手段はほとんどない。このプログラムは、ヘルダーランド州での事業創出を促進し、若い企業の発展を支援することを目的としている。

　「IkStartSmart」イニシアチブでは、新しいビジネスオーナーを育成しサポートするために、8 ステップからなるスキームが採用されている。第一に、潜在的な参加者は、彼らの関心とサポートに対する適合性をスクリーニングするインフォメーションミーティングに出席する。これに続いて、参加者は彼らの長所と短所を特定するためにテストを受け、その結果は商工会議所のビジネスアドバイザーと話し合われる。このミーティングでは、コーチは個人的な訓練計画を策定している。コーチが割り当てられ、参加者とのコラボレーションによって役割が定義される。コーチの目的は、個人の発展を支援することである。ビジネスアドバイス段階では、より専門的なビジネスサポートへのアクセスが提供され、コーチよりも技術サポートを提供するために専門家があてがわれる。これは、個人的な計画とネットワークワークショップに沿ったトレーニングで補完される。最終段階では、パートナー機関が提供するマイクロクレジットへのアクセスをサポートしている。参加者は、このサポートのために 250 ユーロを支払う。

「IkStartSmart」プログラムは、幅広い適格基準、つまり性別や年齢に関係なく、最大5年間、会社を所持していた背景を持つすべての個人を対象としている（OECD, 2014d）。アントレプレナーの大部分は女性と移民であった。

資料：
OECD/European Union (2014), *The Missing Entrepreneurs 2014: Policies for Inclusive Entrepreneurship in Europe*, OECD Publishing, Paris, http://dx.doi.org/10.1787/9789264213593-en.
OECD/European Union (2012), *Policy Brief on Youth Entrepreneurship: Entrepreneurial Activities in Europe*, Publications Office of the European Union, Luxembourg.
OECD (2014e), *Employment and Skills Strategies in Canada*, OECD Reviews on Local Job Creation, OECD Publishing, Paris, http://dx.doi.org/10.1787/9789264209374-en.

アントレプレナーシップ教育の有効性

学校プログラムに関する研究によれば、アントレプレナーシップが導入された後、学生の関心が高まったことが示唆されている（ILO, 2006; Lepoutre et al., 2010）。別の調査によれば、最初に教育プログラムに参加する者と参加しない者が、類似する特徴を持っているかどうか、またはアントレプレナーシップとの関わりは、同じ要因によって促進されたものか（モチベーション、興味、親がアントレプレナーかなど）は特定されていないが、アントレプレナーシップ教育の参加者は他のグループよりも早期の段階で起業に対して関わりを持っていた者が少なくとも20％多かった（Danish Foundation for Entrepreneurship, 2010）。

しかし、オランダ協会のJong Ondernemen（「Junior Achievement」プログラムの一部）に参加した学生は、アントレプレナーシップに否定的な意見を持ち、起業スキルに関する自己評価が低下する傾向があった（Oosterbeek, van Praag and Ijsselstein, 2010）。これは単にアントレプレナーシップが万人に向いているわけではなく、一部の学生がプログラムの間にこれを理解した、ということが強調されているのかもしれない（OECD/European Union, 2012）。

大学レベルでは、いくつかのプログラムが効果的であり、より広く普及することができるという根拠が挙げられている。たとえば、起業教育に参加したフランスとイギリスの工学と科学大学の学生は、アントレプレナーに対する意識が高まっていた（Souitaris, Zerbinati and Al-Laham, 2007）。一方、あるアメリカのプログラムでは、起業専攻の学生は同じ学校であっても非起業ビジネスを専攻している学生と比較して、3倍の新興企業に対する売上と従業員を抱えていた（Charney and Libecap, 2000）。このプログラムの主な要素には、主たる教育への適応と組み込み、新しいベンチャークラス、地域のビジネスコミュニティとのリンク、学部生と大学院生のためのコンサルティングプロジェクトが含まれていた。

事業創造の障壁

アントレプレナーは、ビジネスの規模が小さく、労働、製品、金融市場の不完全性、（実際のまたは認識される）雇用リスクの高さのために、さまざまな課題に直面している。若者は、経験、ネットワーク、資金調達を成功させるための経験がないため、通常、自分のビジネスを始めて成長させることがより困難である。彼らはビジネスを軌道に乗せるために、アントレプレナーシップ教育以外の統合的なサポートが必要である。

スタートアップサポート

若者に対する費用対効果の高いアントレプレナー支援は選択的である。最も成功したプログラムのいくつかは、ビジネスの成長と存続の側面において、支援が最も有望なプロジェクトや人的資本を資源として持つ若者に確実に行きわたる選考基準を定めている（OECD/European Union, 2012）。

さらに、一部の若者のグループは、アントレプレナーシップに対する特定の支援から利益を得ることができる。いくつかの不利な事案に直面し、アントレプレナーシップや自営業で過小評価されている若者による事業創造の促進は、政府が社会排除の問題に対処する方法とみなされている（OECD/European Commission, 2013）。そのようなグループには、少数民族、恵まれない地域に住んでいる人、低所得の家庭、教育レベルの低い人が含まれている。

長期失業者（若年失業者を含む）は、失業の代替として自ら進んで自営業になる可能性がある。しかし、彼らの成功するビジネスを運営する能力と資金へのアクセスは、失業に費やされた時間とともに損なわれ、スキルとして低下している可能性がある。また、失業者によって作られた企業は、雇用主によって設立された企業よりも少ない雇用を創出するという調査結果もある（OECD, 2003）。この課題に取り組む良い政策の例は、長期失業者向けのアントレプレナーシップを育むイギリスのプログラム「アウトセット（Outset）」である。アウトセットには強力なフィルタが掛けられている。なぜなら、すべての人がリスクのある行動やスキルを持っているわけではないことを認識しているからである。このプログラムは、フィルタリングやサポート、フォローアップを提供した後、長期失業者（25歳未満を含む）を就労化し、持続可能な収入源を提供することに比較的成功している。

移民は、観察された個々の特性を考慮した後でさえ、より高いアントレプレナーシップを有することが見出される（OECD, 2010c）。同時に、彼らは受け入れ国の法的状況や財政的状況をナビゲートすることがより困難である可能性があり、その国の出身である若者に提供される援助とは多少異なるターゲットを絞った援助が必要な場合がある（OECD, 2010c, 2013b）。これらの疎外されたグループに効果的に到達するためには、アントレプレナー支援とニーズへの訓練を目指し、そのような支援と訓練を目に見えるものと利用しやすいものにする努力がなされなければならない。

枠組み条件と具体的な資金提供プログラム

　初期資本の欠如と民間の資金提供者からの資金調達の難しさは、アントレプレナー、特に若者の事業創出にとって最も重要な障壁であると認識されている（European Commission, 2009）。銀行業者やその他の貸し手や投資家は、信用履歴や過去の業績、担保の証拠がない場合、若年者が事業を成功裏に構築する能力を十分に信用していない可能性がある（OECD, 2001, 2003）。特に不利な立場にある若いアントレプレナーは、担保や返済の実績がないため、銀行からの借り入れが困難なことがよくある。これに対応して、政府は若いアントレプレナーを支援するために設計されたさまざまな財務プログラムを開発した。

　よく使われるツールの一つは、若いアントレプレナーに、ビジネスアイディアをビジネスプランに展開するための助成金を提供することである。若いアントレプレナーが市場金利よりも低い利率で融資を受けるために、金融機関に融資保証をし、マイクロファイナンスを提供することもできる。これらの制度では、政府は不履行ローンの大部分をカバーすることにより、金融機関に代わってリスクを負うことになる（コラム 7.5）。

　さらに、多くの国では、エクイティ・ファイナンス（カナダ、チリ、デンマーク、フィンランド、フランス、イタリア、オランダ、ニュージーランド、スウェーデン、イギリス）の積極的な活動も行っている。たとえば、オランダ、ニュージーランド、イギリスなど、ますます多くの国では、民間投資を活用するための官民共同投資ファンドの創設など、エンジェル投資やベンチャーキャピタル投資を支援するための措置が講じられている（OECD, 2011b）。

　枠組み条件の改善を目指す方針も共通している。2009 年にフランスは、好ましい税体系から利益を得る自営の形として自動車企業家のリーガルステータスを導入した。これは、優遇税制から恩恵を受ける自営業の一形態である。フランス、イタリア、ニュージーランド、スウェーデンでは、新しい企業のための特別な経常的財政措置（たとえば、税額控除と課税繰延）がテストされている（OECD, 2012）。これらの改革は、若者を対象としたものではなく、すべてのアントレプレナーを平等に対象とした新しい事業の登録プロセスである。

　財政支援プログラムの影響に関する証拠は限られており、結果はしばしば混在したものとなる（OECD/European Union, 2012）。さらに、資金調達の困難さは必ずしも市場の失敗の証拠とはならないが、より実行可能な企業の誕生を確実にする正常な市場メカニズムを構成する可能性がある。それにもかかわらず、若者のアントレプレナーシップを支える財政措置の評価から、三つの教訓が浮かび上がっているようにみえる。第一に、最も恵まれない若者の障壁に取り組むことは、異なるベンチマークを必要とし困難な課題かもしれないが、成功する可能性が最も高い参加者を特定するための選択基準を使用することは、ビジネスのスタートアップ、成長、生存率の面で成功率を上げる。第二に、持続不可能なプロジェクトを支援するリスクを避けるために、時間的にサポートを制限する必要がある。第三に、資金調達プログラムは、アドバイス、コーチング、メンタリングなどの他のアントレプレナーシップ支援措置によって補完されるとより効果的である。統合的なアプ

ローチはさらに効果的である（OECD, 2003; Walsh *et al.*, 2001; Meager, Bates and Cowling, 2003）。

社会保障制度

社会保障制度は、アントレプレナーシップに悪影響を及ぼす可能性がある。なぜなら従業員と比較し、自営業者は同じ給付（たとえば、雇用主と従業員両方の拠出）に対してより多くを支払い、同じ費用に対し受け取る利益が少なくなる恐れがあるからである（たとえば、低額の年金）。もしくは特定の給付（たとえば、失業保険）を受けることができないアントレプレナーは、通常では雇用主が扱う複雑なシステムを扱うのが難しいかもしれない。アントレプレナーになることは、既存の給付を失うことや、給付の対象となるまでに長い間制度に貢献するという要件に直面することにつながる可能性がある（OECD/European Commission, 2013）。

若いアントレプレナーを支援する社会保障制度の設計を改善する方法はいくつかある。福祉は、申請者が自らの事業を確立している間に何らかの形で給付を受け続けることを可能にする。これは、福祉から自営業への財政移行を容易にし、ある場合には一定の資本で開始することを可能にする。社会保険と税金を削減することで、新しいビジネスを開始する際の財政的負担を軽減できる。しかし、早期に資金を失う若いアントレプレナーに利益をもたらすために、持ち越し規定や現金払い戻しの仕組みを組み込む必要がある。規制影響分析によれば、社会保障制度の改正を行う際に行われるべきであり、一般に包括的なアントレプレナーシップへの影響を含めるべきである（OECD/European Commission, 2013）。

ネットワーク、共同研究、ワークショップ

新規参入のアントレプレナーが直面する共通の問題は、スタートアップの段階における孤立である（OECD/European Union, 2012）。ビジネスネットワークは、若いアントレプレナーにとって重要なものである。なぜなら連絡先や利益にアクセスする機会を提供するからである（Chigunta, 2002; OECD, 2001; OECD/European Commission, 2013）。多く成功している別のツールは、ビジネスインキュベーターである。スタートアップファイナンスに加えて、ビジネスインキュベーターは、スタートアップアントレプレナーが集まり、ほとんどの場合、コーチング、メンタリング、法的助言、経験豊富な専門家ネットワークへのアクセスを含む補完的なサポートを提供する場を用意する。最も成功した民間および公的なアントレプレナーセンターのいくつかは、共同作業と共創の共有スペースが不可欠な役割を果たすようなモデルで設計されている（コラム7.5）。最後に、多くの若いアントレプレナーは、より多くの経営スキルが必要であり、事業を開始し、初期のスタートアップ段階を経てビジネスを発展させるのに役立つと述べている。しかし、運営初年度以後も継続する支援はまれであり、ニーズを十分にターゲットとしていない（OECD, 2001）。しかし、一部の国や地域では、事業創造において最初の数年間の支援を含むように、アントレプレナーサービスを拡張している（コラム7.5）。

政策のキーポイント

若者のスキルを十分に活用していないと、教育への投資が無駄になり、個人、雇用主、社会がこれらのスキルを習得するために必要な投資収益率を達成できなくなる可能性がある。若者のスキルをより有効に活用するために、いくつかの政策が役立つ。

スキルのミスマッチを抑制し、スキルをより有効に活用する

- 地理的移動に対する障壁を取り除き、仕事とスキルのローカルマッチングを可能にする。住宅政策とインフラ政策は、より効率的な方法で設計され、地理的移動に対するいくつかの障壁を取り除くことができる。
- 競業避止条項の広がりとその影響を考慮する必要がある。政府と雇用主および従業員組織は、退職後または契約終了後に従業員のスキルの使用を制限する条項の広がりを評価するために協力して作業することができる。
- 募集プロセスを促進し、若者が自分のスキルにマッチした職業に就くことを確実にするための国内的・国際的な資格枠組みを開発する。
- 雇用主に、スキルをよりよく伝えるために、ノンフォーマル・インフォーマルの学習を通じて獲得したスキルの正式な認証を高める。これらのシステムは、移民がスキルを伝え、資格過剰やスキル過剰の蔓延を減らすことに役立つ。
- より効果的な労働組織戦略と人材管理戦略を推進する。
- スキルのニーズを評価し、予測するための高品質のシステムとツールを開発する。

アントレプレナーへの障壁を取り除く

- あらゆる段階の教育において、成功したアントレプレナーと連携して、より優れたアントレプレナーシップ教育を統合する。品質を保証するためには、これらのプログラムを慎重に評価する必要がある。
- 枠組みの条件が、ダイナミックな企業の創造に役立つことを確認する。良好な枠組みと製品市場の条件、高品質の高等教育プログラムとインフラストラクチャ、そしてビジネスフレンドリーな環境は、ベンチャーキャピタルを誘致し、創業を促進することができる。
- アントレプレナーニーズへのサポートを慎重に設計し時間を制限する。最も有望なプロジェクトを進める人と、不必要な障壁に直面している人の二つのグループをターゲットにすることができる。
- ネットワークや共有施設の形で、さまざまな形の公的・民間協力の発展を奨励する大学と雇用主の協力を強化する。

注

1. アメリカにおける競業避止条項の事例は、ニューヨーク・タイムズ紙（*The New York Times*）の以下の記事を参照。
   www.nytimes.com/2014/06/09/business/noncompete-clauses-increasingly-pop-up-in-array-of-jobs.html?_r=1; http://www.nytimes.com/2014/10/15/upshot/when-the-guy-making-your-sandwich-has-a-noncompete-clause.html?_r=0
   デンマークにおける競業避止条項の事例は、ポリティカン紙（*Politiken*）の以下の記事を参照。
   www.euractiv.com/sections/social-europe-jobs/clauses-danish-student-contracts-inhibit-future-employment-301388

参考文献・資料

Athayde, R. (2009), "Measuring enterprise potential in young people", *Entrepreneurship Theory and Practice*, Vol. 33, pp. 481-500.

Becker, G. (1964), *Human Capital: A Theoretical and Empirical Analysis, with Special Reference to Education*, University of Chicago Press, Chicago.（『人的資本：教育を中心とした理論的・経験的分析』ゲーリー・S・ベッカー著、佐野陽子訳、東洋経済新報社、1976 年）

Bishara, N., K Martin, and R. Thomas (2015), "An empirical analysis of CEO noncompetition clauses and other restrictive postemployment covenants", *Vanderbilt Law Review*, Vol. 68, No. 1.

Bonfanti, S. and T. Xenogiani (2014), "Migrants' skills: Use, mismatch and labour market outcomes – A first exploration of the International Survey of Adult Skills (PIAAC)", in OECD and European Union, *Matching Economic Migration with Labour Market Needs*, OECD Publishing, Paris, *http://dx.doi.org/10.1787/9789264216501-11-en*.

Bosma, N. et al. (2012), "Entrepreneurship and role models", *Journal of Economic Psychology*, Vol. 33/2, pp. 410-424.

Caers, R. and V. Castelyns (2011), "LinkedIn and Facebook in Belgium: The Influences and Biases of Social Network Sites in Recruitment and Selection Procedures", *http://ssc.sagepub.com/content/29/4/437.full.pdf+html*.

Caldera Sánchez, A. and D. Andrews (2011), "Residential mobility and public policy in OECD countries", *OECD Journal: Economic Studies*, Vol. 2011/1, *http://dx.doi.org/10.1787/eco_studies-2011-5kg0vswqt240*.

Charney, A. and G.D. Libecap (2000), "The impact of entrepreneurship education: An evaluation of the Berger Entrepreneurship Program at the University of Arizona 1985–1999", paper submitted to the Kauffman Centre for Entrepreneurial Leadership.

Chigunta, F. (2002), *Youth Entrepreneurship: Meeting the Key Policy Challenges*, Oxford University, Oxford.

Cox, A., C. Rickard and P. Tamkin (2012), "Work organisation and innovation", European Foundation for the Improvement of Living and Working Conditions.

CSES (2011), "Interim evaluation of the 'Erasmus for Young Entrepreneurs' pilot project/preparatory action", Centre for Strategy and Evaluation Services.

Danish Foundation for Entrepreneurship (2010), "Impact of entrepreneurship education in Denmark", http://archive.ja-ye.org/Download/impact_of_entrepreneurship_education_in_dk.pdf (accessed 8 August 2014).

Eurofound (2013), "Working conditions of young entrants to the labour market", European Foundation for the Improvement of Living and Working Conditions.

European Commission (2009), "Entrepreneurship in the EU and beyond – A survey in the EU, EFTA countries, Croatia, Turkey, the US, Japan, South Korea and China", *Flash Eurobarometer*, No. 283.

European Commission (2005), "Mini-companies in secondary education", Best Procedure Project: Final Report of the Expert Group.

Froy, F., S. Giguère and M. Meghnagi (2012), "Skills for Competitiveness: A Synthesis Report", *OECD Local Economic and Employment Development (LEED) Working Papers*, 2012/09, OECD Publishing, Paris, http://dx.doi.org/10.1787/5k98xwskmvr6-en.

Garrison, M. J. and J. T. Wendt (2008), "The Evolving Law of Employee Noncompete Agreements: Recent Trends and an Alternative Policy Approach", Ethics and Business Law Faculty Publications, Paper 15, http://ir.stthomas.edu/ocbeblpub/15.

ILO (2006), "Stimulating Youth Entrepreneurship: Barriers and incentives to enterprise start-ups by young people", *Series on Youth and Entrepreneurship, SEED Working Paper*, No. 76, International Labour Organization.

Ichniowski, C, G. Prennushi, and K. Shaw (1997), "The effects of human resource management practices on productivity", *American Economic Review*, Vol. 86.

Ichniowski, C. and K. Shaw (2009), "Insider econometrics: empirical studies of how management matters", *National Bureau of Economic Research Working Papers*, No. 15618.

Kuhn, P. and H. Mansour, (2014), "Is Internet Job Search Still Ineffective?", *The Economic Journal*, Vol. 124.

Lepoutre, J., et al. (2010), "A new approach to testing the effects of entrepreneurship education among secondary school pupils", *Vlerick Leuven Gent Working Paper Series* 2010/01.

Manning, A. and B. Petrongolo (2011), "How Local Are Labor Markets? Evidence from a Spatial Job Search Model", *IZA Discussion Papers*, No. 6178, Institute for the Study of Labor (IZA).

Marx M. (2011), "The Firm Strikes Back Non-compete Agreements and the Mobility of Technical Professionals", *American Sociological Review*, No. 76, Vol. 5.

Marx, M. and L. Fleming (2012), "Non-compete Agreements: Barriers to Entry…and Exit?" in *Innovation Policy and the Economy*, Vol. 12, National Bureau of Economic Research.

Meager N., P. Bates and M. Cowling (2003), "An evaluation of business start-up support for young people", *National Institute Economic Review*, No. 183, October.

Nishii, L.H., D.P. Lepak, and B. Schneider (2008), "Employee attributions of the 'why' of HR practices: Their effects on employee attitudes and behaviors, and customer satisfaction", *Personnel*

Psychology, Vol. 61, No. 3.

OECD (2014a), *OECD Employment Outlook 2014*, OECD Publishing, Paris, *http://dx.doi.org/10.1787/empl_outlook-2014-en*.

OECD (2014b), "Labour market integration of immigrants and their children: Developing, activating and using skills", in OECD, *International Migration Outlook 2014*, OECD Publishing, Paris, *http://dx.doi.org/10.1787/migr_outlook-2014-5-en*.

OECD (2014c), « Vers une croissance plus inclusive de la métropole Aix-Marseille: Une perspective internationale », *www.oecd.org/regional/regional-policy/Aix-Marseille.pdf*.

OECD (2014d), *Job Creation and Local Economic Development*, OECD Publishing, Paris, *http://dx.doi.org/10.1787/9789264215009-en*.

OECD (2014e), *Employment and Skills Strategies in Canada*, OECD Reviews on Local Job Creation, OECD Publishing, Paris, *http://dx.doi.org/10.1787/9789264209374-en*.

OECD (2013a), *OECD Skills Outlook 2013: First Results from the Survey of Adult Skills*, OECD Publishing, Paris, *http://dx.doi.org/10.1787/9789264204256-en*.（『OECD 成人スキル白書：第1回国際成人力調査（PIAAC）報告書〈OECD スキル・アウトルック2013 年版〉』経済協力開発機構（OECD）編著、矢倉美登里・稲田智子・来田誠一郎訳、明石書店、2014 年）

OECD (2013b), *Entrepreneurship at a Glance 2013*, OECD Publishing, Paris, *http://dx.doi.org/10.1787/entrepreneur_aag-2013-en*.

OECD (2012), *Financing SMEs and Entrepreneurs 2012: An OECD Scoreboard*, OECD Publishing, Paris, *http://dx.doi.org/10.1787/9789264166769-en*.

OECD (2011a), *OECD Employment Outlook 2011*, OECD Publishing, Paris, *http://dx.doi.org/10.1787/empl_outlook-2011-en*.

OECD (2011b), *Financing High-Growth Firms: The Role of Angel Investors*, OECD Publishing, Paris, *http://dx.doi.org/10.1787/9789264118782-en*.

OECD (2010a), *Learning for Jobs*, The OECD Reviews of Vocational Education and Training, OECD Publishing, Paris, *http://dx.doi.org/10.1787/9789264087460-en*.（『若者の能力開発：働くために学ぶ〈OECD 職業教育訓練レビュー：統合報告書〉』OECD 編著、岩田克彦・上西充子訳、明石書店、2012 年）

OECD (2010b), *Innovative Workplaces: Making Better Use of the Skills within Organisations*, OECD Publishing, Paris, *www.oecdilibrary.org/content/book/9789264095687-en*.

OECD (2010c), *Open for Business: Migrant Entrepreneurship in OECD Countries*, OECD Publishing, Paris, *http://dx.doi.org/10.1787/9789264095830-en*.

OECD (2008a), *Jobs for Immigrants (Vol. 2): Labour Market Integration in Belgium, France, the Netherlands and Portugal*, OECD Publishing, Paris, *http://dx.doi.org/10.1787/9789264055605-en*.

OECD (2008b), *Entrepreneurship and Higher Education*, Local Economic and Employment Development (LEED), OECD Publishing, Paris, *http://dx.doi.org/10.1787/9789264044104-en*.

OECD (2007a), "Matching educational background and employment: A challenge for immigrants in host countries", in *International Migration Outlook 2007*, OECD Publishing, Paris, *http://dx.doi.org/10.1787/migr_outlook-2007-4-en*.

OECD (2007b), *Jobs for Immigrants (Vol. 1): Labour Market Integration in Australia, Denmark, Germany and Sweden*, OECD Publishing, Paris, *http://dx.doi.org/10.1787/9789264033603-en*.

OECD (2003), *Entrepreneurship and Local Economic Development: Programme and Policy Recommendations*, Local Economic and Employment Development (LEED), OECD Publishing, Paris, *http://dx.doi.org/10.1787/9789264199798-en*.

OECD (2001), *Putting the Young in Business: Policy Challenges for Youth Entrepreneurship*, OECD Publishing, Paris, *http://dx.doi.org/10.1787/9789264188648-en*.

OECD/ECLAC (2012), *Latin American Economic Outlook 2013: SME Policies for Structural Change*, OECD Publishing, Paris, *http://dx.doi.org/10.1787/leo-2013-en*.

OECD/European Commission (2013), *The Missing Entrepreneurs: Policies for Inclusive Entrepreneurship in Europe*, OECD Publishing, Paris, *http://dx.doi.org/10.1787/9789264188167-en*.

OECD/European Union (2014), *The Missing Entrepreneurs 2014: Policies for Inclusive Entrepreneurship in Europe*, OECD Publishing, Paris, *http://dx.doi.org* (manquant sur mail).

OECD/European Union (2012), *Policy Brief on Youth Entrepreneurship: Entrepreneurial Activities in Europe*, Publications Office of the European Union, Luxembourg.

Oosterbeek, H., M. van Praag and A. Ijsselstein (2010), "The impact of entrepreneurship education on entrepreneurship skills and motivation", *European Economic Review*, Vol. 54, pp. 442-454.

Peterman, N.E. and J. Kennedy (2003), "Enterprise education: Influencing students' perceptions of entrepreneurship", *Entrepreneurship Theory and Practice*, Vol. 28, pp. 129-144.

Şahin, A., J. Song, G. Topa and G.L. Violante (2012), "Mismatch Unemployment", *NBER Working Paper*, No. 18265.

Skills Australia (2012), "Better use of skills, better outcomes: A research report on skills utilisation in Australia", Department of Education, Employment and Workplace Relations, Canberra.

Society for Human Resource Management (2013), "SHRM Survey Findings: Social Networking Websites and Recruiting/Selection", *http://www.shrm.org/research/surveyfindings/articles/pages/shrm-social-networking-websites-recruiting-job-candidates.aspx*.

Souitaris, V., S. Zerbinati and A. Al-Laham (2007), "Do entrepreneurship programmes raise entrepreneurial intention of science and engineering students? The effect of learning, inspiration and resources", *Journal of Business Venturing*, Vol. 22, pp. 566-591.

Sung, J., D. Ashton and A. Raddon (2009), *Product Market Strategies and Workforce Skills*, Futureskills Scotland, The Scottish Government, Edinburgh.

Tan, C.-M. (2012), *Search Inside yourself: The Unexpected Path to Achieving Success, Happiness (and World Peace)*, HarperCollins, New York. (『サーチ・インサイド・ユアセルフ：仕事と人生を飛躍させるグーグルのマインドフルネス実践法』チャディー・メン・タン著、柴田裕之訳、英治出版、2016年)

Tate, R.(2012), *The 20% Doctrine: How Tinkering, Goofing Off, and Breaking the Rules at Work Drive Success in Business*, HarperCollins, New York.(『20%ドクトリン：サイドプロジェクトで革新的ビジネスを生み出す法』ライアン・テイト著、チャド・ディッカーソン序文、田口未和訳、阪急コミュニケーションズ、2013年)

Van Auken, H., F.L. Fry and P. Stephens (2006), "The influence of role models on entrepreneurial intentions", *Journal of Developmental Entrepreneurship*, Vol. 11/2, pp. 157-167.

Walsh, K., *et al.* (2001), "Evaluation of the net impact of the active labour market programme in Bulgaria", Ministry of Labour and Social Policy of Bulgaria, Rotterdam.

Wharton University (2014), "Assessing employability is disrupting India's higher education model", *http://knowledge.wharton.upenn.edu/article/assessing-employability-disrupting-indias-higher-education-model/*.

監訳者あとがき

　本書には二つの重要なキーワードがあります。一つは「就業力」、もう一つは「アントレプレナーシップ」です。前者は「いま」若者に求められている能力であり、後者は「近い将来」若者に求められるとされる能力です。

　本書は、この二つのキーワードを根幹に据えながら、OECD（経済協力開発機構）諸国の若者を取り巻く労働環境を多角的な視点からとらえるとともに、各国の個別問題にも切り込んでいます。

　「就業力」は、アメリカのSCANS (Secretary of Labor and members of the secretary's Commission on Achieving Necessary Skills) レポート[1] (United States Department of Labor, 1992) が明らかにした、今後50年間、産業構造がどんなに変化しても必要になる職業能力を「基礎力」とし、五つのコンピテンシー（リソース、対人関係、情報、システム、テクノロジー）と三つの基本スキル (Basic Skills（リーディング、ライティング、計算、リスニング、ヒアリングの基礎スキル）、Thinking Skills（思考スキル）、Personal Qualities（人間的資質）)[2]、それから、OECDがDeSeCoプロジェクトで示した三つのカテゴリー（①社会・文化的、技術的ツールを相互作用的に活用する能力（個人と社会との相互関係）、②多様な社会グループにおける人間関係形成能力（自己と他者との相互関係）、③自律的に行動する能力（個人の自律性と主体性）に連なる重要な概念です。日本では、「将来の予測が困難な複雑で変化の激しい社会や、グローバル化が進展する社会」（文部科学省中央教育審議会初等中等教育分科会教育課程部会，2015）において求められる資質・能力の育成が重要であるとされ、そのような社会に「どのように向き合い、どのような資質・能力を育成していくべきか。また、一人一人が幸福な人生を生きるためには、どのような力を育んでいくべきか」が主な論点となっており、育成すべき資質・能力として、1）主体的な判断力、2）多様な人々との協働、3）新たな価値の創造、の三つが示されています。また、経済産業省が提唱する社会人基礎力（経済産業省産業人材政策室　2008）は、「就業力」を日本の企業文化に沿って発展させアレンジした概念といえます。

　「アントレプレナーシップ」は、ICTの発達と普及によって一瞬のうちに情報が世界を駆け巡り、少なくてもICTの世界ではボーダーレスの社会が到来したことに由来してクローズアップされてきました。ボーダーレス社会の到来は、「未来について確実に言えることは二つしかなく、第一に未来は分からないということ、第二に未来は現在とは違う」(Drucker, 1969) ことを意味します。ドラッカーは、人類の歴史を変えてきたものは、政治的な事変や事件ではなく、技能・技術の進歩であるとしています。技能・技術とは、狩猟、農業、灌漑、衣食住、馬の鐙、火薬、印刷、蒸気機関、鉄道、コンピュータなどをいいますが、技能・技術が人類の歴史を変えていくという現実は、

監訳者あとがき

21世紀においても不変であり、その源泉は知識であるといいます。ドラッカーは「すべてこれからは、知識が中心になる」(Drucker, 1993) と言っており、知識とは「成果を生むための高度に専門化された知識」(Drucker, 1993) であり、知識社会とは「資本主義社会における最大の資源であった資本と労働力に知識が取って代わる社会」(中野, 2014) を指します。知識社会は、「知識が最大の資源になる社会」(中野, 2014) です。知識社会における知識は、単に「知っている」ということに留まることなく、生産の手段であるということが重要です。この知識労働の源泉になる能力こそが、アントレプレナーシップなのです。知識社会では「生きた知識が教養」(Drucker, 1969) として求められます。「知識が中心である社会における教養とは、読み書きに加えてコンピュータ、外国語、マネジメントの知識、自らの専門領域についての高度な知識、その他の専門領域の意味性の知識、そして自らをマネジメントするための知識を持つこと」(Drucker, 1999) です。そして、「知識社会において特に必要とされる知識はマネジメント」(Drucker, 1999) であり、マネジメントとは「高度に専門的な知識を他との協働で有効なものとするための方法」(Drucker, 1999) です。

知識社会においては、自らをマネジメントする能力が求められます。近い将来に予想されている知識社会の到来によって、加速度的に複雑化・高度化していく社会を生き抜いていくための知恵をシステマティックに理解し、読み解き、そこで得た知識を総動員して複雑な社会で生き抜いていくためには、アントレプレナーシップが必要とされる、と考えられるのです。

ただし、個々のキャリア形成は、終局的にはそれぞれの人間に拠っています。生きていく過程で重要な判断が必要になったとき、困難な状況に陥ったときに、自らが知恵を絞って生き方を考え、より良い方向に行動していく能力、アントレプレナーシップが必要とされるのです。

本書を翻訳しようと考えたのは、こんなにも素晴らしい示唆に富んだ書籍を、ぜひ多くの皆さんに手にとっていただき、世界における若者の労働環境、そして日本における若者の労働環境に関心を持っていただきたいという思いによります。本書を手にとっていただいた皆さまが、ひとりでも多くの若者に一筋の光を当ててくださることを切に願ってやみません。

最後に、この念いを受け止めていただき、本書の出版にあたり多大なご支援をいただきました明石書店の安田 伸氏に深く感謝を申し上げます。

翻訳者を代表して
菅原 良

注

1. 1991年にジョージ・ブッシュ元大統領が、「世界レベルの教育水準達成を目指す」という方針の下に策定されたレポート。今後50年、産業構造がどんなに変化しても必要になる職業能力を「基礎力」とし、五つのコンピテンシー（能力）と三つの基本スキルがその要件として定義された。
2. コンピテンシー：Resources（資源）、Interpersonal（人間関係）、Information（情報）、Systems（システム）、Technology（テクノロジー）。基本スキル：Basic Skills（読み書き計算など）、Thinking Skills（思考スキル）、Personal Qualities（人間的資質）。

参考文献

Drucker P. F.（1969）『The Age of Discontinuity』Macmillan（P・F・ドラッカー、林雄二郎（訳）（1969）『断絶の時代：来たるべき知識社会の構想』ダイヤモンド社；P・F・ドラッカー、上田惇生（訳）（1999）『断絶の時代：いま起こっていることの本質』ダイヤモンド社；P・F・ドラッカー、上田惇生（訳）（2007）『断絶の時代』ダイヤモンド社）

Drucker P. F.（1993）『Post Capitalist Society』HarperCollins（P・F・ドラッカー、上田惇生（訳）、田代正美（訳）、佐々木実智男（訳）（1993）『ポスト資本主義社会：21世紀の組織と人間はどう変わるか』ダイヤモンド社；P・F・ドラッカー、上田惇生（訳）（2007）『ポスト資本主義社会』ダイヤモンド社）

Drucker P. F.（1999）『Management challenges for the 21st Century』HarperBusiness（P・F・ドラッカー、上田惇生（訳）（1999）『明日を支配するもの：21世紀のマネジメント革命』ダイヤモンド社）

経済産業省産業人材政策室（2008）『「社会人基礎力」育成のススメ 〜社会人基礎力育成プログラムの普及を目指して〜』*http://www.meti.go.jp/policy/kisoryoku/2006chosa.pdf*（2016年12月28日閲覧）

文部科学省中央教育審議会初等中等教育分科会教育課程部会（2015）「教育課程企画特別部会 論点整理（案）」*http://www.mext.go.jp/b_menu/shingi/chukyo/chukyo3/004/siryo/attach/1362063.htm*（2016年12月28日閲覧）

中野明（2014）「ドラッカーが指摘した知識社会の姿〜ドラッカー・プロジェクト〜ピーター・F・ドラッカー、その人物と生涯、ドラッカー理論のすべて〜」*http://www.pcatwork.com/drucker/d003/d003.html*（2016年12月28日閲覧）

United States Department of Labor（1992）「Secretary of Labor and members of the secretary's Commission on Achieving Necessary Skills」

◎監訳者・訳者紹介

菅原　良（すがわら・りょう）　SUGAWARA Ryo　──監訳、第1章訳
東北大学大学院教育情報学教育部博士後期課程修了。博士（教育情報学）。明星大学附属教育研究機関明星教育センター特任教授。主要業績：『インストラクショナルデザインの原理』（ロバート・M. ガニェ著、キャサリン・C. ゴラス著、ジョン・M. ケラー著、ウォルター・W. ウェイジャー著、共訳、北大路書房、2007年）。『企業研修トレーナーのためのインストラクショナルデザイン』（ダン・チョンシー著、共訳、大学教育出版、2008年）。『構成主義的な学びのデザイン』（G.W ギャニオン、M. コレイ著、共訳、青山ライフ出版、2015年）。

福田　哲哉（ふくだ・てつや）　FUKUDA Tetsuya　──監訳、第4章訳
米国テンプル大学ジャパンキャンパス英語教育学博士課程単位取得、英語教育学博士候補。国際基督教大学リベラルアーツ英語プログラム専任講師。主要業績：『Essential Competencies for English-medium University Teaching』（共著、Springer、2017年）、『Language Learning Motivation in Japan』（共著、Multilingual Matters、2013年）、『Psychology for Language Learning: Insights from Research, Theory and Practice』（共著、Palgrave Macmillan、2012年）。

松下　慶太（まつした・けいた）　MATSUSHITA Keita　──監訳
京都大学大学院文学研究科博士後期課程修了。博士（文学）。実践女子大学人間社会学部准教授。主要業績：『デジタル・ネイティブとソーシャルメディア』（教育評論社、2012年）、『キャリア教育論』（共著、慶應義塾大学出版会、2015年）、『ネット社会の諸相』（共著、学文社、2015年）。

竹内　一真（たけうち・かずま）　TAKEUCHI Kazuma　──第2章訳
京都大学大学院教育学研究科博士後期課程単位取得退学。修士（教育学）。多摩大学グローバルスタディーズ学部専任講師。専門は、主要業績：「短期日常業務型インターンシップにおける就職への効果」（Quality Education, 6, 2014年）、『プロフェッションの生成と世代継承』（共著、ナカニシヤ出版、2014年）、「伝統芸能の教授関係から捉える実践を通じた専門的技能の伝承」（質的心理学研究, 13, 2014年）。

佐々木　真理（ささき・まり）　SASAKI Mari　──第3章訳
帯広畜産大学畜産学科獣医学部卒業。獣医師・実務翻訳者。Med Trans 代表として主に医薬・獣医畜産関係の翻訳に従事。主要業績：『アロマセラピーサイエンス』（マリア・リス・バルチン著、共訳、フレグランスジャーナル社、2011年）、『構成主義的な学びのデザイン』（G.W ギャニオン、M. コレイ著、共訳、青山ライフ出版、2015年）、「Glycidol Degrades Scrapie Mouse Prion Protein」（J. Vet. Med. Sci. 63（9）: 983-990, 2001）。

橋本　諭（はしもと・さとし）　HASHIMOTO Satoshi　──第5章訳
青山学院大学大学院経営学研究科博士前期課程修了。修士（経営学）。産業能率大学情報マネジメント学部准教授。主要業績：『企業内人材育成入門』（共著、ダイヤモンド社、2006年）、「中小企業における HRD 研究に関する基礎的調査」（産業能率大学紀要、36号、2015年）。

神崎　秀嗣（こうざき・ひでつぐ）　KOHZAKI Hidetsugu　──第6章訳
京都大学大学院医学研究科分子医学系専攻博士課程修了。博士（医学）。秀明大学学校教師学部教授。主要業績：「出芽酵母への遺伝子導入法」『Biorad Electroporation マニュアル集』（共著、Biorad、1997）、『最新ICTを活用した私の外国語授業』（共著、丸善出版株式会社、2014年）、「Use of Wearable device in the medical field and education and the need for training of medical data scientists」Information Engineering Express（International Institute of Applied Informatics）, 2（2）: 1-16, 2016.

奥原　俊（おくはら・しゅん）　OKUHARA Shun　──第7章訳
名古屋工業大学大学院戦略工学専攻博士前期課程修了。修士（情報工学）。藤田保健衛生大学医療科学部医療経営情報学科助教、名古屋工業大学コレクティブインテリジェンス研究所プロジェクト助教。主要業績：「学習リレーションシップに基づいたグループ支援手法の導入と実践」（コンピュータ&エデュケーション、37号、2014年）。

若者のキャリア形成
スキルの獲得から就業力の向上、アントレプレナーシップの育成へ
〈OECDスキル・アウトルック2015年版〉

2017年5月26日　初版第1刷発行	編著者：経済協力開発機構（OECD）
	監訳者：菅原良
	福田哲哉
	松下慶太
	訳　者：竹内一真
	佐々木真理
	橋本諭
	神崎秀嗣
	奥原俊
	発行者：石井昭男
	発行所：株式会社 明石書店
	〒101-0021
	東京都千代田区外神田6-9-5
	TEL　03-5818-1171
	FAX　03-5818-1174
	http://www.akashi.co.jp
	振替　00100-7-24505

組版：株式会社ハマプロ
印刷・製本：モリモト印刷株式会社

（定価はカバーに表示してあります）　　　　　　　　　　ISBN978-4-7503-4515-4

OECD成人スキル白書
第1回国際成人力調査(PIAAC)報告書
〈OECDスキル・アウトルック2013年版〉

経済協力開発機構(OECD) 編著
矢倉美登里、稲田智子、来田誠一郎 訳

A4判変型／並製／632頁
◎8600円

仕事や日常生活で必要とされる汎用的スキルについて、「読解力」「数的思考力」「ITを活用した問題解決能力」の3分野から評価する。スキル習熟度に加え、社会的背景や学歴、年齢などの様々な要因とスキルの関連について、国際比較可能なデータをもとに分析する。

内容構成

- 第1章 21世紀に求められるスキル
- 第2章 成人のキー・スキルの習熟度
- 第3章 社会人口統計学的特性とキー・スキル
- 第4章 職場でのスキルの使用状況
- 第5章 キー・スキルの開発と維持
- 第6章 キー・スキルと経済的・社会的幸福

生きるための知識と技能 6
OECD生徒の学習到達度調査(PISA)2015年調査国際結果報告書

国立教育政策研究所 編

A4判／並製／296頁
◎3700円

世界72か国・地域の15歳児の学力について、読解力、数学的リテラシー、科学的リテラシーの3分野から評価したPISA2015年調査結果をもとに、日本にとって示唆のあるデータを中心に整理・分析。調査結果の経年変化や学習背景との相関についても紹介。

内容構成

- 第1章 PISA調査の概要
- 第2章 科学的リテラシー
- 第3章 読解力
- 第4章 数学的リテラシー
- 第5章 学習の背景

〈価格は本体価格です〉

成人スキルの国際比較
OECD国際成人力調査（PIAAC）報告書

国立教育政策研究所 編

A4判／並製／268頁 ◎3800円

仕事や日常生活の様々な場面で必要とされる汎用的スキルについて、「読解力」「数的思考力」「ITを活用した問題解決能力」の3分野から評価したOECD国際成人力調査の結果をもとに、日本にとって示唆のあるデータを中心に整理・分析する。

●内容構成●

はじめに／OECD国際成人力調査（PIAAC）調査結果の要約／PIAAC国内調査の実施に関する研究会／本報告書を読む際の注意
第1章 PIAACの概要
第2章 成人のキー・スキルの国際比較
第3章 成人の社会的属性とキー・スキル
第4章 就業者のキー・スキル
第5章 キー・スキルの開発と維持
第6章 キー・スキルと経済的・社会的アウトカム
資料1 調査対象者の分類
資料2 背景調査の質問項目

諸外国の初等中等教育
文部科学省編著
●3600円

諸外国の教育動向 2015年度版
文部科学省編著
●3600円

教員環境の国際比較 OECD国際教員指導環境調査（TALIS）2013年調査結果報告書
国立教育政策研究所編
●3500円

教育研究とエビデンス 国際的動向と日本の現状と課題
国立教育政策研究所編 大槻達也、惣脇宏ほか著
●3800円

成人力とは何か OECD「国際成人力調査」の背景
国立教育政策研究所内国際成人力研究会編著
●3500円

PISA2015年調査 評価の枠組み
国立教育政策研究所編
経済協力開発機構（OECD）編著 国立教育政策研究所監訳
●4500円

TIMSS2015 算数・数学教育／理科教育の国際比較 国際数学・理科教育動向調査の2015年調査報告書
国立教育政策研究所編
●3700円

PISAの問題できるかな？
経済協力開発機構（OECD）編著 国立教育政策研究所監訳
●3600円

OECD生徒の学習到達度調査

〈価格は本体価格です〉

学びのイノベーション
21世紀型学習の創発モデル

OECD教育研究革新センター 編著
有本昌弘 監訳
多々納誠子、小熊利江 訳

A5判／上製／336頁
◎4500円

21世紀の知識基盤型社会には、どのようなスキルやコンピテンシー、学習の質が求められるのか？学習科学研究の知見や、OECD諸国におけるオルターナティブ・スクール等の先進的な事例から、イノベーティブで創造的な「新しい学び」を模索する。

● 内容構成 ●
第1章　イノベーティブな学習環境の模索
第2章　学習を最適化するということ：学習科学研究の意味
第3章　研究に基づくイノベーションに向けて
第4章　オルターナティブ教育の貢献
第5章　状況に埋め込まれたペダゴジー、カリキュラムジャスティス、民主主義の教授学習
第6章　学習環境の構築：メキシコの予備的フェーズからの教訓
第7章　どうすればイノベーションが現場でうまく機能するか
第8章　イノベーションのダイナミクス：なぜ生き残り、何が機能させるのか
第9章　オープン型の学習・システムを推進力とした教育イノベーション
付録A　メキシコの4つの事例研究の概要

21世紀型学習のリーダーシップ　イノベーティブな学習環境をつくる
OECD教育研究革新センター編著　木下江美、布川あゆみ監訳
斎藤里美、本田伊克、大西公恵、三浦綾希子、藤波海晴訳
●4500円

教育と健康・社会的関与　学習の社会的成果を検証する
OECD教育研究革新センター編著　矢野裕俊監訳
山形伸二、佐藤智子、荻野亮吾、立田慶裕、籾井圭子訳
●3800円

グローバル化と言語能力　自己と他者、そして世界をどうみるか
OECD教育研究革新センター編著　本名信行監訳
徳永優子、稲田智子、定延由紀、西村美由起、矢倉美登里訳
●6800円

メタ認知の教育学　生きる力を育む創造的数学力
OECD教育研究革新センター編著
篠原真子、篠原康正、袰岩晶訳
●3600円

学習の本質　研究の活用から実践へ
OECD教育研究革新センター編著　立田慶裕、平沢安政監訳　佐藤智子ほか訳
●4600円

脳からみた学習　新しい学習科学の誕生
OECD教育研究革新センター編著
小泉英明監修　小山麻紀、徳永優子訳
●4800円

多様性を拓く教師教育　多文化時代の各国の取り組み
OECD教育研究革新センター編著　斎藤里美監訳
●4500円

アートの教育学　革新型社会を拓く学びの技
OECD教育研究革新センター編著
篠原康正、篠原真子、袰岩晶訳
●3700円

〈価格は本体価格です〉

21世紀のICT学習環境

生徒・コンピュータ・学習を結び付ける

経済協力開発機構（OECD）編著
国立教育政策研究所 監訳

A4判／並製／224頁
◎3700円

21世紀のデジタル世界に求められる情報活用能力とは何か。本書は、PISA2012年調査結果を基に、生徒によるICT活用が近年どのように進展しているのかを分析し、教育制度（国）と学校がICTを生徒の学習体験にどのように組み入れているのかを検討する。

内容構成

- 第1章　近年、生徒によるコンピュータの利用はどのように変化しているか
- 第2章　情報通信技術（ICT）を指導と学習に取り入れる
- 第3章　2012年コンピュータ使用型調査の主な結果
- 第4章　デジタル読解力におけるナビゲーションの重要性：考えてからクリックする
- 第5章　デジタル技能の不平等・格差を埋める
- 第6章　コンピュータは生徒の能力とどのように関係しているのか
- 第7章　ログファイルデータを用いて、何がPISA調査の成績を左右するのかを理解する（事例研究）
- 第8章　教育政策と実践に対してデジタルテクノロジーが意味するもの

幸福の世界経済史

1820年以降、私たちの暮らしと社会はどのような進歩を遂げてきたのか

OECD開発センター編著　徳永優子訳
●6800円

主観的幸福を測る　OECDガイドライン

経済協力開発機構（OECD）編著　桑原進監訳　高橋しのぶ訳
●5400円

格差拡大の真実　二極化の要因を解き明かす

経済協力開発機構（OECD）編著　小島克久、金子能宏訳
●7200円

日本の若者と雇用　OECD若年者雇用レビュー：日本

OECD編著　濱口桂一郎監訳　中島ゆり訳
●2800円

世界の若者と雇用　学校から職業への移行を支援する《OECD若年者雇用レビュー・統合報告書》

OECD編著　濱口桂一郎監訳　中島ゆり訳
●3800円

行動公共政策　行動経済学の洞察を活用した新たな政策設計

経済協力開発機構（OECD）編著　齋藤長行訳
●3000円

インターネット経済　デジタル経済分野の公共政策《OECDソウル宣言進捗レビュー》

経済協力開発機構（OECD）編著　入江晃史訳
●4500円

サイバーリスクから子どもを守る　エビデンスに基づく青少年保護政策

経済協力開発機構（OECD）編著　齋藤長行著訳　新垣円訳
●3600円

〈価格は本体価格です〉

図表でみる教育 OECDインディケータ（2016年版）

経済協力開発機構（OECD）編著
徳永優子、稲田智子、矢倉美登里、大村有里、坂本千佳子、三井理子訳

A4判変型／並製 ◎8600円

OECD加盟各国の教育を取り巻く状況を国際的に比較・評価するデータ集。一連の最新のインディケータ（指標）を豊富かつ国際比較が可能な形で提示する。教育機関による成果と学習の影響、教育の成果を形成する政策手段と教育制度の運営や発展の方法、および教育に投資される人的資源と財源といった情報を、豊富な図表とともにテーマ別に構成。

●内容構成●

A章 教育機関の成果と教育・学習の効果
成人の学歴分布／後期中等教育卒業率／高等教育卒業率／親の学歴と高等教育進学率／最終学歴別の就業状況／教育による所得の増加／教育からの収益・教育投資への誘因／教育の社会的成果／教育修了率

B章 教育への支出と人的資源
在学者一人当たり教育支出／国内総生産（GDP）に対する教育支出の割合／教育支出の公私負担割合／公財政教育支出／高等教育機関の授業料と学生への公的補助／教育支出の使途別構成／教員への給与／教育支出への参加

C章 教育機会・在学・進学の状況
初等教育から高等教育までの在学率／幼児教育／高等教育進学率／高等教育機関における留学生と外国人学生／若年者の就学及び就業状況／成人教育への参加

D章 学習環境と学校組織
初等・中等教育学校の生徒の標準授業時間数／教員の授業時間数及び勤務時間数／学級規模と教員一人当たり生徒数／教員の給与／教員の構成／学校長の構成と職務

図表でみる世界の主要統計 OECDファクトブック(2015-2016年版)
経済、環境、社会に関する統計資料
経済協力開発機構(OECD)編著 ●8200円

図表でみる世界の行政改革
OECDインディケータ(2015年版)
OECD編著 平井文三訳 オールカラー版 ●6800円

図表でみる起業活動
OECDインディケータ(2012年版)
OECD編著 高橋しのぶ訳 ●3000円

地図でみる世界の地域格差
OECD地域指標(2016年版) オールカラー版
都市集中と地域発展の国際比較
OECD編著 中澤高志監訳 ●5500円

OECDジェンダー白書
今こそ男女格差解消に向けた取り組みを!
OECD編著 濱田久美子訳 ●7200円

OECD教員白書
効果的な教育実践と学習環境をつくる
〈第1回OECD国際教員指導環境調査(TALIS)報告書〉
OECD編著 斎藤里美監訳 ●7400円

OECD保育白書
人生の始まりこそ力強く：乳幼児期の教育とケア(ECEC)の国際比較
OECD編著 星三和子、首藤美香子、大和洋子、一見真理子訳 ●7600円

OECD幸福度白書3
より良い暮らし指標：生活向上と社会進歩の国際比較
OECD編著 西村美由起訳 ●5500円

〈価格は本体価格です〉